# 刑事司法改革とは何か

## 法制審議会特別部会「要綱」の批判的検討

川崎英明・三島 聡 編著

現代人文社

# はしがき

去る七月九日、法制審議会—新時代の刑事司法制度特別部会（以下、特別部会という）は、第30回会議で、最終とりまとめ（法整備の「要綱（骨子）」を含む「新たな刑事司法制度の構築についての調査審議の結果【案】」）を全会一致で採択した。翌日の新聞記事の中で、全事件全過程可視化や全面証拠開示による刑事司法の抜本的改革を主張し特別部会の議論を引っ張ってきた、ある有識者委員が、「不満」だが「大きな改革」への「小さなきっかけ」として「賛成」したと述べていた。ここには、「賛成」の態度表明が苦渋の決断だったことが窺える。

今回の刑事司法改革の動きの発端は厚労省郵便不正利用事件と大阪地検特捜検事の証拠改ざん事件であった。だからこそ、今回の刑事司法改革の動きに期待を寄せた人々は、刑事司法の可視化、透明化を求め、密室での糺問的取調べに依存する調書裁判という刑事裁判の構造を抜本的に改革することを求めたのであった。しかし、特別部会の最終とりまとめは、取調べの可視化を限定し証拠開示を微調整的改善に止めることで、刑事司法の可視化、透明化に歯止めをかけ、その一方で、通信傍受（盗聴）の拡大や捜査公判協力型協議・合意制度や刑事免責制度の創設などにより秘密性と裁量性の強い捜査訴追権限を拡大し、糺問的捜査依存の調書裁判の構造を強化している。前者は改革の限定化であり、後者は反改革の推進である。果たして、これが求められていた刑事司法改革だったのだろうか。

私たち編者を含む刑事法研究者は、特別部会に対して、今回の刑事司法改革の「原点」に立ち返り、捜査・訴追過程の可視化、透明化を推進し、防御権強化を軸として刑事司法制度を抜本的に改革することを求めた。それが、昨年九月の「『新時代の刑事司法制度』に対する刑事法学者の意見」（季刊刑事弁護七六号一八〇頁、法律時報八五巻一二号一三一頁）と、本年四月の「『新時代の刑事司法制度』取りまとめに当たっての刑事法学者の意見」（季刊刑事弁護七九号二〇九頁、法律時報八六巻六号一二四頁）である。いずれの意見にも一〇〇名を超える刑事法学者の賛同を得た。だが、特別部会の最終とりまとめはこれに応えるものではなかった。

特別部会の最終とりまとめは、近々法制審議会総会で採択され、法整備の「要綱（骨子）」通りに法案化され、今年中にも刑事訴訟法改正案等として国会に上程されるであろう。しかし、最終とりまとめが付した可視化と証拠開示の限定枠をとりはらって可視化、透明化を最大限に押し進め、反改革の諸制度を削り落とすことなしには、求められた刑事司法改革を達成したことにはならない。

このような問題意識に立って、私たち編者は、特別部会の最終とりまとめが抱える問題点を理論的角度から（その審議過程を含めて）批判的に検討し、あるべき刑事司法改革の姿を提示し、刑事司法改革に向けた国民的議論を喚起したいと考えた。本書の執筆者の方々は編者の思いを正面から受け止め、特別部会の議論が動いている難しい状況の下で論文を執筆して下さった。特に光藤景皎先生と小田中聰樹先生が執筆に加わって下さったことで、本書に理論的な厚みが加わったと思う。執筆者の皆様に心から感謝申しあげたい。

本書には、法律時報八五巻一一号（二〇一三年）から四回にわたって掲載された連続鼎談「『新時代の刑事司法制度』を問う」を収録させていただいた（鼎談には本書の論文執筆者以外の方も参加している）。鼎談以降の特別部会の審議経過とその問題点については、鼎談司会者が【特別部会の論点と議論】でフォローしている。

本書の刊行は現代人文社の成澤壽信氏の発案と助力によるところが大きい。記して感謝申し上げたい。

二〇一四年八月

川崎英明
三島　聡

## 目次

## 第3部　「新時代の刑事司法制度」と日本社会

# 刑事司法改革とは何か

法制審議会特別部会「要綱」の批判的検討

序章

# 刑事司法改革の原点と「新時代の刑事司法制度」

川崎英明　関西学院大学教授



## 1　特別部会の審議経過

**1**　「時代に即した新しい刑事司法制度を構築するため」設置された法制審議会―新時代の刑事司法制度特別部会（以下、特別部会という）は、二〇一一年六月二九日の第1回会議から一年半を経た二〇一三年一月二九日の第19回会議で、「時代に即した新たな刑事司法制度の基本構想」（以下、「基本構想」という）を確認した。

この「基本構想」の原案として同年一月一八日の第18回会議に提出された部会長試案に対しては、従来の取調べ依存の捜査と公判のあり方、すなわち、糺問的捜査依存の調書裁判に対して肯定的記述をしていたこと、逮捕・勾留中の被疑者取調べの録音・録画（以下、可視化という）の対象事件を裁判員裁判対象事件に限定した上に、可視化の範囲を捜査機関の裁量に委ねる案（以下、裁量可視化案という）を併存させていたこと、事前全面証拠開示を排斥したこと、その一方で、「証拠収集手段の多様化」を標榜して、通信傍受（盗聴）対象犯罪の拡大や会話傍受（盗聴）の導入、あるいは捜査公判協力型協議・合意制度や刑事免責制度の導入など捜査・訴追権限を強化しようとしたこと等の諸点で、特別部会において、その現状肯定的な反改革の姿勢に対して強い批判が出され、それまでの特別部会の議論を反映していないという意見さえ出された。しかし、特別部会は、このような意見対立はそのままにして、部会長試案に微修正を施しただけで「基本構想」を確認した。そのために、「基本構想」が構想する「新時代の刑事司法制度」に対しては、求められている刑事司法改革と乖離しているとする厳しい批判が向けられた。[注1]

しかし、特別部会では、「基本構想」に基づき具体的な制度案を策定するために、法律専門家委員と幹事で構成される二つの作業分科会が設置された。もっとも、上述のような経緯からみて、作業分科会で具体的な制度構想が策定され特別部会に提案された段階で、基本的な意見対立が再燃するであろうことは容易に推測できた。

**2**　その後、二〇一三年六月一四日に、各作業分科会における検討結果をまとめた「作業分科会における検討(1)」（以下、「検討(1)」という）が特別部会第20回会議に報告されたが、提示されたのはそれまでの議論の対立点を残した制度案であったため、従前と同様の議論が再燃した。取調べの可視化については、可視化対象事件を裁判員裁判対象事件に限定することの当否の他、一定の例外を認める全過程可視化案と裁量可視化案とが併記されていたため、全過程可視化か裁量可視化か、という根本的問題が例外事由の如何とともに議論の焦点となった。ことは、通信傍受（盗聴）対象犯罪の拡大や会話傍受（盗聴）の導入、公判前整理手続の下での証拠開示における検察官手持ち証拠一覧表の開示等の制度案についても同様であった。

3　こうした議論の後に作業分科会での具体的な制度案の策定作業が継続され、二〇一三年一一月七日の第21回会議に提出された「作業分科会における検討(2)」を経て、二〇一四年二月一四日の特別部会第23回会議には、それまでの作業分科会の検討結果をまとめた「作業分科会における検討結果（制度設計に関するたたき台）」（以下、「たたき台」という）が提出された。この時点から、特別部会を舞台にして、「たたき台」を基に「最終答申案」の策定に向けた最終段階の議論が始まることとなった。

「たたき台」において制度案が具体化されたのに応じて特別部会での議論も具体的次元で戦わされたが、「たたき台」の制度案も「基本構想」をめぐる根本的な意見対立を解消するものではなかったために、改革の基本的方向をめぐる意見対立が続いた。

可視化については、可視化対象事件を裁判員裁判対象事件に限定するのか、全刑事（身柄拘束）事件とするのかという論点の他、可視化の範囲について（一定の例外を残す）全過程可視化案と（供述調書の読み聞かせ等の特定場面以外は捜査機関の裁量に委ねる）裁量可視化案とが対立し、その対立の反映として、全過程可視化の場合の例外事由の如何（例外事由を機器故障の場合や被疑者が可視化を拒絶する場合に限定するのか、それとも、可視化すると被疑者等の身体等に害を加え又は畏怖・困惑させる行為がなされるおそれがあって、被疑者が十分に供述できないと認められる場合も例外とするのかの問題）や、可視化の実効性担保措置の是非（供述調書の証拠能力を否定するのか、取調べ状況の立証方法の制限にとどめるのか、あるいはそうした特別規定を置かないのかという問題）をめぐって意見対立が生じた。警察関係委員等は、取調べの真相解明機能を強調して、裁判員対象事件に限っての裁量可視化案を主張し、実効性担保措置として証拠能力を否定することに消極的態度をとった。

また、証拠開示について、「たたき台」では検察官手持ち証拠の一覧表開示の制度化が提言されたが、一覧表開示の時期（開示時期を類型証拠開示前とするのか、それとも被告人側の主張明示後とするのかの問題）や一覧表記載における証拠特定化の程度、そして類型証拠開示の対象の拡大範囲については複数案が併記されていた。そのために、特別部会では、事前全面証拠開示か、公判前整理手続における証拠開示という現在の制度枠組みの維持かという根本的な意見対立を背景として、現行制度の枠組みの下で一覧表の開示等を通して証拠開示をどこまで拡大するのかをめぐって意見が鋭く対立した。ここでは、取調べの可視化について、全過程可視化論者は（事前全面開示論を含む）証拠開示拡張論を、裁量可視化論者は証拠開示限定論を主張するという対抗関係が見てとれた。特別部会の有識者委員では前者の主張に立つ者が多数であったように見える。

捜査・訴追権限の強化の側面では、「たたき台」では、「通信傍受（盗聴）の合理化・効率化」のために、（通信傍受法〈盗聴法〉が四類型に限定した）通信傍受（盗聴）対象犯罪に窃盗や詐欺を含む七群の刑法犯等を付加して拡大し、傍受（盗聴）対象通信を暗号化して送信し、捜査機関の施設において通信事業者等の立会抜きに事後的に該当性判断をして記録・聴取を行うことができるものとし（「傍受の合理化」）、さらに振り込め詐欺拠点事務所等の三場面を挙げて会話傍受（盗聴）を制度化する提案がなされた。ここでも、通信傍受（盗聴）対象犯罪の拡大と組織性要件の是非、「傍受の合理化」の是非、さらに会話傍受（盗聴）の制度化の是非をめぐって意見が対立した。また、被告人質問を廃止し、被告人の証人適格を認める「たたき台」の提案についても、黙秘権保障との関連で意見対立が生じた。ことは刑事免責制度や捜査公判協力型協議・合意制度、あるいは証人保護の措置等についても同様であった。深刻な対立がなかったのは被疑者国選弁護制度の拡大くらいのものであった。

「たたき台」をめぐる議論において、改革の基本方向をめぐる意見対立が依然として解消されていない状況が明らかとなる中で、法律専門家委員の中からは、特別部会としての意見をまとめるために「基本構想」に沿って意見を一致させるべしという趣旨の意見も出された。しかし、特別部会で審議されている問題はどれ一つとっても、刑事司法のあり方を大きく変え、広く国民の権利義務に深く関わる大問題であり、妥協して意見を一致させるような性質の問題ではないし、「基本構想」にしても不動の前提として確認されたものでもない。妥協を促すような議論は見識を欠いていていた。

このような状況の中で、特別部会は、「たたき台」についての第23回会議から第25回会議までの議論を経て、法制審議会総会に報告する最終答申案の作成に向けて、二〇一四年四月三〇日の第26回会議に特別部会事務局作成の「試案」を提出することを確認した。

**4**　特別部会第26回会議に提出された「事務当局試案」（以下、「試案」という）には、「たたき台」と比べて若干の前進的側面も見てとれはした。

取調べの可視化について、「試案」は、（身体拘束下の）被疑者取調べの可視化にとどめ、参考人取調べは可視化の対象としなかったが、被疑者取調べについて裁量可視化案を排して、全過程可視化を提案した。これは、特別部会設置の趣旨や特別部会での議論の推移から見て、当然のことであった。問題はその例外事由であり、「試案」が、機器故障の場合と被疑者が拒絶した場合に限定せず、被疑者等への加害行為や畏怖、困惑させる行為のおそれがあって「記録をしたならば被疑者が十分な供述をすることができないと認められる」場合や暴力団構成員に係る事件の場合をも例外事由としたことで、現在の捜査実務の下では可視化の範囲を限局する裁量的運用がなされる危険性が懸念された。この点では、仮に例外を認める場合であっても、被疑者が拒絶した場合に限定すべきであり、その場合も弁護人の（立会いを含む）適時の助言を必須条件とすべきであるし、機器故障の場合も最低限、録音を必須とすべきであった。また、「試案」は、可視化を欠く供述調書の証拠請求却下の方策を採用したが、裁判所の職権による証拠採用の余地を残している点、そしてそれが全過程可視化の担保となりうるのかという点に、なお不分明な問題点を残している。

また、可視化対象事件については、裁判員裁判対象事件に限定する案と、裁判員裁判対象事件に加えて全身柄拘束事件の検察官取調べを可視化する案とが併記された。後者の制度案の提案に至った背景には、全身柄拘束事件の被疑者取調べ全過程の可視化を求める有識者五委員の提案（二〇一四年三月七日の有識者五委員の「とりまとめに向けての意見」）を無視できなかった事情があったものと思われる。しかし、有識者五委員が求めた、全身柄拘束事件の警察取調べを含む全過程可視化の段階的実施の方向性は、「試案」には明示されなかった。のみならず、有識者五委員の「意見」は、参考人取調べの（少なくとも検察官の取調べの）可視化を求めていたし、例外事由にあたる場合でも被疑者が望めば可視化すべきことを求め、可視化の実効性担保のために供述調書の証拠排除または立証方法の制限も求めていたのであり、これらの点で、有識者五委員案と「試案」の制度案との落差は大きい。このように見ると、「試案」の可視化制度案は、求められている改革水準から見て低きに過ぎるのであり、特別部会第26回会議では「試案」の線での合意形成に至らなかったのも当然であったといってよい。新聞報道によれば、その後、特別部会第27回会議で、検察の独自捜査事件をも可視化対象事件とする案が事務局から提出され、日弁連からは合議事件を可視化対象事件に加え、さらに段階的に拡大する案が示されたという。事態はなお流動的である。

証拠開示については、「試案」が検察官手持ち証拠の一覧表開示の時期を類型証拠開示前とし、被告人の公判前整理手続請求権を保障したことは、前進ではあった。しかし、「試案」の想定する一覧表の記載内容の程度では防御の視点からみて不十分である上に、記載内容についても捜査への支障のおそれ等を例外事由としており、一覧表開示が（防御権保障の）証拠開示としての実効性をもつものかは疑問が残る。類型証拠開示の対象拡大の点も捜査報告書を対象外とした点に問題があった。そもそも根本的に求められていたのは事前全面証拠開示であるのに、「試案」の構想は、現在の証拠開示の枠組みの下での検察官手持ち証拠の一覧表開示と類型証拠開示の若干の対象拡大による改善にとどめるものであり、一覧表の記載内容や対象拡大にも上述のような不十分さを抱えており、再審における証拠開示制度の制度化を放置した点も含めて、「試案」が構想する証拠開示制度の改革は、求められる改革には遠い、微調整的手直しにとどまったのである。

その一方で、「試案」は、捜査・訴追権限の拡大には積極的であった。まず、「通信傍受の合理化・効率化」のために、「たたき台」と同じく通信傍受（盗聴）対象犯罪を拡大し、傍受（盗聴）通信の一括記録化と傍受（盗聴）実施の手続の秘密処分化を実現した。もっとも、傍受（盗聴）要件として「組織性」要件を置いたこと、また会話傍受（盗聴）の導入を断念したことは、特別部会内外の強い反対意見を考慮したためではあろうが、その限りでは賢明な判断であった。しかし、「試案」は、立法事実の実証がないまま、一九九九年の通信傍受法（盗聴法）の立法過程において警察や法務省が当初想定しつつ実現できなかった傍受（盗聴）対象犯罪の多く（放火、殺人、逮捕・監禁、略取・誘拐等の刑法犯がそれである）を、今回、通信傍受（盗聴）対象犯罪に取り込んだ。通信傍受法（盗聴法）の制定論議の中で通信傍受法（盗聴法）の違憲性を主張してきた者として、これは到底許容することができない反改革である。[注2]また、「試案」は、被告人の証人適格については、特別部会内外の強い批判を考慮してのことであろうが、制度化は断念したものの、被告人質問を存置した上で被告人について虚偽供述禁止規定（制裁規定は提案されてはいない）を新たに提案した。[注3]被告人に真実供述義務を課し黙秘権を掘り崩す危険性を秘めた復古的提案である。この点は、本書第2部第6章の光藤論文が歴史思想史的観点から精密に批判している。強い批判が向けられた刑事免責制度や捜査公判協力型協議・合意制度、また刑の減免制度や証人の氏名・住所等の秘匿の制度も残されたままであり、「試案」の改革構想には重大な疑問が残る。通信傍受（盗聴）の拡大や虚偽供述禁止規定にせよ、あるいは協議・合意制度や刑事免責制度、刑の減免制度にせよ、「証拠収集手段の多様化」が標榜されてはいるが、それらはむしろ取調べ依存の捜査を促進するものとして機能するであろうことに留意しなければならない。

このようにみると、「試案」は、可視化のように一部改革的な制度案を提示してはいるが、それは部分的改革にとどまっている。総体としてみれば、「試案」には、捜査・訴追権限を強化し、取調べ依存の調書裁判を促進する反改革の色彩が濃い。「試案」の改革構想は改革の限定と反改革の推進と特徴づけられる。個々の制度案の問題点は本書第2部と第3部の諸論稿で詳細に検討する。ここでは、上述した有識者五委員の「意見」や第27回会議に提案された日弁連案を改革の最低基準線として、反改革の制度案を排し、今回の刑事司法改革の原点に応えるような抜本的改革の制度案を最終答申案として特別部会が提言することを期待しておきたいと思う。

## 2 刑事司法改革の原点と「試案」

もともと、今回の「新時代の刑事司法制度」の構築に向けた動きの発端は、厚労省郵便不正利用事件（村木事件）無罪判決と同事件における特捜検事の証拠改ざん事件を契機として設置された「検察の在り方検討会議」の提言『検察の再生に向けて』（二〇一一年三月）であった。両事件で投げかけられていた検察改革の課題とは、捜査過程の可視化・透明化であり、密室での糺問的取調べで獲得された供述調書に依存する捜査・公判の在り方そのものであった。その背後には、志布志事件や足利事件等の誤判えん罪事件の存在があり、そうした誤判の構造的要因である糺問的捜査依存の調書裁判という刑事司法の抜本的改革こそが、「新時代の刑事司法制度」の構築に向けた今回の刑事司法改革の原点だったのである。この改革課題は「検察のあり方検討会議」が担うべきであったが、それが法制審議会に委ねられたという経緯があった。

しかし、法制審議会への法務大臣の諮問第92号（二〇一一年五月）では、この刑事司法改革の原点の認識が稀薄化されていたように思われる。すなわち、諮問第92号は、「近年の刑事手続をめぐる諸事情にかんがみ、時代に即した新たな刑事司法制度を構築するため、取調べ及び供述調書に過度に依存した捜査・公判の在り方の見直しや被疑者の取調べの状況を録音・録画の方法により記録する制度の導入など刑事の実体法及び手続法の整備の在り方について、御意見を賜りたい」というものであった。諮問第92号は、「取調べ及び供述調書に過度に依存した捜査・公判の在り方の見直し」とは言っているものの、そこで問題視しているのは「依存」そのものではなく「過度」の依存であり、取調べの構造（糺問的取調べの構造と現実）そのものの改革を課題にしようとする問題意識は見てとれない。しかも、その「見直し」というのも、「近年の刑事手続をめぐる諸事情に鑑み」た「時代に即した刑事司法制度を構築」する課題の中の一課題だという位置づけとなっており、「捜査・公判の在り方」の抜本的見直しを優先課題とする表現振りともなっていない。これは、「捜査・公判の在り方」の「抜本的」見直しを優先課題とした上述の提言『検察の再生に向けて』と異なる点であった。こうして、法制審議会特別部会設置の問題意識には、その出発点において、刑事司法改革の原点との乖離があったのであり、ここに、捜査・訴追権限の拡大という反改革の志向が今回の「刑事司法制度」の「見直し」に混入する契機があったということもできる。「基本構想」や「検討(1)」と「検討(2)」、そして「たたき台」という特別部会に提出された作業分科会の提案をめぐる議論の対立も、結局は、今回の刑事司法改革の原点をどのように認識するのか、換言すれば、現在の刑事司法が抱える問題の根源を何に求め、どれほど深刻な問題として認識するのか、その認識の度合いの差異に帰するように思われる。特別部会で、複数の委員から、繰り返し、改革の原点に立ち返るべきことが指摘されたのも、その故であったのであろう。

そうした特別部会の議論を経てまとめられた「試案」は、上述したように、抜本的改革を求める意見を全面的には排斥できず、一部取り入れはした。しかし、それは部分的な改善策にとどまっており、その改善策にも、例えば全過程可視化の例外事由として裁量可視化的運用を可能とする例外事由を組み込み、可視化対象事件を段階的拡張の保障抜きに限定するといった形で全事件、全過程可視化に歯止めがかけられようとしている。そうすると、「試案」がそのままの形で最終答申案となるようなことがあれば、今回の刑事司法改革の原点に照らして、最終答申案は厳しい批判を受けざるを得ないであろう。本年（二〇一四年）七月にも予想されている特別部会の最終答申案が、今回の刑事司法改革の原点に正面から取り組んだ抜本的な刑事司法改革案となることを強く期待したいと思う。

### 3 「新時代の刑事司法制度」の歴史的位相

明治期以降の日本の刑事手続の近代化の過程を見ると、明治二三年に刑事訴訟法（以下、明治刑事訴訟法という）が、大正一三年には明治刑事訴訟法が全面改正されて刑事訴訟法（以下、大正刑事訴訟法という）が、さらに昭和二三年には大正刑事訴訟法が全面改正されて現行刑事訴訟法（以下、昭和刑事訴訟法という）が制定・公布されている。明治、大正、昭和と刑事訴訟法の全面改正があり、それぞれの時代に新しい刑事訴訟法が誕生しているのである。

現行の昭和刑事訴訟法も、二〇〇〇年前後から頻繁に大きい改正が行われた。その端緒は一九九九年の通信傍受法（盗聴法）であったが、その後、二〇〇〇年の被害者保護のための証人尋問におけるビデオリンク方式導入等の刑事訴訟法改正、二〇〇四年の裁判員裁判制度と公判前整理手続等の導入等に伴う刑事訴訟法改正、二〇〇七年の被害者の刑事手続参加等に伴う刑事訴訟法改正があり、これに今回の「新時代の刑事司法制度」改革による刑事訴訟法改正が加わることとなれば、昭和刑事訴訟法は当初とはその容貌を大きく変えることになる。今回の「新時代の刑事司法制度」改革では、被告人の証人適格や会話傍受（盗聴）の制度化は見送られたが、被疑者取調べの可視化等の制度化による部分的改革を伴いつつも、通信傍受（盗聴）の拡大や刑事免責、刑の減免、捜査・公判協力型協議・合意制度、被告人の虚偽供述禁止規定の導入により捜査・訴追権限を強化し、取調べ依存の糾問的捜査を促進する改正が実現される可能性がある。捜査・訴追権限強化の特徴は、取引を含む裁量権限と不可視性の強化にある。そうなれば、昭和刑事訴訟法は、格段に強化された捜査・訴追権限の上に糺問的捜査依存の調書裁判の基本構造を維持した姿に変貌することは確かである。この変貌をどのように見定め、どのように評価するのかが問題である。確かに、昭和刑事訴訟法とは様相を異にする平成刑事訴訟法が生まれようとしているように思われる。

かつて小田中聰樹教授は、昭和刑事訴訟法における（大正刑事訴訟法の）「糺問主義的検察官司法」の残滓とその再編の側面を批判され、[注4] 松尾浩也教授は昭和刑事訴訟法における（検察官の権限強化を主眼とする）擬似当事者主義の側面を指摘された。[注5] そして、故田宮裕博士は、二〇世紀末の時点で、昭和刑事訴訟法が当面している課題が捜査・訴追権限強化の「現代化」よりも防禦権強化の「近代化」の面にあると強調された。[注6] いま、昭和刑事訴訟法は、可視化による部分的な手直しを加えつつ、糺問的捜査依存の調書裁判の基本構造を維持した上に、新しい捜査・訴追権限を大きく増殖させることで、「糺問主義的検察官司法」ないし「擬似当事者主義」の再編強化へと、あるいは、「近代化」ではなく「現代化」の一面的追求へと大きく舵を切ろうとしているのではないだろうか。問題はその内実である。それは、一部に改革の制度を取り入れつつも、戦後刑事訴訟法学がめざしてきた無辜の不処罰の理念と被疑者・被告人の防御権保障の論理に立脚する憲法的刑事手続の構想とは相反した、逆行的な反改革の途なのではないだろうか。それが平成刑事訴訟法の本性だとすれば、今回の刑事司法改革の原点を正しく見据えて刑事司法の抜本的改革の道筋を明らかにすること、そして、そのための理論的、実践的課題に取り組むことが、刑事訴訟法学に課せられた責務というべきではないだろうか。目ざすべきは、依然として、昭和刑事訴訟法を生み出した戦後刑事司法改革の理念、即ち無辜の不処罰を理念とする憲法的刑事手続の実現というべきではないだろうか。

本論3部で構成する本書は、このような問題意識に立って編まれた、「新時代の刑事司法制度」構想の批判的考察と抜本的刑事司法改革の展望の書である。

注1　「（特集）適正手続を冒す『新時代の基本構想』」法と民主主義四七七号（二〇一三年）、「（特集）徹底批判『新時代の刑事司法制度』」同四八四号（二〇一三年）、「（特集）刑事手続の構造改革」法律時報八五巻八号（二〇一三年）、「（特集）新時代の刑事司法制度」季刊刑事弁護七五号（二〇一三年）、「（特集）新時代の刑事司法制度」犯罪と刑罰二三号（二〇一四年）など参照。また、多数の刑事法学者の批判として「『新時代の刑事司法制度』に対する刑事法学者の意見」季刊刑事弁護七六号（二〇一三年）一八〇頁以下および「『新時代の刑事司法制度』取りまとめに当たっての刑事法学者の意見」季刊刑事弁護七九号（二〇一四年）二〇九頁参照。

注2　小田中聰樹＝村井敏邦＝川崎英明＝白取祐司『盗聴立法批判』（日本評論社、一九七七年）参照。

注3　門野博「法廷に顕出される証拠が真正なものであることを担保するための方策等」刑事法ジャーナル三七号（二〇一三年）三九頁以下など参照。なお、松尾浩也「被告人に証人適格はあるか」松尾浩也＝田宮裕『刑事訴訟法の基礎知識』（有斐閣、一九六六年）一三八頁以下参照。

注4　小田中聰樹『刑事訴訟法の歴史的分析』（日本評論社、一九七六年）参照。

注5　松尾浩也「当事者主義と弁護」（一九七二年）同『刑事訴訟の理論』（有斐閣、二〇一二年）所収参照。

注6　田宮裕「日本の刑事裁判」同『刑事法の理論と現実』（有斐閣、二〇〇〇年）所収参照。

**《補記》**

本稿執筆の時点は、二〇一四年四月三〇日の特別部会第26回会議の時点である。その後、同年七月九日の特別部会第30回会議で、法整備の「要綱（骨子）」を含む最終とりまとめ案（「新たな刑事司法制度の構築についての調査審議の結果【案】」）が全会一致で採択された。全会一致に至った経緯は定かでない。今後、九月の法制審議会総会を経て、「新時代の刑事司法制度」の構想が法務大臣に答申される予定だという。最終とりまとめが「試案」と異なる点は、可視化について裁判員裁判対象事件に加えて検察独自捜査事件も対象とし、可視化の施行状況の検証と見直し措置を求めていること、刑の減免制度や被告人の真実供述義務規定の提案を削除したこと等である。いずれも望ましい変更ではあるが、本稿で指摘した「試案」の本質的問題点を解消するような変更ではない。

（かわさき・ひであき）

第1部

# 「新時代の刑事司法制度」を問う

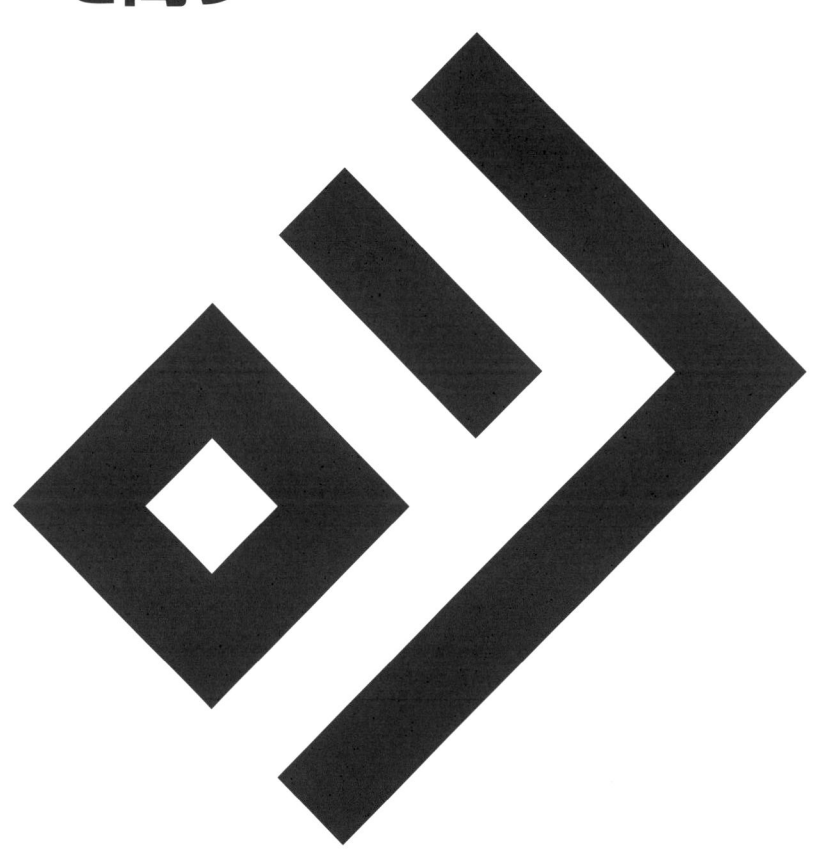

第1部の【鼎談】は、法律時報誌上に掲載されたものを、字句統一など加筆訂正して転載しました。鼎談では、特別部会の基本構想を経て作業分科会の「作業分科会における検討(1)」に至るまでの動きと議論を検討しています。その後の審議経過については、鼎談の司会者に【特別部会の論点と議論】として、あらたに執筆していただいた。

【鼎談】初出一覧

第1章　取調べの可視化（法律時報八五巻一一号〔二〇一三年〕）
第2章　証拠開示（同一二号〔同年〕）
第3章　通信・会話の傍受（盗聴）（同一三号〔同年〕）
第4章　刑事免責・証人適格（同八六巻一号〔二〇一四年〕）

第1章

【特別部会の論点と議論】

# 取調べの可視化

村井敏邦　大阪学院大学法科大学院教授



## 1　はじめに

法制審議会―新時代の刑事司法制度特別部会（以下、「特別部会」と称する）の議論を取り上げて、鼎談形式で議論するシリーズの第一回で取り扱ったのが、「取調べの可視化」である。鼎談を行ったのが、二〇一三年七月二五日である。この時点では、特別部会第19回会議で採択された「時代に即した新たな刑事司法制度の基本構想（以下、「基本構想」と称する）」の具体的制度案の策定のための作業分科会における検討が進められ、六月四日に、その中間報告「作業分科会における検討(1)」が、特別部会の第20回会議に提示された段階であった。

その後、二〇一四年二月一四日の第23回会議に、「作業分科会における検討結果（制度設計に関するたたき台）」が報告され、取調べの可視化については、この日の議論を踏まえて、四月三〇日の第26回会議に「事務当局試案」が示された。さらに、七月九日の第30回会議において、最終的な取りまとめが行われた。この補筆においては、鼎談における議論に加えて、その後の特別部会における議論、「事務当局試案」と最終的な取りまとめにおいて示された内容を踏まえて、鼎談の議論を補足する。

## ２　可視化の範囲をめぐる議論

取調べの可視化をめぐる議論の第一の争点は、全面的可視化か、部分的可視化かである。この点についての特別部会の議論は、二〇一四年二月一四日の「たたき台」の段階までは、依然として二案が並列的に議論されており、その結論を見ていない状態であった。しかも、全面的可視化論とされる案も、裁判員裁判に限っていた。これが「事務当局試案」では、裁判員裁判に限定した全面的可視化案とこれに検察官の取り調べる全事件の可視化を加える案とが併記されるという提案になった。これによって、少なくとも裁判員裁判対象事件については、弁解録取と読み聞け段階の録音・録画に限定する案は消え、取調べの全過程の録音・録画を行う案に絞られたという形の提案になった。しかし、本来の全面的可視化は、裁判員裁判に限らずすべての事件についての可視化でなければならないはずである。この点において、特別部会の提案が必ずしも本来の全面的可視化論に立っていない。

警察は、裁判員裁判に限定する全過程録音録画の案に対しても、依然として強固に反対し、あくまでも弁解録取と調書の読み聞けの段階に限定すべきであると主張している。このような状態の中、日弁連から妥協点を探る動きが出てきた。二〇一四年二月一四日の特別部会第23回会議の席上、日弁連幹事から「検察段階でまず全部、録画・録音すると、こういう出発点を設定すべきだと思います」という発言があり、これが朝日新聞により、「日弁連妥協案呈示」と報道された。

この日弁連委員からの提案と有識者委員の提案で、裁判員裁判対象事件に加えて、検察官取調べの全事件の録音・録画を行うという第2案が示され、「事務当局試案」に盛り込まれた。

しかし、検察官による取調べに問題がないということではないが、もともとは警察における取調べにより深刻な問題があるというところから、取調べ可視化主張が生じた。その経緯からするならば、警察の取調べはそのままにして法制化するというのは、妥協としても根本的な方針転換というべきものである。

理論的にも、検察取調べだけ先行させるというのは成り立たない議論である。本文での議論のように、可視化の論拠を黙秘権保障に求めるならば、取調べの初期段階こそ黙秘権保障は貫徹されなければならない。警察における取調べの可視化こそ、優先的に実現されなければならないであろう。

可視化を段階的に実現するということは、あり得ないことではない。しかし、それは、次の段階が必ず実現されるという保障があってのことである。警察の抵抗が強いから、さしあたり検察官の取調べの可視化から法制化するというのは、もはや警察の取調べの可視化をあきらめたと評価されかねない。

日弁連の提案を含めた第2案は、検察官の取調べについては、裁判員裁判に限定せず全事件にするのに対して、警察取調べについては、裁判員裁判に限定するというものでもあるようだ。警察取調べについて日弁連の主張を後退させることの問題のみならず、全過程ではなく、読み聞け段階に限定すべきであるという警察のこれまでの主張からするならば、この提案を受け入れるという保障がない。その意味では、警察にとっては何ら妥協案の提示ではないということになろう。一体、どれだけの勝算をもって提案を行ったのか、疑問は尽きない。日弁連委員と有識者委員とに焦りがあると見られるだけである。

取りまとめ案では、裁判員裁判対象事件に加えて検察官取調事件いわゆる特捜事件を可視化するという案が示された。第1案と第2案の中をとった形の提案である。案の上、警察取調べについてはまったくの拡大がない。検察取調べについても、第2案より後退している。

警察官取調べを含めて全過程、全事件の可視化が基本である。圧倒的多数の冤罪事件は、警察官取調べの問題に起因している。そのことを考えるならば、警察官取調べを含めて全過程、全事件の可視化こそ基本にすべきである。物理的あるいは時間的困難性があるとするならば、実現目途を明記すべきである。遅くとも、三年以内に全事件の可視化を実現することを約束するならば、段階的可視化にも一定の理解が可能である。しかし、そのような約束は明記されていない。その点において、最終取りまとめにも賛同できない。

## 3　可視化の例外について

次の論点は、可視化の例外についてである。

「たたき台」では、例外は次の三点が提案されていた。

①　記録に必要な機器の故障その他のやむを得ない事情により、記録をすることが困難であると認めるとき

②　犯罪の性質、関係者の言動、被疑者がその構成員である団体の性格その他の事情に照らし、被疑者の供述及びその状況が明らかにされた場合には被疑者若しくはその親族の身体若しくは財産に害を加え又はこれらの者を畏怖させ若しくは困惑させる行為がなされるおそれがあることにより、記録をしたならば被疑者が十分な供

述をすることができないと認めるとき

③　被疑者が記録を拒んだことその他の事情により、記録をしたならば被疑者が十分な供述をすることができないと認めるとき

これが「事務当局試案」では次のようになっている。

「㈠　記録に必要な機器の故障その他のやむを得ない事情により、記録をすることが困難であると認めるとき。

㈡　被疑者が記録を拒んだことその他の被疑者の言動により、記録をしたならば被疑者が十分な供述をすることができないと認めるとき。

㈢　㈡に掲げるもののほか、犯罪の性質、関係者の言動、被疑者がその構成員である団体の性格その他の事情に照らし、被疑者の供述及びその状況が明らかにされた場合には被疑者若しくはその親族の身体若しくは財産に害を加え又はこれらの者を畏怖させ若しくは困惑させる行為がなされるおそれがあることにより、記録をしたならば被疑者が十分な供述をすることができないと認めるとき。

㈣　㈡及び㈢に掲げるもののほか、当該事件が暴力団員による不当な行為の防止等に関する法律第三条の規定により都道府県公安委員会の指定を受けた暴力団の構成員による犯罪に係るものであると認めるとき。」

可視化の例外を認めることは、可視化を骨抜きにする。鼎談においても、基本的に例外を認めるべきではないという意見が、三者の共通のものであった。ただし、取調べを録音・録画することによって、被疑者やその親族の生命・身体に重大な影響が及ぶおそれがある場合については、例外事由として認めるべきではないかという意見もあった。しかし、取調べの可視化によって被疑者の身体・生命に重大な影響が及ぶという事態は、むしろ、証人保護の問題である。それによって解消できない困難性はあまり想定できない。かりにそのような例外を認めるにしても、録音だけはすべきである。機械の故障による可視化の困難性は例外理由にならない。故障が直るまで取調べをストップすれば

よい。機械が修復されるまで取調べを遅らせることができない、緊急やむを得ない合理的な事由があると、権限のある留置係官が認める場合には、当該留置係官がそのことを明記したうえで、例外を認めるというイギリス方式がある（§3.3(a) Code F [CODE OF PRACTICE ON VISUAL RECORDING WITH SOUND OF INTERVIEWS WITH SUSPECTS], Police and Criminal Evidence Act 1984）。イギリスでは、この場合でも録音だけはすることとなっている。同様にすべきである。

「事務当局試案」は、指定暴力団の構成員による犯罪の場合を例外に加えることによって、「たたき台」の案よりも例外事由が多くなっている。この点は、最終取りまとめにも引き継がれている。指定暴力団の構成員による犯罪を可視化の例外にする理由はどこにあるのだろうか。被疑者やその親族の生命・身体への影響が当然に推定されるというのであろうか。合理的理由とは言えないだろう。仮に、録画によって被疑者等の生命・身体への影響が及ぼされるおそれがあることを可視化の例外にするとしても、「事務当局試案」は広すぎる。

## 4　可視化の理論的根拠

特別部会では、可視化を支える理論的根拠についての議論はない。鼎談では、この点についても触れた。憲法上の根拠としては、三八条一、二項が主たる根拠となることについては、三者の一致がある。黙秘権保障を実効的にするものとして、取調べの可視化がある。黙秘権保障の実効性を担保する制度だとすれば、これを放棄することは基本的にできないので、被疑者の拒否だけで録音・録画をしないという例外は認められないことになる。また、全過程、全事件の可視化が当然ということになる。これに対して、違法な取調べを抑制するという政策的な配慮から録音・録画するという見解に立つと、捜査・取調べの必要性との比較衡量が行われ、必ずしも全過程ではなく、一部可視化でよいとする考えも生まれる。また、事件もすべての事件ではなく、重要な事件だけに限るという制度設計が考えられる。「たたき台」や「事務当局試案」の裁判員裁判に限定して可視化するという提案の基礎には、このような制度的配慮論がある。

しかし、取調べの可視化への要請が強くなった背景には、密室の中では取調べが被疑者の孤立状態を生み、取調べに対して被疑者が黙秘権を行使することができないということと、そのことが問題になった時に、被疑者と取調官との異なった供述の間で、どちらの供述が真実かを判断することができないということがある。このことを考えた時、黙秘権行使の実効性を支える制度として取調べの可視化があるということは、理論的のみならず、実践的にも否定できない。政策的配慮というレベルに落としてはいけない問題である。

## 5　可視化の実効性の担保

可視化の実効性を確保する制度として考えられることは二つある。一つは、要請される可視化が間違いなく行われているかをチェックするシステムであり、二つには、可視化しなかった場合の供述調書の証拠能力の問題である。鼎談でも触れているが、黙秘権の実効的保障として学界で問題になったのは、弁護人の取調べへの立会いが最初であった。取調べの録音への関心が高まったのは、一九八四年以降、すなわち、イギリスの「警察・刑事証拠法」における制度紹介以降のことである。

しかし、この二つの制度は、むしろ相互に補完しあうものであって、一方だけが実現されればよいというものではない。取調べの録音・録画が実現しても、実際に取調べで被疑者が何らの圧迫なく供述しているかは、必ずしもわからない。弁護人の立会いがあってこそ、この点を保障することができる。黙秘権の保障は、弁護士の立会いと録音・

録画との両者によって行われる。そのことが確認された上で、差し当たり録音・録画を実現するというならば、何らかの形で、弁護人の立会制度への言及が必要であろう。

定められた通りに録音・録画が行われなかった場合に、その供述の証拠能力をどうするかも問題である。特別部会の討議では、証拠能力まで否定するという意見は少数のようである。「事務当局試案」および最終取りまとめでは、例外の場合を除き、取調べ結果を記録した記録媒体の取調べを請求しない場合には、供述調書の取調べ請求を却下しなければならないとしている。これは、一見すると、可視化されない場合、供述調書の証拠能力を否定しているかのようである。しかし、必ずしもそうではないようで、特別部会の議論の中では職権による採用は排除されていないとのことである。取調官の裁量を認めるということではないにしろ、職権採用を認める限りにおいては、調書の証拠能力は否定されていない。しかし、黙秘権の実効性を担保するのが可視化であるということならば、可視化のされない取調べ結果の証拠能力が否定されるのが当然であろう。その点で、職権採用の余地を残す「事務当局試案」および最終取りまとめには、基本的立ち位置に疑問がある。

## 6　その他の問題

特別部会では取り扱われていないが、取調べの可視化の前提として、本来は、取調べのあり方、供述調書のとり方が問題となる。供述調書を現在のような取調官の作文にしたままでは、可視化結果と調書との整合性がなくなる。実際の取調べは一問一答で行われるはずであるから、録音・録画の結果は、当然ながら一問一答となっているはずである。にもかかわらず、調書の方は、「私は……しました。次に、〇〇でした。」というのでは、調書と録音・録画とを照らし合わせて、直ちに両者の異同を発見することは困難である。

イギリス方式では、録音・録画自体に問を発した時間、それに対して応答した時間がわかるようになると同時に、これの要約書も、一問一答で、同様に時間の記載がされている。この方式が採用されるべきである。少なくとも、取調べ方式と調書作成方式についての検討は特別部会でも行われなければならなかった。

（むらい・としくに）

# 第1章 【鼎談】取調べの可視化


渕野貴生 立命館大学法科大学院教授
小坂井久 弁護士
村井敏邦 大阪学院大学法科大学院教授（司会）




## 1 はじめに

**村井** 本日はお忙しい中、非常に蒸し暑い中を集まっていただきまして、ありがとうございます。新しい刑事司法制度をめぐっての鼎談の第一回目ということで責任重大ですが、よろしくお願いいたします。

今日のテーマは取調べの可視化ですが、関連した問題も議論していきたいと思います。私は司会役の村井です。現職は大阪学院大学法科大学院の教授です。弁護士も登録していますが、ほとんど実務はやっていません。そういう立場にございます。

**小坂井**　大阪で弁護士をしている小坂井です。弁護士活動は現在で三三年目に入っていて、最近は刑事弁護をやることが多くなっています。現在、法制審議会―新時代の刑事司法制度特別部会の幹事をやっています。可視化問題については比較的古くから取り組んできたということで、発言の機会があれば発言させていただくようにしています。よろしくお願いいたします。

**渕野**　立命館大学法科大学院の渕野です。取調べの問題とか、広く捜査のあり方の問題については、司法制度改革審議会で裁判員制度や公判前整理手続などの大きな改革が行われ始めたあたりから興味・関心をもって、いくつかの機会に発言をしたり、論文を書いたりしてきました。よろしくお願いいたします。

**村井**　以上の三人で可視化の問題を議論していきます。議論の柱としては、可視化をめぐる議論状況を小坂井さんと渕野さんにそれぞれ紹介していただいた後、可視化の理論について議論し、さらに可視化とその他の制度との関係についても論じるということで進めていきたいと思います。限られた時間の中で非常に内容は豊富になりますが、よろしくお願いいたします。

## 2　可視化をめぐる議論状況

### 1　法制審における議論

**村井**　まず可視化における議論状況ですが、法制審における議論状況について小坂井さんから紹介していただけますか。

**小坂井**　どこから話を始めるかにもよりますが、ご承知のとおり、二〇一三年の一月二九日に法制審の特別部会が「時代に即した新たな刑事司法制度の基本構想」を出しました。この「基本構想」の中で、被疑者取調べの録音・録画に関して、二つの制度構想案が出ています。

一つは全過程原則、ただし「裁判員裁判対象事件の身体拘束を念頭に置きつつ」という前書きが付いたもので、全過程を原則にして適切な例外を設けようという案です。もう一つは、いわゆる捜査官の裁量によって録音・録画の範囲を決めていこうという案です。この「基本構想」の後は作業分科会という形で半年近く作業をし、二〇一三年六月一四日に第20回の特別部会がありました。例えば六月一五日の朝日新聞報道（朝刊）を見ていると、確か「可視化後退」という見出しでした。率直に申し上げますと、記事の内容自体は極めて的確、正確な記事だったと思いますが、見出しの書き方は必ずしも正確とはいえないだろうと思っています。

どういうことかといいますと、「基本構想」が出たのはすでに一月二九日のことです。「基本構想」は、一年半の議論を経た上での構想案です。「基本構想」に関するいろいろな批判は当然ありますが、その前後で「後退」しているのかどうかについては、どの角度からどう見るかで見方は違ってきます。

例えば公の立場、つまり、当局側がどういう見解を表明してきたか。検察の在り方検討会議が二〇一一年三月三一日に提言を出しました（これをもとにして特別部会が作られました）。それまで法務省の内部では勉強会をやっていて、二〇一〇年の——村木事件などが明らかになる前の——六月一八日に、中間とりまとめを民主党政権下で出している。その内容たるや、全過程がいかに難しいかということばかり書いてあった。

そして村木事件があり、検察の在り方検討会議を経て、二〇一一年八月八日に、最終的な法務省勉強会でのとりまとめが出てきます。ここでも彼らは相矛盾したことをいろいろいっています。ここで出た最終的な制度案ですら、三つ書かれていて、その二つは裁量案です。かろうじて三つ目に全過程原則で適切な例外を設ける案が考えられるとしていました。

当時、「この中で制度と呼べるのは三つ目の案だけだ」ということを議論した覚えがあります。当局側が可視化という言葉を使い始めたのが、ある意味では民主党政権下になって初めてのことでしたが、特別部会が始まっていた段階の二〇一一年八月八日でさえ、法務省の最終的な勉強会のとりまとめとしては、そういう案を出してきていたのです。

制度構想案について、特別部会での議論はいろいろあって、確かに一年半もかかってどこまで進んでいるのかは見えにくいかもしれません。私などは遅々としてではあるけれども進んでいると申し上げてきました。今になってにわかに「後退」してきている状況ではなくて、従来から当局側・法務省側はそういうことしかいってこなかった。ある意味ではほんのわずかながら前進している状況が他方ではある。両面の見方がありえようかと思います。

法制審で、可視化に関する議論に戻るのはおそらく二〇一三年一〇月以降になろうかと思われます。具体的な制度構想案としての形が明瞭に見えてくるのは、年明けになるであろうという情勢です。

ちょっと長くなりましたが、結論的にいうと、捜査官の裁量論がまだ「基本構想」の二番目に出ていることについて非常に強い批判がある。これはとてもよく分かりますし、私どももずっと批判してきた。特別部会の議論でも有識者の方たちは「こんな二番目の案は問題にならない」と何度もいろいろな方がおっしゃっている。にもかかわらず、案から落としてこなかった。そういう意味での危機感が一方であることは間違いない。

だからといって、裁量論の案が本当に法制審の最終案としてまとまる可能性があるのかというと、楽観的だといわれるかもしれませんが、ちょっとその可能性は乏しい。なぜかといえば、そういう方向ではない形で実際の議論は推移しているからです。そう見るのが普通だと思います。この四月二五日に作業分科会の中でこの可視化の議論をしたときも、第一案の全過程原則例外論に関してはおおむね議事録の三三頁はその話をしている。第二案については最後に三頁しただけというのが実態ですので、私は第二案になる可能性は非常に乏しいという感覚をもっています。

## 2　学界における議論

**村井**　渕野さん、今の法制審の状況について、学者の議論なども含めてどのようにお考えですか。

**渕野**　法制審の議論を見ていて、第一案と第二案とで本当に質的に違う案になっているのか、やや腑に落ちないところがあります。第一案は、確かに原則としては全面可視化をまず最初に出して、それに対していくつかの例外を設けるという形になっていますが、そこでいわれている例外は、例えば被疑者が著しく不安・緊張・羞恥心等を覚えるおそれとか、関係者の名誉・利益等が著しく害されるおそれといった、非常に抽象的で限界がはっきりしない書き方になっているように思います。

そして、この「おそれ」を誰が判断するのかという点について、仮に取調べをする側の捜査機関が判断するということであれば、結局は第一案も裁量論ということになって第二案と変わりはないのではないか。そういう意味で、第一案であれば全面可視化に向けて目指すところがある程度達成できると本当にいってよいかどうかは、少し慎重な評価が必要なのではないか。そういう率直な感想をもちました。

**村井**　例外について、法制審での議論はどうですか。

**小坂井**　それは四月二五日の作業分科会での議事録に出ていると思います。率直にいうと、渕野さんがおっしゃったような危機感というのは当然あります。現に、特別部会で第一案と第二案とは、地続きですよといいたがる委員の方たちがいらっしゃる。それはおおむね捜査機関の経験のある方たちです。第一案と第二案でも結局は同じようなものになるのではないか、そういう趣旨のことを公然とおっしゃるわけです。

逆にこちらの方としては、それは全然違うでしょう、という言い方をしている。少なくとも原則は全過程です。例外は例外事由として、ちゃんと事後的にチェックができるものでなければならない。この前の特別部会の議論でも、有識者の方から現にそういう発言が出ていますが、質的な差異が生じなければ意味がないと考えています。

四月二五日の議論についていうと、いわゆる被疑者の拒否をどう捉えるかについては確かに相当な議論があって、これは何らかの形で例外の中に入り込んでくる可能性がありうる。もう一つは、これは小坂井久名義で出している作業分科会の案があって、これも特別部会のウェブサイトにアップされていますが、いわゆる組織犯罪などにおいて、親族も含めて重大な生命・身体に危害を加えられるようなおそれがあるケースについては極限的ケースとして録音・録画を停止することを可能にする案です。

しかしながら、録音・録画を本人があくまでも拒否あるいは嫌がっているという前提です。本人が録音・録画をしてくれという限りは、いかにそういう組織犯罪であろうが、生命・身体に危険があろうが、それは撮らないといけない。例外の例外みたいな二重否定になっていますが、そういう歯止めをつける。

さらに、これは理論的にはなかなか難しい議論があるかもしれませんが、その種の例外事由での停止の場面では、証拠化は一切しない。つまり危険だからこそ録音・録画はしないといっているのだから、証拠化がされること自体がナンセンスだという案を提示しています。

本人の拒否問題やいわゆる組織犯罪事件での生命・身体の危険、それ以外にも例外事由を広げるかという議論はあって、広がり始めるとどんどん広がっていく危惧はあります。が、四月二五日の議論での私の率直な感想をいえば――他の人から小坂井さんは楽観的であるといわれますが――その拒否問題と報復問題の二点をどうするかということに例外事由はおおむね絞られつつあると、私は見ています。

しかし、先ほど渕野さんがおっしゃっていたような、いわゆる羞恥心の類とか、関係者のプライバシーの類がまだ案としては落ちていない。ですので、そこは我々としてはそれこそ出口規制というか、公判再生の制限等の最後の出口規制で足りるということで、そこは理論的にカバーできていると思います。例外事由については、渕野さんのおっしゃるような危惧感は、我々も当然もちつつ対応しているつもりですが、現実の議論自体はかなり絞られてきているのではないか。

## ３　可視化の形態

**村井**　証拠化は一切しないというのは、取調べ自体をしないということではないですね。取調べの録画をしない。その代わりに例えば録音する。調書は作成するわけですね。

**小坂井**　もう少し丁寧にいうと、今の小坂井名義で出ている案は、拒否については録画の拒否は認める、録音については拒否を認めない。こういう大前提で案を組んでいます。

**村井**　それは証拠化されるわけですね。

**小坂井**　いま小坂井案として出している例外事由のとき以外は証拠化されます。実は我々は特別部会の本会では調書の廃絶を議論しました。が、とてもそこまで全体の話はいかない。有識者の一部と日弁連がそういうことを申し上げたわけですが、それは受け入れられるところになっていない。今の状況では何らかの録音・録画制度ができて、調書と並存してやっていく状況がまだ続く。そういう今の現実と地続きの制度しか構想されていないのですね。

**渕野**　例外として生命・身体に重大な危害を加えられるおそれがあって、被疑者が録画しないでくれといったときには、例外的に録画しない取調べをする。ここでは調書を作られることが予定されていますか。

**小坂井**　調書を作るも作らないも、その場合は証拠にはならないということです。彼らは報告書は作るでしょうけれども。

**渕野**　つまり証拠化しない。

**村井**　証拠化しないというのはどういう意味ですか。

**小坂井**　公判廷で証拠化しない以上のことは厳密にいうと詰められていません。つまり、公判での証拠にしないという案は明示的に出していますが、それこそ逮捕状の疎明資料になったり、そこで報告書が作られたりするのではないかという議論は絶えずありうる。ですので、そこまでの完全な歯止めの案は出していません。村井さんの問題意識と僕のいっていることが関連しているかどうか分かりませんけれども。

**渕野**　情報収集としての取調べということですね。

**小坂井**　そうです。そういう意味です。

## ３　可視化の理論について

### １　学界における議論

**村井**　例外についてはおそらくまた議論になるので、今のような法制審における議論をめぐって、あるいはこの可視化をめぐっての学界における議論状況を、できれば比較法的な観点も含めてお願いします。

**渕野**　学界においては、もともと被疑者取調べに関しては、とりわけ身体拘束下での取調べにおいて、供述の自由をどうやって保障するのか、黙秘権をどうやって実効的に保障するのかという問題意識が、一番最初にあったと思います。それを平野龍一先生が取調べ受忍義務否定論という形で理論化されましたが、この取調べ受忍義務否定論は被疑者が供述を拒否したときにはそれ以上の取調べは行わないという理屈になります。

この理屈が実効性をもつためには、供述拒否時に確実に取調べを終了させる何らかの担保が必ず必要になってきます。そのために、担保の措置としてどういうものがなければならないのかという中から、可視化の議論が出てきた。そういう一つの流れの中で可視化が学界の中で議論されるようになってきたと認識しています。実は、黙秘権を実効的に保障するためにどういう制度があるかというときに、学界の中ではおそらく弁護人の立会いの方から先に議論がされ、立会いに代わる担保措置として、可視化という形が議論されてきたのだと思います。

いずれにしてもこの流れでは、黙秘権という憲法上の権利を実効的に保障するために、弁護人の立会いなり可視化なりを権利の内在的要求として考えてきた。ですから、そこでの議論の流れの中では、おそらく最初から一部可視化というものは念頭に置かれていなかったと思います。可視化といえば当然、全面可視化だと考えられていた。

ところが一方で、ある段階から、もう一つの学界の議論の流れとして、違法な取調べを抑止するための政策的な手段として可視化を導入してはどうかという考え方が登場してきた。こちらの考え方は可視化を黙秘権等の内在的な要求とは捉えていないので、どの範囲で可視化をするのかということは、他の利益との利益衡量、とりわけ被疑者から供述を得るという捜査の目的との利益衡量によって、可視化の範囲というのは変わりうる。そういう意味で、一部可視化も政策的な選択としてはありうるという議論が一方でなされている状況にあります。

**村井** 認識としては可視化論が黙秘権の担保として出てきたけれども、当初は弁護人の立会いを求めるというのが先行していたのでしょうね。一九八四年にＰＡＣＥ（イギリス警察・刑事証拠法 Police and Criminal Evidence Act 1984）が紹介され、その年の刑法学会の分科会でこれを取り上げた。その当時は録音ですが、そこから取調べの録音の議論が学界の議論として取り上げられてきました。少なくとも学界では先行的に問題意識があったという認識でよろしいでしょうか。今ＰＡＣＥの紹介をしましたが、アメリカの状況をご紹介いただけますか。

**渕野** アメリカの場合は州によって可視化をしているところと必ずしも可視化をしていないところがあります。しかし、これはアメリカの取調べを法構造とか手続全体の枠組みの中で捉えなければ、意味のないことだと思います。

アメリカの場合は、ご存じのとおりミランダ・ルールがあり、被疑者が弁護人の立会いを求めれば、そこで取調べは直ちに終了するという制度の中で、さらに可視化が必要かどうかという形で可視化の是非は問題になります。つまり、黙秘権の行使あるいは弁護人依頼権の行使によって取調べが遮断される。理論的にそういう取調べ遮断効があり、しかもそれを担保するものとして弁護人の立会いが実際にできる。その上に、いわばセーフティネット的に可視化が必要かどうかということで可視化の是非が議論されている国と、取調べ遮断効もない、黙秘権を実効的に行使するための担保措置も全くない、こういう何もない法制度の下で可視化が必要か必要でないかという議論がされている今の日本とでは、一律には比べられない。

黙秘権の行使を担保する何らかの措置はどの国でも

必要だという前提に立てば、何もない日本の現状では少なくとも可視化は絶対に必要だという議論は、アメリカを前提にしても出てくるのではないでしょうか。

## 2　実務界における議論

**村井**　ミランダ・ルールの最近の展開については、最近の小坂井さんの著書の中でもかなり詳しく議論されています（小坂井久『取調べ可視化論の展開』〔現代人文社、二〇一三年〕）。

イギリスではPACEが一九八四年に制定されて、その中で録音を制度化するということになりました。二〇一〇年にそのPACEのコードE（E規範）が出て、その中で具体的にビジュアル・レコードということで録画する。必ずしも法律に基づくものではないけれども、実際上すべての正式起訴犯罪について行う。もし録画しない場合にはそのしない理由を明記する。

さらに二〇一二年、組織犯罪に関しても規範ができて、ビデオ・レコードまでするということで、先ほどの議論と関わってきますが、本人がちょっと怖がっている等の事由があった場合に、録画は拒否できるけれども録音は拒否できないというようなことを含めて、すぐにどうしてもその内容を保全しなければならないという場合には録音をする。組織犯罪についても録音・録画をするという方向が打ち出されています。それがイギリスの状況です。私はイギリス方式を採用すべきだと考えています。

実務というか、弁護士会でもいろいろ議論されてきていると思いますので、その辺のところをご紹介いただけますか。

**小坂井**　まさに黙秘権の実効的保障のための可視化という発想は、私自身もずっと持ち続けているつもりです。そこについては何の齟齬も生じません。ただ、実務家の感覚として、私の率直な感想をいうと、学界はこの間、可視化論についてはなかなか冷たかったなという印象があります。

なぜそういうことになっているのかというと、刑事司法のモデル論を十分に分かっているわけではありませんが、弾劾的捜査観からいけば、これは本人が主体性をもち、当然弁護人立会いで防御権を行使できるという発想ですね。そのときに、可視化というのはまさに一方では「たかが可視化」に過ぎないところがあって、それ自体では何も防御権を実効化できないといわれてきた。

実効化についてどれだけの力があるのかということについては、当然いろいろな議論がありうるでしょう。そういう意味で、可視化をどのような捜査観からみても中立的でニュートラルな措置であるという言い方を一方ではするわけですが、そういう側面が、学界の少なくとも平野学説をずっと継承していらっしゃるような立場から見て、中途半端なことをいっているという批判を受けてきたような気がします。

ただ、渕野さんのおっしゃったアメリカがある意味では面白い。イギリスはずっとまさに可視化先進国でやってきた。アメリカはミランダ・ルールがあって、それこそ「弁護人立会い」といえば取調べは遮断される。今回法制審の視察で、フランス、イタリア、アメリカのワシントンDCに短い期間ちょっと行ったのですが、もしかしたらアメリカは特殊なのかもしれないなと思いました。アメリカでは、とにかく立ち会うといえばもう取調べをしないという前提です。ところが、他のイギリスであれ、フランスであれ、イタリアであれ、アジアの韓国、あるいは台湾でも香港でも――日本型とは全く違う取調べだといわれればもちろんそうですが――いちおう取調べの場は設定されていて、短い時間であれ何であれ、現に立会いをしています。そこがもしかするとアメリカ型とは違う。

何がいいたいかというと、アメリカは可視化後進国とまでは思わないけれども、まだ二〇州もいかない段階で可視化が広まっている状況です。ミランダ・ルールだけではチェックできなかったからです。それはミランダ・ルールに矛盾があるとか、いろいろな議論がありますが、結局そういう中立な措置、ニュートラルな措置で全部を公正にきっちり記録化しなければいけない。どうしてもそれがセーフティガードとして必要である。そういう展開をたどったのではないかという気がしています。

そういう意味では、黙秘権の実効的な保障という中核部分はあるものの、可視化に関してはやや両義的で多面的な要素がある。日本では、立会いについては当局側がなかなか受け入れない。「基本構想」でも外れてしまっています。なるべく早いうちに立会いを実現しなければいけないのはもちろんですが、可視化は制度として何とかやれるか、やれないかという瀬戸際には来ている。それはそういう中立的な要素があったからです。

実務界でいろいろな紆余曲折はありますが、裁判員裁判を控えた二〇〇六年段階から、検察庁において一部録画を始めた。そして二〇〇八年九月からは警察もようやく始めた。これは裁判員裁判の制度化が大きかったと思いますが、そういった中で冤罪事件が次々に明るみになり、最終的には特に村木事件のインパクトが大きかったということがあります。

検察の在り方検討会議を経て、結局実務では、身体拘束下とはいえ、検察庁では裁判員裁判対象事件、知的障害などでコミュニケーションに問題がある事件、それから独自捜査事件、さらに最近では責任能力に関するものも含めていますが、取調べ全過程の録音・録画をやる。身体拘束下に限っているという大きな問題はありますが、やるということになっています。統計を見れば、身体拘束下の全過程というのは軒並み増えています。例えばつい最近、私は特捜事件の弁護をやりましたが、厖大なブルーレイ・ディスクの記録を見なければいけないという状態になっています。

彼らがなぜそれを半ば受け入れてきているか。受け入れ方自体が問題だという大きな議論があるところですが、実務では捜査官側がどんどん進んでやってきて、少なくとも類型的な事件については広がっている。もちろん問題もあって、全体のわずか三％もしくは三％以下の裁判員裁判でそういう措置をしながら、他の裁判では全く放置して、それこそＰＣ遠隔操作事件の誤認逮捕での虚偽自白が起こるような問題を抱えている。妙なダブルスタンダードになっているという、新たな問題が生じてはいます。

が、少なくとも一定の事件については身体拘束下とはいえどんどん全過程に進んでいって、法制化の土壌ができてきている。批判的な見方もあると思いますが、着実にそういう実務の進行があること自体は事実です。

例えばこれはまさに今日（二〇一三年七月二五日）なんですが、警察庁が国家公安委員会にこの一年間の試行状況の検証結果を提出しています。警察はまだ検察に比べればずっと件数も少ないし、それこそ平均二七分間といったレベルでしかやっていませんが、従来は読み聞かせる部分だけとか、ふざけたレビュー方式だったのが、今はプレビュー方式とか、ライブ方式とか、いろいろネーミングをしてやっています。リアルタイムで録音・録画することを、現場が徐々に受け入れている。取調べ側の意識も、かつての非常な拒否反応に比べれば緩和されつつあります。だからといって劇的な変化にまでは至っていない状態ですが。

我々の方は、それを受け止めて弁護活動をしていかないといけない。しかし、弁護側は一番情報が遅い。要するに目的外使用の問題がある。私は偉そうに録音・録画の大家のような顔をして話をしていますが、実は私の関わった事件しか見たことがない。検察庁の方はそれこそ何千件とチェックして、いろいろ検証もできますが、こちらは学術研究という名目ですらできない状態が続いている。ですので、私自身は十数件しか見たことがないというのが現状ですね。可視化時代に対応してどういう弁護実務をしていくかについて、この一〇月の日弁連の研修テーマにもしていますが、今まさに議論を始めている状況です。しかし、情報的にはやや遅れていて、必死になって追い付こうとしているところです。

## ３　可視化の理論的根拠

**村井**　すでに可視化の根拠、受忍義務否定論等については紹介があり、弁護人立会いの問題の関連についても話がありましたが、憲法論として全面可視化を根拠づけるとすればどこか。小坂井さんは憲法三八条一項、二項、三一条、三四条、三七条三項を挙げられていますが、どこが最も根拠といえますか。

**小坂井**　実務家の私にそれを聞かれても困りますが（笑）、実はさらに一三条もあります。それこそ指宿信さんが紹介されているスロボキンさんに触発されて、三七条二項も使えると最近は思い始めています。そういう意味では定まっていませんが、やはり供述の自由という意味では三八条一項、二項、これは裏表だと思っていますが、そこに根拠を求めるのが一番素直なのだろうと思います。逆に今までそれほど学説的なサジェストを受けた覚えがないので、ぜひお聞きしたいと思っています。

**村井**　渕野さん、どうでしょうか。

**渕野**　私も可視化の根拠としては、やはり憲法三八条一項が一番の柱になると思います。黙秘権が、被疑者が供述するかしないかを完全に自由に選択できるという権利内容をもつものとして捉えられるべきだということからすると、被疑者がもうこれ以上供述しないと決めたにもかかわらず、さらに「まあそう言わずに話せ」と説得を続けることが、すでに黙秘権の侵害に当たるのではないかと考えています。

そうすると、黙秘権を行使したことが確実に取調べ遮断に結び付かなければいけない。そのために、取調べ遮断を担保する措置が黙秘権という権利の中に内在的に装備されていなければ、黙秘権は権利として絵に描いた餅になってしまう。黙秘権を行使したことによって取調べを確実に終了させるということを担保するために、弁護人立会いと可視化というものが必ずその権利内容として含まれていなければ、黙秘権としては完成しないと考えられます。

## 4　可視化の範囲と証拠能力をめぐって

**村井**　それは全過程の可視化でないことには駄目だと。

**渕野**　はい、そうです。というのは、最初の段階で録音・録画しなくてもよいと被疑者が同意したとしても、取調べの途中の段階から取調べの雰囲気が非常に糾問化するというか、強制的な取調べに変わってきたときに、被疑者が「やはり録画してください」と言い出すタイミングをすでに失っている可能性が残るからです。そうだとすると、最初から最後まで全部の過程を可視化しておかなければ、「本当にここで取調べをやめてほしい。これ以上供述したくない」ということを、被疑者は心の中で思っているけれども、それを言い出せないという状態が作り出されてしまうことを防げないと考えます。

**村井**　これは法制審でどこまで議論されているのか。全面可視化を法律化した場合には、もし取調べの際に録音・録画をしなければ違法な取調べになって、取調べ全体が証拠能力なしという形になるのか。政策的背景にしか過ぎないということだと、必ずしも証拠能力を否定するまでには至らないという形になりうるのか。その辺はどうですか。

**小坂井**　議論はされています。我々は全過程でなければ捜査段階での供述は証拠能力を否定するというのが筋だろうといっています。学者の方たちのうちで後藤昭さんはその説を採っていただいていますが、その他の方たちは、井上正仁さんであれ、酒巻匡さんであれ、椎橋隆幸さんであれ、川出敏裕さんであれ、基本的に今の任意性原則とちょっとずれがある、あるいは違法収集証拠排除法則ともずれがある、だから、そこはなかなか整合しないのではないか、そういう見解を表明していらっしゃる。そういうこともあって、ハードルは高いかもしれません。

**村井**　通説的な自白の任意性論からすると、制度的保障が否定されたということで証拠能力まで否定するという考え方は、私などもそうですが、後藤さんとか、ごく少数でしょう。

**渕野**　そうですね。少数です。

**村井**　だから、それが多数になる見込みというのは学界にはない（笑）。

**渕野**　数として多数になるかといわれると、その展望は厳しいといわざるをえないと思いますが、学説の優劣は多数決で決まるわけではないので（笑）、理論的な正当性がどちらにあるかということで本来は決着がつけられるべき問題だと思います。

**村井**　むしろそのあたりは、現実にこの可視化が法制化された後の問題なので、実務的にも弁護士に頑張ってもらって、証拠能力否定論を具体的な実務のケースとして積み上げていく以外にないのだろうと思います。

**渕野**　そうですね。

## 5　可視化反対論に対して

**村井**　他方、具体的な形での全面的可視化に対しては反対論がある。取調べは秘密性を保たなければならないとか、被疑者のプライバシーの問題だとか、捜査の必要性や取調べの必要性があり、それを欠いた形で可視化して録音・録画ということになれば、ちゃんとした取調べができなくなってしまうと。そういう反対論について法制審ではどうですか。

**小坂井**　法制審では従来型の捜査機関側の反対論はいまだにいわれ続けていますね。だからこそ、先ほど渕野さんが危惧されたように、こんな例外はとんでもないではないかと思われるようなものが、案としては、たくさん紛れ込んでしまっています。現に前述した警察における検証結果でも、全過程は有用だという議論が警察の現場サイドでもそれなりに出てくる一方で、やはり真相解明に支障を来さない範囲で何とかやることに留意しなければいけないというトーンが必ずといっていいほど付け加えられています。

しかし、そこで述べられていることのほとんどは、要はもともと間違った取調べ観を前提にしている。彼らが割と公然というのですが、「記録はありのまま残さなくていいんですよ」という前提に立って、とにかく立論されている。ある意味では傑作だと思うんです。「ここだけの話にしておいてくれ」といって調書化しないようなことはよくあるから、そういう手法が使えなくなったらという、逆転した発想だなと思わざるをえませんが、そういう前提で述べられている。

これは細かな法律の理屈かもしれませんが、例えば刑訴法の三二四条があって、本来取調べ過程は何らかのルートさえたどれば本当はオープンになってしかるべきだという自明の前提で法自体は組んでいるはずです。なのに、なぜか取調べでは彼らのそういう手法がまかり通ってきた。それにずっと固執している。これは根本的な議論をし始めれば非常にいろいろな議論ができますし、理論的には成り立たない立論ではないかという感じがします。

だから、最終的な制度構想の立て付けとしては出口論、つまり公判再生の段階で何らかの配慮さえすればそれは防げる問題だからという形で、今まで我々はいってきました。唯一引っ掛かるとすれば、おそらく村井さん、渕野さんから批判されるでしょうが、先ほどいった組織犯罪での報復で生命・身体の危害まであるという恐れを感じている人の場合に、「録画しないでくれ」といって黙って、そして録画されない状態では情報提供をするというような究極の場面で、黙秘権行使の形としてどうみるのか。そうやって考えていって、断腸の思いで、現実の制度化のための最終的妥協をして、今それを案として出しているというのが現状です。

## ６　可視化の例外

**村井**　今の組織犯罪の部分についての例外というのはどうですか。組織犯罪というか、被疑者の生命・身体に影響があるということで、被疑者が恐れてしまう。その場合にはどうなのか。録音・録画の問題なのか。証拠化しないということなのだから、そこは捜査機関が情報を得るためだけにやる。そして、情報を得るために録画していないということを記録に残す。それも公判に出るのですか。

**小坂井**　しなかったというのは分かります。だからこそ実はそこで議論があって、裁判所は裁判所で盛んに気にしている点として、全過程原則で例外があるというときの例外事由に当たるか当たらないかは一義的に明らかでなければ困る、といっています。それが証拠能力論として問題が法制度とリンクするところまで成功するかどうかは今後の議論がありますが、裁判所が非常に気にしていることは事実です。例外事由に当たるとすれば、それは一義的に明らかにしてもらうような形でないと困りますよと。

話がずれるかもしれませんが、いずれにしてもその人の全過程がどういう形で取り調べられたかというのは、とりあえず八号書面が証拠開示で出ますので、取調経過一覧表を作り、どこが録音・録画されていないかは分かります。これは必ず例外事由に当たったのだという証明は必要です。

**村井**　例外だということで、それが合理的な例外であるということは、取調経過一覧の中に必ず記載する形になっているのですか。

**小坂井**　いや、そこまでは分かりません。抜けていることが分かるだけです。

**村井**　例えばイギリスなどはそれを必ず記載しなければいけない。その意味で証拠化していないと駄目なんです。可視化しなかったということを証明する。そのあたりの保障がないと、なぜそうなっているのかということがはっきりしない。

**小坂井**　議論としては、拒否するところまで、あるいは例外事由が生じた場面までは録画しましょうという案が強いですね。捜査官側も、例えば本人の拒否を例外事由にする場合には、「録画までするというのはちょっと重たいですね」という反論をしつつ、弁護人との連署で「録画はしません」と出してもらうのは必要ではないかということは言い始めています。その点はきっちりとした処理をしなければいけないという認識自体はあると思います。

**渕野**　被疑者の生命・身体に危険が及ぶという例外事由も、私は出口規制のところで十分防止できるのではないかと思います。つまり、いったん全過程を録画しておいて、この部分の供述は出されると自分の生命・身体に危険が及ぶという申立てを事後的に被疑者にさせたうえで、その段階で「じゃあここだけは出さない」と判断することで十分賄えます。

**小坂井**　渕野さんのおっしゃっていることは、私がずっといってきていることをいってくださっているので、私としては別に反論はありません。が、つまり取調べというリアルタイムの場面で、本人がその情報を出せるか出せないかという問題です。

他のプライバシーやら何やらというのは、自由にしゃべらせておいたらいいではないかという場面です。羞恥心だ何だというのであれば、それは説得のレベルの問題ですね。それでどうしてもしゃべれないというのは、黙秘権行使のレベルです。ただ、もしかしたら生命・身体に危害を加えられるような場合は異質であるという議論はありうる。渕野説によればそれは違うということになるかもしれないですが。

しかし、逆に渕野さんのような考え方のときには、いわゆる拒否論を認めるのか認めないのかで、おそらく学説も相当分かれると思います。日弁連内もこれをずっと議論してきた、今のところ拒否を認めない。だからこそ私がいっている組織犯罪どうこうという特殊な例外という形になっていって、逆に本人の意思があれば録画する。そういう二重の否定になっているところがあります。拒否論の問題は非常に難しくて、日弁連内でも拒否でいいではないかという説も根強くあります。例えば法制審だったら、後藤昭さんは基本的にはどうもその説です。拒否論を認めることによって、あとの事由は全部それで解消されるではないかということであれば、それはそのとおりだと思います。

**村井** 黙秘権を放棄できるかという問題にもなりますね。

**渕野** そうですね。私は録音・録画の拒否権を被疑者に認めるべきではないという考えです。取調べの中での被疑者と取調官の力関係というのは刻々と変わると思います。そうすると、最初に被疑者は録画をしなくても大丈夫だと思っていたとしても、取調べの途中で雰囲気が非常に怪しくなってきて、録画しておけばよかったと思うことが必ずあると思います。そこで、録画されていないまま供述を迫られるということになると、結局は供述の自由が侵害されることにつながらないかということを危惧します。

ですから、私は、録音・録画というのは黙秘権の内在的な権利内容だと捉えて、それは放棄できる権利ではないと考えます。もともと刑事手続上の適正手続に関する被疑者の権利というのは、必ずしもすべて被疑者の自己決定で放棄できる権利ばかりではないわけです。例えば「私は逮捕状がなくても逮捕されてもよいです」といっても、それで逮捕するわけにはいかないでしょう。そういう法的な性質がある。これを自己決定権の限界というかどうか、ちょっと言葉として適切かどうか分かりませんが、放棄になじまないような権利がある。可視化に関する権利も黙秘権と結び付ければ、それは放棄になじまない権利ではないかと思っています。

**村井**　基本的には私もそう考えています。ただ、例えばイギリスなどでもそうですが、一般的な拒否は認めない。生命・身体に影響があるという場合は、極限例的なところですが、それをどう考えるかは非常に難しい。だから、一般的拒否は、単に嫌だからということで拒否はできないだろう。生命・身体の場合に出口論で何とか行けるかどうか。そこもなかなか難しい問題があるだろうと思います。そこはちょっと切り離す必要があるのではないか。

　組織犯罪に関しては、これも組織犯罪をどう考えるかというところですね。ヨーロッパの場合にはテロ犯罪というのは別系統で考えます。それでも録音・録画をやるという形になったというのは、イギリスはそういう意味では先進的だなと思いますが、日本の場合にテロ犯罪というのは別系統ではないですよね。市民法の中に入ってきている。その辺は諸外国とは違うので、組織犯罪についても市民法の中で考えるとすれば、やはり基本的には拒否ができないと考えなければいけないと思います。

## 4　可視化とその他の制度との関係

### 1　取調べへの立会い権

**村井**　先ほど出てきた弁護人の立会い権との関係は、ちょっと議論が分かれるところで、学界では弁護人の立会いをかなり強く当初求めていた。そこで可視化という問題が出てきて、小坂井さんなどからは『法と心理学会』で「まだそんな議論をしているのか」と怒られたこともありますが、政策的に必要だということは分かるけれども、どちらを先に主張するかということで問題になる。まず可視化で、その上で、次に立会い権という議論をされているのが小坂井さんですが、渕野さんはそうではないですね。同時ですか。

**渕野**　黙秘権を担保するために一番実効性のある措置というのは、立会いではないかと考えています。あえて優先順位を付ける必要もないのかもしれませんが、私は立会いのほうをメインに考えています。可視化を先行させるというのは選択としてありうると思いますが、その場合も可視化がゴールではないということを常に意識して、可視化の先にはセットで必ず立会いがあるということを意識した議論をしないといけないのではないかと思います。

**村井**　その辺は、小坂井さんはどうですか。

**小坂井**　議論にならなくて恐縮ですが、私も本音は全く同じです。ですので、そこに何ら異論をさしはさむところはありません。

ただ、立会いといった場合に、それこそアメリカ型のまさに極限形態としての取調べ拒否型がある。極限といったら言い過ぎかもしれませんが、要するにそれが常態化する発想での立会い制度がある。それと対極にあるのが、まさに人間カメラとしてその場にいるだけで何もできませんという形の、かつての台湾のような制度もある。だから、立会いというのも段階があって、そこにいて何ができるのか。ひそひそ話はできるのか、あるいは目配せはできるのか、できないのか。いろいろな形が確かに各国にあって、それぞれに調べてみたら面白い点があります。

私は、現実の制度改革の見込みとして可視化にした方が早いといってきました――二〇年かかってしまっているから本当に早いのかどうか分かりませんが。弁護士の数も増えてきたことですし、立会いも何とか機能できる状況になりつつある。両方が必要だというのはおっしゃるとおりだと思います。

**村井**　立会いについての弁護士の人たちの反応は、今の取調べが長い中でそんなものにいちいち立ち会っていたら大変であるというのがありましたが、それに対しては取調べを短くすればいいではないかというのが今の状況ですよね。弁護士が多くなったという状況の中で、当番弁護士を登録しても刑事弁護の順番が回らない。それなら立会いを大いにやっていけばいいではないかということはいえると思います。そういう意味では、制度を担保する人材的なものは問題がなくなった。あとは取調べの時間を短くする。

**小坂井**　率直にいうと、今の実務の取調べ録画の現状からは、ドラスティックに取調べ時間が短くなるという効果までは現れていません。昔に比べればどうしても短縮せざるをえない力が働いているとは思いますが、まだまだ長いのが事実です。

**村井**　そのあたりの取調べの短縮化もあわせて主張していくということが必要なのでしょうね。そうでないと、弁護士としてはたとえ人材が多くても、取調べの立会いは難しい。接見などでも、行く人と行かない人がまだありますね。おざなりにしか立ち会わない人も出てくるだろう。そういうことをなくしていくために、やはり取調べ時間というのは大きな要素にはなりうるということでしょうね。もうちょっと意見が対立するかなと思って期待していたんですけど（笑）。

**小坂井**　学界の方で立会いだというときには、どういう立会いをイメージしていらっしゃるのか。僕は今まで必ずしも明確にお聞きしていないと思います。結局はアメリカ型で拒絶ということなのか。そういうことで行くというのも一つでしょうが、日本型はそうではないのではないかと私はむしろ思っています。

**渕野**　立会いを主張している学説の中でも、そこに対するイメージは必ずしも統一されていないのかもしれません。私はアメリカ型の立会いを考えています。ですから、法制審の議論の中でも出てきましたが、山のような取調べに全部立会いをするのかという議論は、私の発想からすると的外れな議論で、山のような取調べに付き合うために立会いをするのではなくて、山のような取調べをやめさせるために立ち会うというのが、私の立会い論です。

ただし、現状で取調べ受忍義務は、理屈としては否定しても現実にはそれは達成できていないので、そういった取調べ受忍義務が事実上課されている状態の取調べの現状を前提にしたときに、立会いというのはどういうものになるのか、それはまた別途考えなければいけない。そこは村井さんがおっしゃったように、取調べ時間の上限を設定するということがどうしても必要になると思います。それは理論的な問題ではなくて、政策的にそうしないと立会いが現にできないということになると思います。

**村井**　録音・録画をするとなると、それをまた見て聞いていという時間を考えて必然的に短くせざるをえないのだろうと思います。重複したものを何度撮ってもしようがないということになる。その辺は実務的にも変わっていかざるをえないでしょう。

## ２　録音・録画のあり方

**村井**　あわせて録音・録画の仕方の問題があります。調書のあり方とも関連しますが、例えばイギリスの場合だと、録音・録画したものを要約調書にする。マスターテープとコピーの二本を撮って、マスターの方は封印して、しかも立ち会った人たちの署名・押印をして基本的には開けない。コピーの方で捜査機関が要約調書を作る。ですから、録音・録画したものの内容がそこで要約されて出てくる。そのサマリーに異議がなければ、録音・録画されたものは封印されたままということになります。そこに異議があった場合に出てくる。

そういう形だと、必然的にサマリーを作らなければならないということになって短くなる。しかも、何時何分にどういう質問をしてどういう回答があったかということが時間として記録されるように機械自体が作られている。録音・録画をした場合に、その辺が具体的にモデルとして考えられているかどうか。そうでないと、質問とそれに対する答えが、本当に可視化されたことにはならない。例えばイギリスの場合だと、ブレイクについては何時何分にブレイクしたということで、短いブレイクを原則とする。翌日に回すというのは新たになりますが、いずれにしてもいわば分単位で時間が入っています。それをすることによって、この間少し時間が開きすぎている、おかしいじゃないか、そういう疑問を提出できるわけです。今のような調書のあり方だとそうはならない。調書は本人が供述したような形でまとめて書かれる。

だから、録音・録画をすることを主体として可視化ということになると、調書は一問一答式で、しかも発問がどこでなされて答えが何分に終わったかという形の記載を考えないといけないだろうと思います。

**小坂井**　今の実務的なやり方を見ていると、録音・録画している過程の中で調書をわざわざ作り上げているというのが現状ですよね。しかし、これはどう考えても二度手間をやっているところがあるので、いま村井さんがおっしゃったイギリス型に移行せざるをえない必然性はあると思います。

**村井**　私はイギリスしか見ていませんが、これはいい制度だと思いました。それを少し具体的な形で法制審の議論の中で展開してもらうといいなと思っています。

**小坂井**　そこまで議論がまだ行っていないんですよね。率直にいえば、実務的にも反訳文はほしい。だから、これからは、即時の反訳システムが完備しないなら、法律事務所の事務員として反訳できる人を雇わなければいけない。ＤＶＤなどを見ているのと反訳を読むのとでは理解の速度が違いますね。反訳は確かにものすごく助かります。

**村井**　反訳を要約するという形でやるんですが、短いものだったら要約する必要はない。そのまま反訳で出てきて、しかもそれは違法な取調べが行われていないという担保がなければいけない。録音・録画されたものを聞くのと同じように、要するに手が加えられていないものと同じような要約がなければ駄目なのです。

**小坂井**　逆に言うと、確かに今は調書の構造がよく分かりますね。調書を見ながら録音・録画を見ていると、ここはこういうやりとりをして、このようにしたんだなということがよく分かって、まさに日本の作文調書はこうやってできあがるのだなということも分かります。プロセスがよく分かるので、そういう意味では今はまさに過渡期だと思いますが、村井さんのいわれるような工夫は必要ですね。

## 3　録音・録画の実質証拠化の問題

**村井**　実質証拠になるかならないかの議論にもなりますが、先ほどいったイギリスのような形だったら、反訳が証拠になります。公判廷に出されて、それに争いがあったときに、テープが出てくる、レコーディングが出てくるという形なので、そういう意味では実質証拠化という議論にはなりません。むしろ問題になったときに突き合わせをして議論するというか、証拠を開示して見るという形になりますので、独立した形でそれが証拠として提出されるということはない。

まずサマリーが出てきて、弁護人側からそれはおかしい、ここの発問と答えが離れているじゃないかという指摘が出る。そういうときに、ちゃんとしたレコーディングをそのまま再現したものではないということが問題になるわけです。そこで、じゃあマスターテープを聴こうという形になります。実質証拠化というのはそうではなくて、調書に代わる証拠として提出する。その辺はどうなんですか。

**小坂井** 誤解があったら恐縮ですが、いま、村井さんがおっしゃったのは、とりあえず反訳の要約を出すシステムになっていて、争いがあればテープを見るということですね。あまり機会は多くないと思いますが、そういうこともあると思います。ただ、そのときにあくまでも要約の正確性の立証のためだけだと、いわゆる韓国型みたいな感じになります。が、イギリスがそういう手法にとどめられているかどうかについては、私は認識が乏しいんです。要は実質証拠化を駄目だといっているのは韓国ぐらいではないかと思っています。間違っているかもしれませんが。

**村井** 実質証拠化が駄目だとは確かにPACEの中にはありません。ただ、使い方としては、いまいった照らし合わせしかない。基本的にレコーディングというのはそういうものだという形で出ています。少なくともレコーディングをそのまま証拠にするということで出発したわけではありませんね。

**小坂井** それはそうですね。

**村井** 日本はもともと供述主義ではありませんから、まず調書を供述書形式にする。特に録音・録画をした場合に、供述書形式にならなければ照らし合わせができない。そこははっきりと変わらなければならないところではないかと思います。調書をなくすというより、反訳は必要だということになるので、反訳はマスターテープとかレコーディングのいわば複製だという考え方もできます。本来はレコーディングされたものだけれども、それを実際上見るのは大変だ。だから、その反訳されたものでいちおう証拠としては提出されるということで、紙ベースはなくならないというのがイギリス的な考え方です。その辺は、アメリカはどうですか。

**渕野**　私はワシントンDCに在外研究で一年間行っていて、四〇回ぐらい jury trial を傍聴しましたが、取調べの録画ビデオが証拠として出てきたことは一回もなかったと思います。アメリカの場合は、もともと捜査段階での調書自体がほとんど作られませんから、被疑者や被告人の供述は、法廷で被告人が証人として証言をする場合しか出てこない。

**村井**　捜査官の証言によって、捜査段階の被告人の供述を明らかにするという場面自体がないんですか。

**渕野**　捜査官が捜査の過程を証言をすることはよくありますが、傍聴していた限りでは、取調べの中身を証言する場面に遭遇したことはありませんね。

**村井**　デポジション（宣誓供述書）が提出されることはありますね。あれもデポジションだから書面ですよね。

**渕野**　あれは書面です。

**村井**　書面証拠ですね。これが日本でいうところの調書みたいなものです。だから、供述書ですかね。ちょっとシステムが違うので、基本的には取調べ。公判廷でもまさに証人適格が与えられているから、取調べの状況がそのまま証拠化されるということはない。そこがちょっと違って、イギリスの場合には証拠になります。

## 5　今後の問題
### ——証拠開示・捜査全体の可視化

**村井**　そろそろ時間がなくなってきました。

今後の問題として、立会い権のほか、あと関連するものでは証拠開示があります。それから、単に取調べだけではなくて捜査全体を可視化すべきだろう。そのあたりは日弁連でも議論されていると思いますので、紹介してもらえますか。

**小坂井**　とりあえずいま、法制審は被疑者取調べを議論していますが、参考人取調べについても構想から落ちていないし、我々はそこまで行かねばならない。現に参考人問題が非常にクローズアップされた事件が相次いでいるわけです。要するに被疑者と参考人を可視化していく、それも全過程的な形で可視化していくとなれば、本来はそれ以外の部分の捜査過程もきっちり記録化していくことになる。

どの段階で証拠開示するかというのはまたいろいろ議論がありますが、それこそ弁護人立会い問題とセットになって、日本の場合、捜査段階での証拠開示がどこまでありうるか、ありえないか。そういう議論を今後していかないといけないと思います。いずれにしてもそういう透明性を高める形でないと、まさに先ほどから出ている防御権も全うできない。ただ、もしかすると本当は手続二分や有罪答弁など大掛かりな手続論とセットでないと、改革できないところはあるのかなという感じがしています。

**村井**　渕野さんはどうですか。

**渕野**　捜査の可視化というときに、まず取調べをどこまで可視化するかという論点があると思います。今は身体拘束下における被疑者の取調べというのが出発点になっていますが、小坂井さんがおっしゃったように、参考人であっても、取調べの中で意に沿わないような供述をさせられる局面というのは、日本の場合は否定できないようですから、参考人の取調べを含めなければならない。

それから、身体拘束をされていない任意の被疑者取調べの可視化も、絶対に必要だろうと思います。日本の場合、任意取調べといっても、「ここでもうやめたいから帰ります」といってすぐ帰れる取調べではない。高輪グリーンマンション事件の判例を見ても明らかなように、相当な説得が行われます。そこを含めて可視化をしないと、結局は取調べに対する規制から漏れてしまうところが出てくるだろうと思います。

一方で、その他の取調べに関わらない部分の可視化というのは、理論的な組み立てとして、おそらく証拠開示と結び付くところだと思います。その証拠開示というのは、取調べとはちょっと局面が違って、黙秘権というよりも防御権あるいは証人審問権というようなところから根拠づけていって、どの段階でどの範囲の証拠を開示すべきか。そのためには、捜査官はどの段階でどのような資料を作成する義務があるのか。そこのところに結び付いていく議論だろうと思います。

**村井**　例えばオーストラリアなどで、イギリスでもそうですが、取調室の取調べだけの可視化ということで、その前後でいろいろなことがやられる。現にそういう事件もあります。だから、前後もちゃんと撮るべきです。指宿さんなどもいっていますが、取調室の可視化をやっても、現実にはその前のところでボカボカ殴ったりしているということもありうるから、そこだけの資料ではまずいのではないか。将来的な問題としてはその前後も可視化する。そうなると全体を可視化するということですかね。

参考人の問題については、イギリスの場合には参考人や任意で来た人の取調べでも、警察署で取り調べる限りにおいては、ビデオ化しなければならないという形になっています。それも、重要参考人という名目で任意で来た人の取調べは、まさに容疑者というか、拘束されているのと同じで、「じゃあ帰ります」というわけにいかないのが日本の現状だと考えると、そこもやはり可視化しないと実際上違法な捜査は止められない。その辺は法制審での議論もあるわけですね。

**小坂井**　参考人までは射程範囲です。それと同時に、任意取調べについてどこまで行けるか。それはぜひ行かねばならないと思っていますし、まさに一連の冤罪事件で任意捜査の問題がずっとクローズアップされています。ですので、そういう意味でもそこまで行かねばならないと思っています。

## 6　おわりに

**村井**　駆け足で来ましたが、議論に補足があれば一言ずつお願いします。

**小坂井**　今日は非常に有意義なお話を聞かせていただきました。私にひがみがあったのか（笑）、可視化論はどうも学界ではずっと冷たい目で見られているのではないかという被害者意識がありました。が、意外とそうでもないと分かって収穫がありました。

**渕野**　私は途中で話したことの補足を一点だけさせていただきます。可視化をどういう権利として根拠づけるかというところで、受忍義務否定を前提とした理屈立てを先ほどの説明でしました。他方で、受忍義務が肯定されている現状の取調べを前提としても、やはり黙秘権から全面可視化が絶対に不可欠な条件として要求されると思います。

というのは、受忍義務が課されているからこそ、被疑者が取調べを拒否しても止まらない。そうすると、黙秘権に対する壊滅的な侵害が常に起こりうる。非常に危機的な状態が恒常的に取調べの全過程において発生しているという状況ですから、その危険が顕在化することを防止するためには、少なくとも可視化を全過程においてしておかないと、黙秘権侵害を防止できないということになってきます。理念論でいっても、現状を前提としても、全面可視化以外の選択肢というのはありえないと思います。

**村井**　まだまだこの後、議論を続けなければならないことなので、もうちょっと時間が欲しいなと思いました。本日はありがとうございました。

［二〇一三年七月二五日（木）収録］

第2章

【特別部会の論点と議論】

# 証拠開示

白取祐司
北海道大学教授



## 1 はじめに

本書に収載した鼎談が行われたのは、二〇一三年八月二一日であるが、その後、特別部会としては二〇一四年七月九日に第30回会議が行われ、ここで最終的な取りまとめ案「新たな刑事司法制度の構築についての調査審議の結果【案】」(以下、「最終取りまとめ」という)が了承された。またこの間、本稿のテーマである「証拠開示」関しては、第22回会議(二〇一三年一一月一三日)で議論が行われたほか、二〇一三年九月一〇日の第6回第2作業分科会、同年一〇月一日の第7回第2作業分科会において議論が行われた。

本稿は、鼎談後開催された右の特別部会および作業部会における「証拠開示」をめぐる議論をトレースし、そこで何が議論され、何が議論されなかったかについて検討する。

## 2　証拠の一覧表の交付

第22回会議の証拠開示に関する議論は、資料63「作業分科会における検討(2)」の二一頁以下にもとづき、「第1証拠の一覧表の交付」（リスト開示）から始まった。

特別部会の審議も三年目になるが、その当初においては、複数の委員から事前の全面開示論が展開され、この点をめぐって激しい議論がたたかわされていた。その後、事前全面開示論は、「専門家」に押し切られるかたちで次第に姿を消していくのだが、第22回会議で周防正行委員は、「私は基本的には全面証拠開示があるべき姿だと思っているんですけれども、この部会で一蹴されてしまい、非常に残念です」と、なお未練を隠さない。そのうえで、彼は「次善の策として証拠一覧表の交付制度は是非とも実現していただきたい」とされる。

配布資料に論点として登場するのは、証拠の一覧表開示である。新しい制度を事前全面開示になるべく近づけたものとして構想するか、現行の証拠開示制度を効率よく運用するための制度とのみ考えるかで、「各論」の答えも変わってくる。そこで改めて、事前全面開示論がどのような理屈で葬られたのかを振り返っておこう。第11回会議での、酒巻匡委員の事前全面開示論を全面否定する論理はこうだ。「いわゆる事前全面一括開示論については、十分な議論を踏まえた上で、はっきりとその考え方は妥当でない、採らないということで、法律として国会が制定したものだ」、「日本は当事者主義を採っているので、……全面一括開示というのが制度として適当でない」、と。当事者主義概念からカテゴリカルに全面開示否定論が導きうるものか、なお疑問は残るが、ここではこれ以上触れない。[注1] ともあれ、事前全面開示論が今後の特別部会審議の場で〝復活〟する見込みは絶たれ、議論はリスト開示をめぐる論点に限定されることになる。以下、特別部会におけるリスト開示（論）について検討する。

第22回会議で配布された資料63の二一頁には、「第1　証拠の一覧表の交付」とあり、その概要が記されている。まとめると、①対象事件は、公判前整理手続に付された事件、②一覧表請求時期につき、A案（刑訴法三一六条の一四の検察官請求証拠開示の後）とB案（被告人側が三一六条の一七の予定主張明示後）の二つが併記、③証拠の特定に必要な事項と例外、である。①について、公判前整理手続とは別に証拠開示請求権を認めることも検討すべきだという小野正典委員の意見があった。これに対しては、井上正仁委員が「別の手続を設けろという議論は現実的ではないし、妥当ではない」と直ちに反論した。ただ、第一審に係属する刑事裁判に占める公判前整理手続の実施割合はきわめて少なく、しかも同手続に付すかどうかは裁判所の専権で当事者に請求権はない。証拠開示の改革の議論で、対象範囲を広げる主張を頭から否定する姿勢には疑問も感じられる。

②は、裁判官の今崎幸彦委員をはじめ、A案支持が大勢を占めた。弁護側の利益とともに、証拠開示が「円滑・迅速に進む」ことに資するという利点も認められることから、A案に支持が集まったのであろう。第23回会議で配布された資料64「作業分科会における検討結果（制度設計に関するたたき台）」では、若干の解説付きでA案、B案がなお併記されていたが、第26回会議で配布された資料65「事務当局試案」では、B案が消え検察官請求証拠開示後に、請求により一覧表開示が検察官に義務付けられている。

③は、資料63では最小限の事項が記載されるとされており、たとえば供述録取書を除く「証拠書類」では、「文書の標目、作成年月日および作成者の氏名」を書けば良いとされる。そうすると、第22回会議でも指摘されたが、捜査報告書に作成者以外の者の供述が記録されている場合にも、原供述者が誰かは記載されないことになり、「証拠開示」

の実を挙げられない可能性もでてくる。資料64では、この反対意見はB案としてまとめられ、原供述者の氏名についても記載することとされた（同資料三九頁）。しかし、理由は判然としないが、[注2]資料65では、B案がすっかり削られ、資料63の内容に戻った。「最終取りまとめ」では、一覧表の請求時期につきA案に落ち着き、証拠の特定についてはB案は採用されず、資料63と同じ範囲の記載でよいとされた。

なお、事務当局作成の資料に示される一覧表（リスト）の開示制度は、以上のような不十分な諸点のほかに、①人の身体または財産に害を加えられる等のおそれ、②人の名誉または社会生活の平穏が著しく害されるおそれ、③犯罪の証明または犯罪の捜査に支障が生ずるおそれがあれば、その事項を記載しなくてもよいとされている（資料65の一六頁等）。①はともかく、とくに③の例外は漠然としており、恣意的に解釈されないか。被告人性悪説にたった制度設計のように見えてしまうのは、私だけではないと思うのだが。「最終取りまとめ」では、以上の①②③の例外がそのまま採用された。

## 3　公判前整理手続請求権と証拠開示

二つめの論点は、「第2　公判前整理手続」（資料63の二三頁）である。公判前整理手続（請求権）が、証拠開示の問題として論じられること自体、違和感を感じる向きもあると思われる。両者は別問題であり、制度改革を論じる場合でも区別する方が筋は通る。しかし日弁連は、証拠開示規定の活用のメリットからか、公判前整理手続請求権の立法化をかねてより主張しており、特別部会でも弁護士委員は同様の主張をしている。請求権を認めるべきだという主張は、公判前整理手続に付される事件は否認事件でも二割以下と少なく、それ以外では「任意開示」によるしかないがそれでは不十分だ、という問題意識を起点とするものである。むろん、特別部会の議論の中でも「公判前整理手続があろうがなかろうが、証拠は開示されるべきだ」との議論はあったし、「公判前整理手続請求権とは別に証拠開示請求権も検討されるべきだろう」とは言えるが（小野委員）、「弁護人から見ると［公判前整理手続によって］証拠開示請求権という有力な手段を新しく手に入れたという側面がある」（後藤昭委員）ということなのだろう。

ところで、（特別部会審議でも引用されていたが）二〇〇八年に新たな証拠開示制度を立法化した韓国刑事訴訟法は、公判前整理手続と証拠開示規定を切り離して制度化した。[注3] この方が、よほどすっきりする。証拠開示規定を利用するために公判前整理手続をあえて請求し、それが認められれば同手続内で証拠開示請求をする、というのは余りに迂遠であろう。公判前整理手続をするには及ばないが、証拠開示は必要だという事案はありうるからである。「証拠開示請求を一般的に認めるということも、当然、何とかこの部会の中ではめ込んで考えていただくべきではないか」（小坂井久委員）。この見解が多数派になることはなかったが、筋としてはこの通りだと思う。

なお、公判前整理手続請求権を認めたとしても、請求却下に対する不服申立てが認められなければ、「請求権」としての実効性は乏しい。また、裁判官の立場からは、公判前整理手続は公判の審理・運営に責任をもつ受訴裁判所が自らの権限と責任において行うべきことであり、（不服申立てを認めると上級審が審査することになるが）「そういう責任を持たない裁判体が、ああしなさい、こうしなさいと指図するのはおかしいと思います」（今崎委員）と発言されている。資料63では、不服申立て（即時抗告）を認めるA案と認めないB案が併記されていたが、資料65ではすべて削られた。そして「最終取りまとめ」でも、不服申立ては認めないこととされた。

## 4　類型証拠開示の拡大

三つめの論点は、「第3　その他（類型証拠開示の対象拡大）」である。事前全面開示が検討の外におかれていることからすると、ここで対象拡大が実現するか否かは重要である。資料63の二五頁には、A案として、①「供述者が直接体験した事実に関する供述」以外のものを内容とする供述録取書等、②検察側取調べ予定者が身柄拘束中に行われた取調べ状況を記録した書面、③④証拠物の押収経過に関する差押調書・領置調書を類型証拠の対象とする、B案として「①～④いずれも対象としない」が併記されている。第22回会議の議論で弁護士委員から、とくに①録取書の重要性が強調された。同委員によれば、聞き込み捜査報告書で、「捜査機関が参考人などから供述を得たと、その内容について供述調書の形式にせず、そのまま、捜査報告書の中にとどめて書いているということが現に行われ」、それが開示されないでいると、「結局、判断に必要な供述の存在が明らかにならないまま進んでしまう」(小野委員)という危惧が述べられている。これに対して、警察庁刑事局の露木康浩幹事から、「聞き込みのほとんどは抽象的な内容にとどまったり、あるいは内容そのものが信用性に乏しいというようなものが少なくございません」、原供述者を「全員、取り上げるということになりますと、ケースによっては膨大になる」と述べ、開示対象にすることには「非常に疑問がある」としている。この説明は、要するに実務上困難で開示する意味が乏しいとするものだが、村木厚子委員からは、証拠ねつ造をした検事が「検察のストーリーに沿わないものは供述を得ても供述調書という形にせずに、別の形でメモのような形で残して開示を免れる」やり方をするという自分のえん罪体験を踏まえ、「弁護側にとって有利な情報というのが証拠化されないという現実がある」としてA案(とくに①)を支持する発言があった。[注4]しかし、最新の資料である資料65の一八頁では、経緯は不明だが、①が脱落している。

②は、その「証人」が、別事件で逮捕・勾留された状態で取り調べられ、作成された調書が証拠として提出されるときは、その証明力を判断するのに類型的に有用だからというのが、提案者の理由である。一種の可視化の問題であるが、多くの場合、「証人」は共犯者であることが多いからであろうか。資料65になると、ほぼ類似の内容が「共犯者の取調べ状況報告書」と題して、被告人またはその共犯者として身体を拘束され、若しくは公訴提起された者につ

いて「取調べの年月日、時間、場所その他の取調べの状況を記録したもの」が開示対象とされた。
③④は、資料65に受け継がれ、それぞれ、「二　検察官が取調べを請求した証拠物に係る差押調書又は領置調書」、「三　類型証拠として開示すべき証拠物に係る差押調書又は領置調書」として記載されている。
「最終取りまとめ」でも、やはり①は脱落したままであり、②③④の三つが新たな類型証拠開示の対象とされた。

## 5　再審と証拠開示

第22回会議以降に配布された事務局作成の資料に、「再審における証拠開示」という項目はない。当初は、たとえば配布資料52「証拠開示制度」（二〇一二年一一月二一日第15回会議にて配布）の中には、「再審請求審における証拠開示について」の言及があった。しかし、事前全面開示と同様、厳しい批判を受けて議論の土俵から排除され、配布資料からも消え、「最終取りまとめ」でも抜け落ちた。その「今後の課題」に項目として掲げられたものの、賛成論と反対論の併記がなされたにとどまる。

しかし、再審と証拠開示という問題が実務上消え去ったわけではない。現実はむしろ逆である。周知のように、二〇一四年三月二七日、静岡地方裁判所刑事第一部は、袴田巌氏の第二次再審請求事件について再審開始、刑の執行停止の決定をした。この事件では、再審請求審で約六〇〇点もの証拠開示がなされ、再審開始を後押しした。東電OL事件でも、証拠開示で出てきた証拠物（体液、陰毛等）に対するDNA鑑定が決め手となって再審無罪が実現した。[注5]学界でも、再審にこそ証拠開示を積極的に認めるべきであるとの主張が大きくなっている。[注6]法制審特別部会だけが、なぜか逆方向を向いている。

第22回会議で、小野委員が、再審請求時における証拠開示を認める仕組みの必要性を唱えたのに対して、井上委員は、「再審請求事件の証拠開示については、……別に検討するというなら結構ですけれども、そこまで本部会の手が回るかどうかについては、現実論として疑問だと言わざるを得ません」と消極的な発言をした。しかし、同じ第22回会議の場で、小坂井委員、神津里季生委員、周防委員が相次いで、再審請求審における証拠開示（周防委員は、再審では全面証拠開示すべきと言う）を主張している。

この問題は、理論的課題であるとともに、実際の再審裁判で当事者と裁判所が頭を悩ませている現実的問題なのだ。再審請求審で証拠開示が比較的広く認められる例もあれば、そうでない例もある。裁判官の個性によるとも言われるが、裏を返せば明確な法的基準（手がかり）がないため、個々の裁判官の裁量に委ねられているということだ。これは健全な姿とはいえない。

再審は過去の誤りの是正を使命とするが、新時代の刑事司法制度特別部会には、未来の刑事司法のために、是非とも再審請求審における証拠開示制度を提案してほしかった。「最終取りまとめ」には、残念ながらそのような提案は一切盛り込まれなかった。「新時代」は、ここでも遠のいてしまったようだ。

注1　現行刑事訴訟法の立案に関与された団藤重光は、「刑事訴訟法の40年」と題した論文の中で、証拠開示についてこう述べている。「当事者主義がもともと被告人の保護のためのものであって、それ自体が自己目的でないことを、銘記しなければならない」「当事者主義の名のもとに検察官の一般的な証拠開示義務を単純に否定し去ることは許されないのではあるまいか」（ジュリスト九三〇号（一九八九年）一〇頁）。

注2　本稿執筆時点では、第26回会議の議事録は未だホームページにアップされていない。

注3　関永盛「韓国刑事訴訟法上の証拠開示制度」法と政治六四巻三号（二〇一三年）二三五頁参照。

注4　恵庭ＯＬ殺人事件の再審請求審で証拠開示された中に、事件直後の捜査報告書があったが、そこには複数の目撃

証人の初期供述が記載されていた。この事件は、二〇〇四年の刑事訴訟法改正(公判前整理手続等)以前の事件だが、現在でも同様のことが起こる可能性は大きい。類型証拠開示の対象を、このような捜査報告書にまで拡大すべきであろう。

注５　石田省三郎「再審請求審における『証拠開示』」世界八五七号（二〇一四年六月号）九五頁。

注６　門野博「証拠開示に関する最近の最高裁判例と今後の課題――デュープロセスの観点から」原田國男判事退官記念論文集『新しい時代の刑事裁判』（判例タイムズ社、二〇一〇年）一六二頁、斎藤司「再審における証拠開示」法学セミナー六九八号（二〇一三年）二五頁等。

（しらとり・ゆうじ）

# 第2章
# 【鼎談】証拠開示

田淵浩二　九州大学教授
岡　慎一　弁護士
白取祐司　北海道大学教授（司会）



## 1　はじめに
### ――証拠開示をめぐる現在の状況

**白取**　本日は、証拠開示をテーマとする鼎談を行いたいと思います。法制審議会（以下、法制審）の「新時代の刑事司法制度特別部会」（以下、特別部会）では、さまざまな課題がある中で、証拠開示についても重要な柱の一つとして論じられています。遡れば二〇一一年三月三一日の「検察の再生に向けて　検察の在り方検討会議」の提言のときから、証拠開示制度については現状に問題があると論じられてきた経緯がありました。二〇一三年の六月一四日に特別部会の素案が出されましたが、そこでも証拠開示について一定の方向性が表れています。そういう動きの中で、改めて証拠開示の問題の現状と課題を鼎談の中で明らかにする、ということを問題意識として議論していきたいと思います。

まず一点目として、証拠開示をめぐる議論状況をお話しいただきたいと思います。法制審を中心とした最近の議論状況について、岡さんからご紹介いただけるでしょうか。

## １　法制審における議論

**岡**　特別部会は二〇一一年六月から審議を開始し、約一年半の議論を経て、二〇一三年の一月二九日に「基本構想」を取りまとめました。現在は、二つの作業分科会で、具体的な制度案の検討が行われています。

証拠開示については、①現行開示制度を前提とした改善方策として、証拠の一覧表を交付する仕組み及び類型証拠開示の対象拡大、②公判前整理手続に付する請求権を当事者に認めるかどうか、③再審請求審における証拠開示が検討課題とされています。このうち③は「通常審における証拠開示の在り方についての具体的検討結果を踏まえ、必要に応じて」更に検討する事項と位置づけられており、現時点では、作業分科会での検討はまだ行われていません。

## ２　学界における議論

**白取**　ありがとうございます。田淵さんから、今のご紹介についてコメントはいかがでしょうか。

**田淵**　ご指摘いただいた検討課題の中で、中心は一点目に触れられた一覧表の交付制度の導入にあるのではないかと思います。現行制度の設計時には証拠の標目の開示が議論されたわけですが、それとは意図的に区別して「一覧表」と呼んでいるので、標目という言葉は現在の議論ではあまり登場しません。そのあたりはとりあえず標目開示の是非をめぐる立場の対立を抑えて、「一覧表」と呼ぶことで議論を進めようとしている意図が感じられるところです。もっとも、最終的には採否も含めた検討となっており、「一覧表」という表現にしたところで、記載する項目の具体性をめぐって見解が対立したら、採用は見送るということもあり得るのかどうか。その辺りが気になるところです。採用間違いなしということでしたら、それで良いと思うのですが。

**岡** 基本構想では、一覧表の交付については「採否を含めた」検討を行うとされていますし、現時点で、採用の方向が決まったとはいえないと思われます。

**田淵** 今回検討課題として証拠開示の問題が再浮上してきたのは、公判前整理手続が運用を始めて時間がかかっているから見直したいという面もあってのことでしょう。特に類型証拠開示をめぐっては、段階的証拠開示で思ったより時間がかかっているということと、相変わらず被告人に有利な証拠が埋もれて、全部出てくる仕組みになっていないのではないかという懸念を払拭できないという問題があります。公判前整理手続の長期化の要因として、現在の証拠開示の制度が大きな原因になっているとすれば、やはりそれは真剣に考えておく必要があると思います。

公判前整理手続が終わって証人尋問が始まるわけですから、公判前整理手続が長引くということは証人の質が落ちるということになります。そうなると、事前に証拠保全のために取られた調書の方が優先するという展開になりかねません。現在の証拠開示をめぐる紛議の原因が段階的証拠開示、特に類型証拠開示と主張関連証拠開示の関係の整理が不十分だというところにもあるならば、そこはしっかり議論して、その解決のために一覧表の開示は本当に重要な位置を占めていると思いますので、重要な問題として理解が共有されるべきではないかという感想を抱いています。

**白取** 確認ですが、一覧表の開示自体は比較的合意が得られていて、決着しそうな状況なのでしょうか。素案などを見ると、一覧表の交付が端的に記述されているようにも思えますが。

**岡** 作業分科会では「作る場合の制度」の案が検討されていますので、具体的な案が示されているからといって、導入についての合意ができているとはいえないと思われます。

### 3　二〇〇四年刑訴法改正と実務の変化

**白取**　今日の鼎談では、現在進んでいる制度の見直しを確認するだけでなく、その前提として、二〇〇四年刑訴法改正以降のさまざまな変化を捉え、検討していきたいと考えています。まず実務のうえで、実際にどういった変化が起きているのか、岡さんからご紹介いただけるでしょうか。

**岡**　周知のとおり、二〇〇四年刑訴法改正以前は、証拠開示の法的根拠は、最高裁判例（昭和44年４月25日決定・刑集二三巻四号二四八頁）が示した、訴訟指揮権に基づく個別の命令でした。弁護人は、この判例を根拠に開示を求めていましたが、証人の従前供述については、主尋問終了後にようやく一部が開示されることが多く、証拠物や鑑定書などについては開示を求めても、検察官は存否すらも明らかにしないことが少なくありませんでした。

このような状況からすると、二〇〇四年改正によって、公判前整理手続に付された事件においては、証拠開示が飛躍的に拡充されたことは間違いありません。まず、証拠開示が法律上の権利として保障されたということです。また、類型証拠開示と主張関連証拠開示という二つの規定によって、防御準備に必要な証拠が広く開示される可能性が開かれたということです。実際にも、従来とは次元を異にする広い証拠が開示されているといえます。

**白取**　ありがとうございます。田淵さんに、実務の現状についてコメントをお願いしたいと思います。

**田淵**　岡さんのお話にもあったように、二〇〇四年法によって証拠開示が進んだと学界においても認識されていると思います。もっとも、二〇〇四年法の枠組みは、争点整理とからめた証拠開示となっています。証拠開示の問題は、集中審理の実現という課題もありましたが、基本的には被告人に有利な証拠が検察・捜査機関の手元にあるのに出てこないという事態から、誤判の発生を防ぐという狙いもあったわけです。

現在の類型証拠開示という仕組みで、それがどこまでカバーできているか。最終的には主張関連証拠開示までを含めれば全て出てくる仕組みになっているとの意見もありますが、それはもはや争点整理と関わる議論です。

確かに被告人の主張を待たないとわからないものもありますが、基本的には挙証責任は検察官が負っているわけですから、検察官が主張する事実に矛盾するような証拠は被告人に有利な証拠となるはずです。被告人の主張を待たなければ開示の必要性が明らかにならないような証拠は、実はそれほど多くないと思われます。ところが、現在の段階的証拠開示の制度趣旨に被告人に有利な証拠の発見と争点整理の二つの要素が混在していることもあって、重要性の判断や必要性の判断をめぐる裁定の判例を見ていると、類型証拠開示の範囲については若干曖昧な面があります。この辺りに、学界では疑問を持っている人が少なくないと思っています。

主張すれば主張関連証拠開示で出てくる仕組みになってはいるとはいえ、主張に対して開示して、その後主張の変更を求めるのは、好ましい姿ではないと思います。類型証拠開示で被告人にとって重要になり得るものを開示して、それで主張させるという仕組みが調ってこそ、今回導入されている制度が完璧になると思います。今回も類型証拠開示の対象拡大の議論がなされていますので、そのあたりは注目していく必要があると思っています。

**白取**　田淵さんのご指摘のように、二〇〇四年法ができたときは、学説がこぞって歓迎した感じでもありませんでした。その一つの理由として、証拠開示については裁判所の裁量に委ねられた部分が少なからずあり、裁判所が果敢に証拠開示を命じてくれるのか、調整役を果たしてくれるのか、やや不鮮明だったからです。

以前に「変革期の刑事裁判と事実認定」という鼎談で司会をしました（法律時報七七巻一一号〔二〇〇五年〕の特集企画）。そこに参加されていた元裁判官の木谷明先生が、新しい証拠開示の運用について、若い裁判官が柔軟にやるのではないかと期待を述べられておりましたが、私は正直、懐疑的でした。しかし結果的には岡さんも触れられた最高裁判例、それから裁判所の中の動きも含めて、想像以上に裁判所の裁量部分が証拠を開示する方向に積極的に働いてきました。立法とその後の運用の特徴として、指摘しておいてよいと思います。

## 2　裁判員裁判における証拠開示

### 1　二〇〇四年法の要件解釈

**白取**　次に裁判員裁判における証拠開示について、議論を進めます。二〇〇四年法が運用されるようになって、一〇年弱が経過しています。実務の経験も蓄積されつつありますが、振り返ってみてどう考えるか。好意的な評価、批判、いずれの角度からでも、議論いただきたいと思います。

**田淵**　二〇〇四年の証拠開示立法で開示がルール化されて、また裁定手続なども導入されて、結果的に開示の範囲が相当拡がったということは認めますが、他方で曖昧なまま問題となっている部分もあると思います。

制度設計者の説明によれば、類型証拠開示は受動的防御のための証拠開示であり、主張関連証拠開示は積極的防御のための証拠開示であるという説明もなされていますが、はたしてそうした説明で両者を明確に区別できるのか。類型証拠開示が次のステップとして積極的防御に活きることもあるでしょう。

証拠開示の目的は、公判準備のためと、被告人に有利な証拠の発見（ディスカバリー）とにあるわけです。類型証拠開示では、争点の明確化の判断に役立つものとして、検察官の証拠の手堅さを裏付ける証拠も、それと矛盾する方も対象になります。しかし検察官の請求証拠と一見して矛盾するような証拠は、もともとはそんなに多くあるとは思えません。もしそれが本当にはっきりとしているのならば、検察官はそうした証拠を請求証拠として使用しないと思われます。その開示を受けて、被告人の立場から開示された類型証拠を見たときに、場合によっては、また自らの調査も加えれば、有利になるものがあるということも含めて、類型証拠開示の対象にならないと、その後につながらないと私は思います。

現在そうした理解によって類型証拠開示の要件解釈がなされているのか。たとえば六号の要件解釈を見ると、「直接」という文言のかかり方により、検察官が直接証明しようとする事実の有無に関する証拠の解釈で立場が分かれており、かなり制限的に解釈している。原供述でないといけないという点でも制限的解釈をしています。本来、この点は関係ないと私は思います。

つまり、伝聞証拠でも、そこから手がかりが得られれば、弁護人が調査して有利な証拠につながっていく可能性があるわけです。そういうことは主張関連証拠の対象とすべきという考え方があるわけですが、これは類型証拠開示の本来の意図・目的をどこに置いているのか疑問に思わせる見解でありながら、実務では消えていない。このあたりは過度に争点整理に関心が向かい過ぎているように感じているところです。

主張関連証拠開示との関連でいったら、主張関連というのは、もともと責任能力や阻却事由、証拠能力を争うとか、被告人側に一定の主張責任を課している事実です。これは当然主張しないと、検察側も開示の必要性自体を判断できない。そういうものが主張関連証拠開示ではないかと理解すべきだと思います。

**白取** 弁護士会として、あるいは岡さんが弁護士として、この一〇年間を通じて感じていること、二〇〇四年法の見方についてご紹介いただき、議論を進めたいと思います。

**岡** 弁護士の中には、開示範囲はさほど拡大しないとの見方もありました。とくに、類型証拠開示については、「重要性」が要件とされており、この語義を限定的に解すると、開示範囲がかなり狭くなるとの危惧もありました。しかし、実際には、一号から四号の客観的証拠は、検察官請求証拠の証明力判断に関連するものであれば広く開示されているといえますし、五号についても、証人予定者の従前供述は原則として全て開示されているといえます。このように、類型証拠開示では、検察官請求証拠を吟味し、さらに反対尋問等の公判での防御準備に必要な証拠が原則として開示される方向で運用されているといえます。また、主張関連証拠開示では、いわゆる能動的防御準備に必要な証拠が広く開示されているといえます。

ただし、類型証拠開示は受動的な防御準備、主張関連証拠開示は能動的防御準備にそれぞれ必要な証拠を開示する規定だとすると、類型証拠開示の基本的要件は「特定の検察官請求証拠の証明力を判断するために重要」な証拠ということになるはずです。そうすると、この重要性要件を満たす証拠でも、一号～八号の類型に当たらない証拠は開示されないとする根拠が問題となります。

このように、検察官請求証拠の証明力判断に重要な証拠であり、したがって受動的防御準備に必要な証拠であっても、法定の「類型」以外の証拠は開示されないとする実質的根拠が何かは、必ずしも明らかとはいえません。この点、立案段階では、類型は、弊害のおそれの程度も考慮したと説明されていましたが、個別的な弊害のおそれは、相当性要件で個々に判断できるはずです。

そこで、類型該当性要件の存在理由は、開示手続の迅速性に資することにあると考えるべきではないでしょうか。すなわち、類型に該当すれば「一般的・類型的に」受動的防御に資する証拠といえるため、これにより重要性判断を容易にしたものと考えられます。そうすると、受動的防御準備に「一般的・類型的に開示が必要」といえる範囲で類型要件を拡充する法改正は、現行法の趣旨を損なうことなく、防御準備のために必要な証拠の開示を広げるものとして検討されてよいと思います。

**田淵**　類型該当性に重要性の推定機能が働くかは曖昧にされていますね。私は、類型証拠開示は二種類のものが混在していると思います。一つは、最終的には防御準備の必要性という面にかかっていくわけですが、どのような事件でも、基本的にこのような証拠があれば弁護人は防御の準備のためにチェックしなければならない証拠です。一〜四号は全部入りますが、これらの類型証拠については重要性が基本的に推定されていると考えてよいと思います。

そしてもう一つの類型ですが、そちらは六号が中心です。これは証拠の重要性の程度が問われて、具体的な重要性が審査されます。これが類型証拠開示に入ってきているのは、証拠開示の当初の目的が、検察官の主張に矛盾するような、あるいはその証明力を弾劾するような、被告人側に有利な証拠は検察官の手元に埋もれてはいけないという要請が働くからです。ただ、こちらはケースバイケースで、具体的な重要性という問題にならざるを得ないので、そういう観点からの審査が入る、という整理だと思います。

類型証拠の吟味を受動的防御と分類するにせよ、まさにそこに防御活動の起点がある。この観点が抜け落ちて、類型証拠開示の対象範囲をなるべく定型的に重要性が認められるものに限定して、こぼれたものは主張関連証拠で処理するという方向に持っていく解釈がなされていることが、私は問題だと思っています。

重要性要件の解釈に関して、たとえば証人予定者の供述事項に関連する証拠に限定されるかどうかという議論があります。証人予定者の供述事項に関連する証拠に限って、類型証拠開示の重要性が認められると考える必要性が本当にあるのか。例えば、検察官が請求予定の証人がいて、実はこの証人は嘘ばかりつく人だといった場合、供述の信用性に関する補助事実にかかわる重要な証拠を握っていても、それは類型証拠開示の重要性の対象にならないなどということは、本来あり得ません。検察官が選択した証拠の評価に影響する可能性があるものすべてが含まれていないといけないのに、補助事実に関する証拠も場合によっては含まれ得るに過ぎないという考えが、今の実務においては支配的な見解となってはいないでしょうか。

事実の有無に関する供述は原供述に限るという解釈もそうですが、これもおかしいところです。検察官が証明しようとする事実が本当かどうかは、原供述と矛盾する供述書が作成されているという事実からも判断する手がかりは得られます。検察官が主張しようとする事実と明らかに矛盾するような重要な間接事実があって、それに関する証拠を検察官が持っているのに、これは六号の対象にならないのだという解釈をしようとする見解には賛成できません。

**白取**　そこでの解釈は、裁判所によるものですか。

**田淵**　裁判所の多数の解釈ですね（例えば、供述の信用性判断に影響しうる証拠の六号該当性を否定した判例として、広島高決平18・1・5〔LEX/DB25352560〕。また、原供述に限るとした判例として、大阪高決平18・10・6　判時一九四五号一六六頁、東京高決平18・10・16高刑集五九巻四号一頁、大阪高決平19・3・28〔LEX/DB25352587〕、東京高決平20・4・1〔LEX/DB25441908〕等）。

**岡**　ご指摘の裁判例は、平成二〇年頃までのもので、その後は判例の展開がありません。ただし、現状では、六号に関して原供述に限らないとの前提で聴き取り捜査報告書の開示請求をすると、多くの場合、検察官は「任意」として開示していると思います。また、不開示とされた場合でも、裁定申立をした時点で開示されるために、決定に至らないというのが実情だと考えられます。限定的な解釈を示した高裁判例を維持したいとの意図が検察側にあるのかもしれませんが、このように、高裁判例と、実際の開示範囲が異なっているという状況があるといえるように思います。

**田淵**　そうした運用が定着するのは望ましいのですが、法解釈としてはコンメンタールレベルでも明確にされていません。

## 2　解釈論の限界と立法論の在り方

**白取**　解釈論が大分膨らみました。この問題は解釈で解決がつきそうなのか、公判前整理手続とワンセットになっている証拠開示の今の類型を踏まえて、立法自体を調整しなければいけないのか。その辺りはいかがでしょうか。

**田淵**　公判前整理手続とのセットにはせず、争点整理のための手段という位置付けは止めて、全面証拠開示を制度化するにしても、結局、関連性の判断の問題は残らざるを得ないだろうと思います。そうすると、現行制度と全面証拠開示の違いは、類型証拠開示のところで重要性、必要性の判断をどれだけ緩めるかということと、類型の抜け落ちている部分を加えるという差ぐらいだと私は思います。だから、現行法の枠組みでも類型証拠開示を拡張することによって、全面証拠開示の求めているものと近い状況にはなり得ると思います。

**白取**　全面証拠開示が論じられる際に必ずでてくるのが、開示による弊害論です。弊害論については弁護士倫理等のサンクション、極めて悪質な例には刑事制裁も視野に入れて対応することも含め、枠を拡げて立法論を論じることになると思います。立法論という場合に、類型証拠開示を拡げていく方向が望ましいのか、リスト開示や全面開示を基本的な制度枠組みとするのが望ましいのか。また、立法を論じる場合には、時期の問題というか、公判前に証拠開示を認めるのか否かの問題もやはり大事だと思います。現行の証拠開示制度は、公判前整理手続とワンセットになっていますが、では公判前整理手続がないときにはどう考えるかという問題も残されています。

## ３　一般事件における証拠開示

### １　現状の理解

**白取**　そこで次に、一般事件における証拠開示を議論したいと思います。先ほどから、現行法でも解釈の仕方次第で使い勝手があるという意見が出ていますが、一般事件については法的には立法の空白という状況にあります。いまだに最高裁の昭和44年決定が生きているような状況であり、任意開示を別にすれば、弁護側から証拠開示の命令ないし勧告を求める形で、個別に解決を図っているのが現状のようです。しかしこれは消極的に過ぎるきらいがあり、もっと正攻法で論じられないかを探りたいところです。一般事件における証拠開示について、法制審の議論の現在、あるいはそれについてどう考えるべきか、お話を伺いたいと思います。

**岡**　二〇〇四年刑訴法改正で導入された証拠開示制度

は、公判前整理手続に付された事件にしか適用されません。公判前整理手続に付されていない事件では、証拠開示の法的根拠は、従来と同様、検察官請求証拠の開示は刑訴法二九九条であり、またそれ以外は昭和44年最高裁決定が現在も妥当していると解されています。

最近の資料（最高裁判所事務総局平成25年7月「裁判の迅速化に係る検証に関する報告書」）によれば、平成二四年の統計で、公判前整理手続に付された人員は、終局人員数五万六七三四人中一七四五人、比率は三・一％とされています。このうち裁判員裁判対象事件は一四七四人とされており、裁判員裁判対象事件以外で公判前整理手続に付される事件は少数にとどまっています。そして、否認事件についてみても、終局人員五〇一二人中公判前整理手続に付されたのは八九五人、実施率は一七・九％とされています。先に述べたとおり、現行証拠開示制度は、防御準備に必要な証拠が原則として開示される仕組みと評価できますが、その仕組みは、全体の約三％、否認事件でも約一八％でしか適用されていないことになります。

ただし、公判前整理手続に付されない事件でも、弁護人が開示を求めた場合、検察官が「任意開示」として、類型証拠や主張関連証拠に当たる証拠を一定の範囲で開示する事例は少なくないと思われます。しかし、法的な裏付けを欠く「任意開示」によって、防御準備に必要な証拠開示が十分なされているといえる根拠は何もありません。実際にも、本来現行証拠開示規定が適用されるとしたら開示されるはずの証拠のうち、どの程度の証拠が開示されているのかは不明というほかありません。

特別部会で検討されている「公判前整理手続に付する請求権」は、証拠開示規定が公判前整理手続に組み込まれている現行制度を前提に、証拠開示規定を利用する権利を認めるべきという視点から提案されたものでした。しかし、公判前整理手続は、充実した公判の審理を継続的、計画的かつ迅速に行うために必要があるときに、争点及び証拠を整理するための公判準備と位置づけられており、証拠開示を目的とするものとはいえません。そうだとすると、証拠開示請求権を利用できるようにするために「公判前整理手続の請求権」を保障するという議論が適切かには疑問がありえます。むしろ、公判前整理手続に付されていなくとも、証拠開示請求権が保障される仕組みへの法改正を検討すべき、というのが本来なされるべき議論のように思われます。

考えてみると、審理予定を策定するための争点及び証拠の整理のための裁判所が主宰する公判準備手続と、当事者間の証拠開示制度は、論理的には可分ではないでしょうか。すなわち、検察官が捜査を遂げて、公訴提起した場合に、請求予定証拠がすみやかに開示されること、請求予定証拠の証明力判断に重要な証拠や、被告人が予定している主張に関連する証拠が、弊害のおそれを考慮して開示が相当であるときには開示されることは、裁判所が主宰する争点整理のための公判準備手続が係属しているか否かに関わらずに、なされるべきではないか、ということです。この点、韓国の二〇〇七年改正刑訴法は、公訴提起された事件について、検察官請求予定証拠（証人予定者について供述録取書等を含む）、それらの証明力に関する証拠、被告人側の主張に関連する証拠の開示請求権を保障しており（二六六条の三）、集中審理実現のための裁判所が主宰する公判準備手続はこれとは別に用意されているようです（二六六条の五以下）。

このように、証拠開示制度と争点整理手続は、論理的には可分だとした場合、残る問題は、「証拠開示制度を争点整理手続の中に組み込んだ」現行制度の意義をどのように理解するかだと思われます。

**田淵**　一般事件での証拠開示の枠組みは、訴訟指揮権に基づく証拠開示だけでもある程度カバーできるとは思います。昭和44年決定で、証拠調べに入った後と言われていますが、当該事案との関係でいわれているとの理解も可能で、訴訟指揮権が根拠となるなら、証拠調べに入った後でなければ開示命令は出せないということにもならないでしょう。類型証拠開示の対象になるようなものは一般事件でも任意開示する運用は行われていると聞きます。

ただ、それで本当に足りるかを問うなら、そこはやはり不十分で、立法を要するかと思います。その際、争点整理とは別の問題ですから、証拠開示手続として本来分離して立法すべきです。証拠開示の規定はすべての事件について適用できるようにする。他方で、審理計画を立てる上で必要な整理手続は、裁判所が職権で判断して、必要なものを対象にする。この形が、あり得べき姿ではないかと私は思います。

## 2　公判前整理手続と証拠開示との関係性

**岡**　現行法が証拠開示規定を争点整理手続に組み込んだことの意味をどう捉えるかについて、現行法の趣旨は、争点整理を第一次的目的とし、そのための手段として証拠開示規定を設けたとする理解があるとすると、それは正しくないと思います。門野博元判事が述べられているとおり、「公判前整理手続における証拠開示制度は、単に裁判手続の効率性のみを目的としただけのものではなく、検察官側と被告人、弁護人側との証拠収集能力についての決定的な格差があることを前提として、デュープロセスの観点から、そのような両当事者間の証拠収集における格差を是正し、裁判の公正を図り、冤罪を防止することを究極の目的としている」（「証拠開示に関する最近の最高裁判例と今後の課題――デュープロセスの観点から」『新しい時代の刑事裁判（原田國男判事退官記念論文集）』〔判例タイムズ社、二〇一〇年〕一五九頁）と考えるべきです。

このように証拠開示を争点整理のための単なる手段ではないと捉えた場合に、現行法が、証拠開示規定を公判前整理手続に組み込んだことを、どのように理解すべきかが問題となります。この点については、二〇〇四年刑訴法改正の歴史的な意味をふまえると、次のようにいえるのではないでしょうか。すなわち、現行法は、裁判員裁判実施のために、第一回公判前に争点と証拠を整理して審理計画を策定する公判準備として公判前整理手続を設けることとしたが、争点を整理し審理計画を作るためには被告人側にも主張明示及び証拠調べ請求を義務づける必要があり、また、整理手続終了後の証拠調べ請求を原則として制限する必要があるとされ、これらを導入しても被告人の防御権を損なわないとするには、防御準備に必要な証拠開示規定を設けることが不可欠と考えられた、という理解です。すなわち、公判前整理手続の仕組み（主張明示義務、証拠調べ義務と手続終了後の立証制限等）には証拠開示規定が必要不可欠とされたものであり、証拠開示規定は公判前整理手続でのみ保障されるべきとの価値判断がされたものではないといえるように思われます。

**白取**　二〇〇四年立法の見方ですが、二〇〇一年に司法制度改革審議会の意見書があって、証拠開示制度は裁判員制度という難問を解決するためのミニマムな制度として短時間に作られたものだと思います。証拠開示は必要不可欠だとして作られたけれども、証拠開示制度自体が非裁判員裁判あるいは非公判前整理手続の事件にとってどうかということまで、すべて考えたうえで立法されたわけではないように思うのです。短時間に作られたものではあったが、運用してみるとメリットが非常に多い。その評価が共有されたとき、公判前整理手続に組み込まれているという面を金科玉条にする理由は、理論的には見出しがたいし、先ほど岡さんが触れられた韓国の証拠開示制度では、最近の論文によると、両者を別々に捉えているのだと明示されています。

**岡**　韓国では、日本の制度を研究したうえで、さらに充実させたということでしょうか。

**白取**　韓国での司法改革は日本の制度を参考にしています。証拠開示、公判前整理手続も日本をモデルにしつつ、しかし制度を改良して作られている制度です。

**田淵**　日本では、本人が争わなくても検察官が立証しないといけないという仕組みになっているので、確かに間接事実レベルで争点整理が求められ、それによって争う事実については立証を厚くする、争わない事実については、立証を要するけれども薄くするということで、審理計画を立てている現実はあると思います。ただ、それは争点整理のあり方として検討していくべきであって、証拠開示とからめる必要はないはずです。

審理計画を立てる上では、証拠調べ請求の時期を決めないといけない面はあると思いますが、それも証拠調べ請求をする時期を決めればよいだけの話です。すでに韓国も分離しており、諸外国を見ても、セットにしている理解の方が珍しいように思うので、日本の争点整理の手続をもう少し検討していくべきかと思います。

**岡**　現行法の証拠開示制度は「段階的証拠開示制度」と呼ばれています。その趣旨は、証拠開示制度を、公判前整理手続に付されていない事件で保障することにしても、損なわれないといえるように思います。

段階的証拠開示制度の意義は二つに区別できます。第一は、類型証拠開示と主張関連証拠開示という二つの開示制度を設け、前者では重要性、類型該当性及び相当性、後者では主張関連性及び相当性という開示要件を設定したということです。このことの意味は、①いわゆる全面証拠開示を否定し、防御準備に必要な証拠であって、かつ弊害のおそれとの比較衡量をへて開示判断がなされる仕組みが採用されたこと、②具体的主張をするほど主張関連証拠開示範囲が広がることにより、争点整理に資することとされています。そして、第二は、被告人側主張明示義務を、類型証拠開示の後におくことで、この義務付けを、防御の利益を不当に害することがないように制度設計されていることだといえます。

前者は、証拠開示の要件をどのようにするかの問題ですから、証拠開示規定が公判前整理手続の中に置かれていることとは、論理的には関連しない事柄だといえます。したがって、証拠開示規定を公判前整理手続の外に置いたとしても、開示要件を維持するのであれば、その趣旨を損なうことはないといえます。また、後者は、証拠開示規定自体の問題ではなく、公判前整理手続において主張明示義務を課する場合に、類型証拠開示を前提とするということです。そして、被告人側に主張明示義務を課し、かつその時期を類型証拠開示後にすることは、証拠開示規定を公判前整理手続と分離したとしても可能です。このように考えると、現行法の「段階的証拠開示制度」の趣旨は、証拠開示規定と争点整理手続を分離する方法（前述した韓国の二〇〇七年法で採用された方法）でも損なわれることはないといえるように思います。

このように、証拠開示規定と争点整理手続という本来は性質を異にするものが一体として構成されているのが現行公判前整理手続だといえるように思います。この二つは、分離することが可能ですし、また、分離することは、手続の迅速にも資するものといえるように思われます。というのは、現行法の仕組みでは、公訴提起後に、公判前整理手続に付する決定がなされ、その後、二～三週間程度で検察官証明予定事実記載書提出及び請求証拠開示がなされ、その後、類型証拠開示請求、同開示、被告人側予定主張明示、主張関連証拠開示請求、開示というように、証拠開示と争点整理が順次進行することが想定されています。しかし、証拠開示と争点整理は、必ずしもこのような順序で進行しなければならないものではありません。例えば、公訴提起後、すみやかに請求予定証拠とその証明力判断に重要な証拠の開示がなされれば、検察官証明予定事実記載書提出を待たずとも、被告人側においては方針確定のための検討等を進めることができますし、事案によっては主張を早期に決めることができる場合もあるからです。

## 3　再審・控訴審における証拠開示

**白取**　その点は大事だと思います。将来的に全面開示の問題をどう取り扱うのかとは別に、制度と理論の問題を切り分けていく方が生産的でしょう。たとえば再審と証拠開示という局面にもスライドさせていく可能性が、今のような理論的展望が出てくれば、十分に考えられると思うのですが、いかがですか。

**田淵**　そうですね。分離して作れば、それは再審請求の際に対応可能ではないでしょうか。

**白取**　準用という方法ではいかがでしょうか。

**田淵**　現状では争点整理を目的としているので、準用ということにはならず、むしろ訴訟指揮権に基づく証拠開示を再審請求審の段階でも活用していくということになるでしょうか。

**白取**　それは現に一部で採用されていますね。

**田淵**　訴訟指揮権の行使のあり方として、現行制度の類型証拠開示などの考え方を取り入れてやっていくことになるでしょう。

**岡**　門野元判事が述べられているとおり、「新しい証拠開示制度で認められることになった請求に有利な措置（証拠開示システム）は、制度の枠にとらわれることなく」再審手続に取り入れられてしかるべきであり、「したがって、元来類型証拠、主張関連証拠として開示が認められたような証拠については、再審手続においても、その開示を認める方向で検討すべきもの」（前掲論文一六〇頁）といえます。この場合、類型証拠は、確定裁判で有罪の根拠とされた検察官請求証拠の証明力判断に重要な証拠、主張関連証拠は、再審請求審での被告人主張に関連する証拠として「準用」することが考えられます。

ただし、再審請求審の構造等にてらし、公判前整理手続における証拠開示規定の「準用」が理論的に可能かとの指摘がありえます。この点は、類型証拠開示や主張関連証拠開示は、現行法では公判前整理手続に組み込まれていますが、本来は、被告人側の防御準備に必要な証拠開示として保障されるべきものだと考えるならば、それらの開示が再審請求審までになされていないときには、その時点での開示を保障するために、公判前整理手続の条文を準用することは可能だと考えられます。そして、証拠開示規定を公判前整理手続とは別におく法改正が実現した場合には、準用の障害はより小さくなるといえそうです。

また、このように考えると、特別部会の議論対象にはされていませんが、控訴審においても、同様に準用を認めることは可能であるし、必要だと思います。

**白取**　目的とつなぎ合わせると、再審との趣旨の違いが指摘されますが、証拠開示をシステムと考えたときに、現在の三一六条の一五とか二〇といった条文はよくできているという実務家の評価もあります。そうであれば、別に再審に対応した証拠開示制度を立法するのが最も望ましい。しかし、立法によらずとも、法律の解釈論的操作によって対応できないか。何らかの理論的な操作を加えて対処可能ではないかと考えておりますが、もっと理論的な整理が必要かもしれません。

## 4　証拠開示の展望

**白取**　今日の議論のまとめとして、お二人それぞれに、今後の展望を伺いたいと思います。法制審の議論がこの先どう動いていくのかはわかりませんが、望ましい議論の道筋あるいは立法のあり方をどうお考えか、あるいは実務についても、ご意見をお願いします。

**田淵**　やや理論的な問題を話したいと思います。当事者主義の意義の理解は、永遠のテーマとして残ると思われますが、当事者主義と証拠開示の理解の仕方は、検察官が自己の主張を支える証拠と矛盾する証拠をかかえている中で、矛盾する証拠を被告人側に知らせないことがはたして本当に当事者主義なのかという問いを立てねばならないと思います。つまり当事者主義は、被告人の側で、捜査機関とは別途、自分に有利な証拠をすべて収集しなければならない責任を前提として成り立つ議論となっており、そこで、被告人が自己に有利な証拠に直接アクセスすることをいかに保障するかが、証拠開示の核心にあるわけです。ディスカバリー（証拠の発見）とはそういった思想であり、そのための中心的手段が検察官によるディスクロージャー（証拠の開示）だと思うのです。

日本は職権主義から当事者主義に変わったとはいえ、職権主義的な、国家が証拠を集めるべきだという考えがあり、被告人には直接証拠にアクセスする十分な権限を与えていない。そこで検察官によるディスクロージャー中心にならざるを得ませんが、検察官の手持ち証拠の中から被告人に有利な証拠の発見を期待することは、当事者主義の精神に反するといった議論をしている。これは理論的にもおかしなところがあると思っています。

他方で、日本の現行刑事訴訟法にも、ディスカバリー的な発想は取り込まれています。たとえば証人予定者の住所や氏名を開示するという制度は、そもそもそれだけでは何の役にも立たないので、その開示された証人にアクセスをするという前提になっている制度です。つまり被告人側が、検察官が開示した住所・氏名の人にアクセスして、捜査機関はこんなことを言っているけれども、あなたは本当にそういうことを話したのですか、本当はどうなのかということを自ら確認できるための制度として導入されているのですが、そこは残念ながらほとんど生かされない状況で、調書を開示させての信用性の吟味が中心になっています。

物証では、刑事訴訟規則の一七八条の一一に、押収証拠については証拠開示ではなく仮還付を通じて直接アクセス可能にせよと書かれているわけです。これは、証拠の重要性を要件とするものではないので、押収証拠の全面証拠開示とも考えられますが、この規定が全然生かされていません。

武器平等的視点が確認できる箇所はほかにもあると思います。たとえば一号書面化の問題です。現行法は被疑者・被告人に証拠保全請求権を与えており、弁護人が作成した供述録取書についても一号書面化できたら、武器平等になるはずですが、この証拠保全請求が要件が限定されていてきわめて使いにくい。他方で、検察官の方は裁判官に対する証人尋問請求をより使いやすくしようとしていますが、これを検察官による一方的な手続ではなく、当事者双方が参加することを権利として保障するなど、証拠開示に限定されないディスカバリー制度をもう少し検討していく必要もあるのではないかと思います。

**白取**　ありがとうございました。では岡さんお願いします。

**岡**　公判前整理手続が導入され、証拠開示が大きく前進したことは間違いないと思います。ただ、課題は二つあります。一つは、具体的な仕組みについて改善すべき点がないのかということ、二つ目が、公判前整理手続に付されていない事件での証拠開示の保障です。前者のうち、一覧表交付制度について補足しておきます。

一覧表の交付は、現行証拠開示制度を適切に運用するうえで、必要性が高いと思います。

類型証拠開示規定と主張関連証拠開示では、被告人側は、証拠の特定は要求されませんが、「識別するに足りる事項」を明示した請求をすることが要件とされています。

弁護人は、証拠の収集状況を知ることができませんから、当該事件で、どのような証拠が収集されているかを想像し、それら証拠が存在していると想定したうえで､例えば｢本件現場から採取された指紋」などと「識別事項」を明示し、開示請求することになります。

弁護人は、まずは、請求証拠の内容を手がかりに、証拠について「想像」することになります。しかし、たとえば、目撃供述と整合しない供述者の携帯電話の通話記録が存在しているのに、その存在をうかがわせる手がかりが請求証拠にはない場合がありえます。このような場合、請求されないままになってしまうおそれがあります。この例などは、弁護人が、想像力を働かせ、存在する可能性がある証拠の開示請求を広く行えばよい、という見方もあり得るかもしれません。これに対し、防御準備に重要な証拠であるけれど、弁護人が想像することが困難な証拠が収集されている場合もあり得ます。ゴビンダ被告の事件で問題となった、現場から離れた被告人の土地勘のない場所から発見された「被害者の定期入れ」は、あの事件では報道がなされたために開示されたようですが、そのようなことがない限り、開示請求されず、したがって開示されずに終わった可能性が高いと考えられます。このような場合、例えば、「犯人性を争う主張」に関連する「証拠物一切」という請求でよいのであれば、想像することが困難な証拠も開示されることになるかもしれませんが、このような請求で「識別事項」が明示されているとは解されていません。一覧表の交付は、弁護人が存在について想像できないために、防御準備に必要な証拠が開示されない事態を防ぐものであり、現行開示制度の機能を確保するために必要な方策だといえると思います。

**白取**　ありがとうございました。予定の時間を若干超えていますが、証拠開示にかかわる重要な議論が一通り尽くされたことと思います。本日はどうもありがとうございました。

［二〇一三年八月二一日（水）収録］

第3章
【特別部会の論点と議論】

# 通信・会話の傍受（盗聴）


川崎英明　関西学院大学教授




本稿では、「【鼎談】通信・会話の傍受（盗聴）」（以下、【鼎談】という）以降の法制審議会―新時代の刑事司法制度特別部会（以下、特別部会という）と第1作業分科会における議論の推移をフォローし、本年（二〇一四年）四月三〇日の特別部会第26回会議に提出された「事務当局試案」が構想する「通信・会話の傍受（盗聴）」制度の問題点について、【鼎談】を踏まえて検討しておきたい。

## 1　特別部会の審議の推移

### 1　審議経過

【鼎談】を行ったのは昨年（二〇一三年）九月二九日であった。この時点は、特別部会の審議段階では、「作業分科会における検討(1)」(以下、「検討(1)」という)についての第20回会議の議論を経て、第1作業分科会の検討作業が第二ステージに入った段階であった。

その後、第1作業分科会は、「通信・会話の傍受(盗聴)」について第7回と第8回の分科会で検討を行い、同年一一月七日の特別部会第21回会議に「作業分科会における検討(2)」(以下、「検討(2)」という)を報告した。特別部会での審議を受けて、第1作業分科会は、さらに第9回分科会で「通信・会話の傍受(盗聴)」の検討を行い、二〇一四年二月一四日の特別部会第23回会議に、最終検討結果として「作業分科会における検討結果(制度設計に関するたたき台)」(以下、「たたき台」という)を報告し、これ以降、最終答申案の作成に向けた審議が特別部会を舞台として行われることになった。特別部会は、「たたき台」について第23回会議から第25回会議まで審議を行い、最終答申案の「試案」作成を事務局に委ねた。そして、同年四月三〇日の特別部会第26回会議に事務局が提出したのが「事務当局試案」(以下、「試案」という)である。最終答申案は本年(二〇一四年)七月頃の特別部会で採択予定だという。

## 2 審議の論点と推移

(1)「検討(1)」に関する特別部会の審議を受けた第7、第8回の第1作業分科会では、通信傍受(盗聴)対象犯罪として提案された殺人、逮捕・監禁、略取・誘拐、窃盗、強盗、詐欺、恐喝の各犯罪類型について、組織性を傍受(盗聴)要件とすることの可否をめぐって、犯罪実行の具体的な役割分担の疎明は困難だとする消極論と、対象犯罪拡大の趣旨に照らし組織犯罪処罰法におけると同様の組織性要件を付加すべきとの積極論とが対立した。「立会、封印等の手続の合理化」(以下、「手続の合理化」という)については、通信の暗号化・復号化のプログラムの「鍵」の作成・管理権者を裁判所とするのか、捜査機関とするのかをめぐって、また通信傍受(盗聴)の実施に際しての第三者機関の立会いを求める提案をめぐって、意見が対立した。会話傍受（盗聴）をめぐっても、その要件について、緊急性要件は無用とする意見の一方で、会話傍受（盗聴）が想定されている三つの場面に限定する傍受（盗聴）要件の設定は難しいとの意見が出され、また傍受（盗聴）の際の立会いについて、第三者の立会い抜きの傍受（盗聴）の適正担保は不十分だとする意見と、通信傍受（盗聴）と同様の機械装置による適正担保で十分であり立会不要とする意見とが対立した。傍受（盗聴）機器設置のための令状については、会話傍受（盗聴）令状にその旨付記すれば足りるとの意見が出されていた。

しかし、第1作業分科会の議論は突っ込んだ論争には発展しなかった。そのために、特別部会への作業分科会の2回目の検討結果報告（「検討⑵」）でも、通信傍受（盗聴）対象犯罪の拡大案は「検討⑴」と同じであり、対象犯罪の拡大の是非の点も組織性要件の是非の点も引き続き検討課題とされた。「手続の合理化」と「該当性判断のための傍受の合理化」（以下、「傍受の合理化」という）の点でも、制度案も検討課題も「検討⑴」と実質的差異はなかった。会話傍受（盗聴）についても同様であった。

⑵　「検討⑵」の報告を受けた特別部会第21回会議では、通信傍受（盗聴）対象犯罪の拡大を批判する意見が出され、また、傍受要件について、対象犯罪拡大の理由が振込め詐欺等の組織的犯罪への対応であるなら、「複数の自然人が指揮命令系統に基づいて、あらかじめ定められた役割分担に従い、一致して行動する」といった組織性要件を設定すべきだとする意見が裁判所関係委員から示された。これは、それ以前に学者委員から提案されていた、同一人または同一グループによる同一態様の犯罪行為の反復継続という要件よりも組織性を明確化した提案といえる。これに対して、警察関係委員から、組織性要件の故に現行通信傍受法の使い勝手は悪く、可視化による取調べの困難化への対応の観点から物的証拠収集手段の容易化が必要だとする反対意見が示された。

特別部会のこのような議論を受けて、第９回作業分科会では、組織性要件の是非と要件内容をめぐって意見の応酬があった。組織性要件不要論は、組織性要件の疎明が難しく、組織性は法定刑の加重理由ではありえても傍受（盗聴）要件としては異質であって、共謀要件や補充性要件で傍受（盗聴）の無限定な広がりは防ぐことができると主張した。これに対しては、通信傍受対象犯罪拡大の立法動機から見て組織性要件を設定するのが合理的であり、組織性要件は共同正犯要件では尽くせないから、傍受（盗聴）の無限定な広がりを防ぐために組織性要件が必要で、その疎明も十分可能であるとの反対意見が主張された。組織性要件をめぐる議論において、裁判所関係委員・幹事と一部の学者委員が組織性要件必要論を主張したことに留意しておきたい。

その他、第1作業分科会では、通信傍受（盗聴）対象犯罪について、「検討(2)」において「その他の重大犯罪」として列挙されていた犯罪を暴力団関連犯罪に限るべしとの意見や、それに児童ポルノ関連犯罪を加えることに止めるべしとの意見が出された。「手続の合理化」については、傍受装置の適正作動を担保するために第三者機関の認証を求める意見や「鍵」の作成と管理を裁判所に委ねるべしとの意見と裁判所の職責になじまないとする反対意見が出された。また、会話傍受（盗聴）については、機器設置の際の立会いにつき、これを不要とし、写真等の他の手段による代替が可能だとする旨の意見が出された。

(3)　以上の議論を経て、特別部会第23回会議に提出された「たたき台」では、それまでの提案に一定の整理を施した制度案が提案された。

まず、通信傍受（盗聴）対象犯罪の拡大については、六類型の刑法犯（現住建造物放火、殺人、傷害、逮捕・監禁、略取・誘拐、窃盗・強盗、詐欺・恐喝等の罪）、爆発物使用・同未遂の罪（爆発物取締罰則一条・二条違反）、および組織犯罪処罰法の犯罪収益等隠匿罪等を対象犯罪に加えるものとし、これらの犯罪について、組織性要件（「通信傍受の対象を一定の組織性を有する犯罪に限定するための要件」）を付加するA案と付加しないB案とが併記された。加えて、組織を背景とした犯罪（児童ポルノ関連犯罪、ヤミ金関連犯罪、人身取引関連犯罪）、暴力団関連犯罪

（強要・威力業務妨害・損壊罪等、賭博関連犯罪）、テロ関連犯罪、その他の犯罪（不正アクセス防止法違反の罪等）を対象犯罪とするかどうかが検討課題とされた。次に、「手続の合理化」については、傍受（盗聴）対象通信を通信事業者等の施設で暗号化した上で送信し、これを捜査機関の施設において自動記録等の機能を有する専用装置で受信して復号化することにより、傍受（盗聴）を実施し、傍受（盗聴）した通信を自動的に暗号化して記録媒体に記録する仕組みとするという当初案が維持された。暗号化・復号化に必要な「鍵」の作成について、裁判所職員とするのか、捜査機関とするのかは両案併記とされた。この仕組みの下で、記録媒体の裁判所への送付も傍受（盗聴）実施後一括送付とするものとされた。この仕組みには「検討(1)」以来、変更は見られない。さらに、「傍受の合理化」については、傍受（盗聴）対象通信を全部記録した後に事後的にスポット傍受による該当性判断を行うことを可能とし、捜査機関の施設で傍受を行う場合は、通信事業者の立会・封印は不要とされた。また、会話傍受（盗聴）の対象は、①振り込め詐欺拠点事務所（対象犯罪は詐欺・恐喝）、②対立抗争中の暴力団事務所（対象犯罪は殺人、銃器関連犯罪）、③コントロールド・デリバリーが実施されている場合の配送物（対象犯罪は薬物関連犯罪、銃器関連犯罪）とされた。令状発付要件は上記三場面に該当する疑い、当該犯罪についての十分な嫌疑、そして補充性の三つとされている。緊急性要件の是非は検討課題とされた。さらに、傍受（盗聴）機器の設置または取外しのための場所等への立入りについても令状発付の際に裁判官の許可を要件とし（傍受〔盗聴〕令状とは別の令状を要するものとするか否かは検討課題とされた）、傍受期間は①と②は一〇日間、③は数日内とし、機器設置の際の管理者等への令状提示と立会を求め、傍受（盗聴）実施中は立会不要としている。スポット傍受の要否については両案を併記している。また、傍受（盗聴）実施後の記録媒体の裁判所への一括送付と管理者への傍受（盗聴）実施の事後通知を求めている。

「たたき台」について審議した特別部会第24回会議では、通信傍受（盗聴）対象犯罪の拡大に対して、窃盗や傷害のような一般犯罪まで広げることへの疑問や監視社会的状況となるのではないかとの懸念が有識者委員から出され、暴力団関連犯罪への限定を求める意見や一般犯罪への拡大を批判する意見が相次いだ。傍受（盗聴）要件として組織性要件の明記を求める意見も裁判所関係委員から改めて提起された。これに対して、警察関係委員から、それでは捜査機関の手足を縛るに等しく、共謀要件と補充性要件で十分だという反対意見が繰り返され、一部の学者委員がこれに賛成した。会話傍受（盗聴）については、特段の議論は見られなかったが、会話傍受（盗聴）は通信傍受（盗聴）よりも権利侵害性が高いが、通信傍受（盗聴）と本質的性格は同じだから限定は可能だとしつつも、結論は留保するという学者委員の意見もあった。

作業分科会の最終意見である「たたき台」をめぐるこのような議論を従来の審議経過の中で見返すと、組織性要件抜きに通信傍受（盗聴）対象犯罪を拡大することは難しい状況が生じていたように見受けられるし、会話傍受（盗聴）の導入についてもその実現性に不確定な状況が生まれてきたように見受けられる。しかし、憲法適合性や立法事実も含めて「通信・会話の傍受（盗聴）」の問題性についての議論は十分に深められたとは言えず、そのような状況のまま、特別部会は事務局に最終答申案の策定のため「試案」の作成を委ねたのである。

## 2　「事務当局試案」の基本性格と問題性

このような経緯を経て特別部会第26回会議に提出された「試案」の第一の特徴は、「基本構想」以来「たたき台」まで維持されてきた「会話傍受（盗聴）」の導入構想を取り下げたことである。これは、会話傍受（盗聴）の場合、通信傍受（盗聴）以上に対象会話の事前特定が困難であり、その権利侵害性が強いという、特別部会内外の強い批判を考慮した政策的判断の結果だったのであろうが、会話傍受（盗聴）の合憲性の根拠づけは通信傍受（盗聴）以上に難しいと考える私見からすれば、この限りでは賢明な判断であったと思う（なお、拙稿「通信・会話の傍受（盗聴）」

犯罪と刑罰二三号〔二〇一四年〕一五九頁以下参照）。

第二の特徴は、拡大された通信傍受（盗聴）対象犯罪については、組織性が傍受要件とされたことである。すなわち、「当該犯罪があらかじめ定められた役割の分担にしたがって行動する人の結合体により行われたと疑うに足りる状況があるとき」という要件である。上述したように、組織性要件については、警察関係委員と一部の学者委員等が不要論を主張し、裁判所関係委員と弁護士委員、一部の学者委員等が必要論を主張するという対抗関係がみられた。その中で、通信傍受（盗聴）の無限定な拡大を懸念する有識者委員の意見を考慮した政策的判断の結果だったのであろうが、組織性要件を付加したこと自体は賢明な判断であったと思う。もっとも、その組織性要件は組織犯罪処罰法二条の「組織」の定義に準じたものではあるが、「指揮命令」系統の存在や犯罪行為の「反復」は要件とされておらず、組織性要件のさらなる絞りが必要である。のみならず、組織性要件が課されたとはいえ、通信傍受（盗聴）対象犯罪は現行法よりも大きく拡大されることになった。思い起こせば、通信傍受法（盗聴法）の制定の過程では、「試案」で通信傍受（盗聴）対象犯罪に加えられた犯罪類型のうち、放火、殺人、逮捕・監禁、略取・誘拐等の刑法犯や爆発物使用（爆発物取締罰則一条、二条）の各罪は、通信傍受法（盗聴法）の当初の法務省案（一九九六年一一月一日の法務省刑事局「組織的な犯罪に対処するための刑事法整備要綱骨子に関する事務局参考試案」）や法制審議会刑事法部会答申（一九九七年七月一八日の「組織的な犯罪に対処するための刑事法整備要綱骨子」）で傍受（盗聴）対象犯罪とされていたが、強い国民的批判を受けて、国会審議の過程で削除されたのである。その結果、通信傍受（盗聴）対象犯罪は現在の四類型に限定されたという経過がある。この経過を踏まえてみれば、今回の「試案」は、通信傍受法（盗聴法）では対象外とされた犯罪を傍受（盗聴）対象犯罪として復活させた上に、通信傍受法（盗聴法）制定時には想定されていなかった窃盗・強盗や傷害等の日常的犯罪をも今回、新たに通信傍受（盗聴）対象犯罪に取り込んだということになる。【鼎談】でも指摘されているように、これまでの通信傍受法（盗聴法）の運用実態に照らせば、これら日常的犯罪が傍受（盗聴）対象となることで、犯罪と無関係な日常の生活関係通信の捕捉が飛躍的に広範囲に拡大するであろうことが強く懸念される。その分、市民の自由の領域は確実に狭まるのである。

第三に、「手続の合理化」と「傍受の合理化」の点では、「鍵」の作成が裁判所職員に委ねられた点を除けば、「試案」は「基本構想」以来の制度案と差異がない。通信傍受（盗聴）の本質的危険性の一つはその秘密処分性にあるが、「試案」の構想する「手続の合理化」および「傍受の合理化」が実現されると、傍受（盗聴）の実施過程は捜査機関以外の外部の監視の目がとどかない、全くの秘密領域となってしまう。これは、今回の「新時代の刑事司法制度」のための刑事司法改革の原点である可視化・透明化の要請に反する。特別部会で、小坂井久幹事が繰り返し指摘していたように、外部の監視の目の入らない秘密空間で、プライバシーを奥深く侵害する危険性の高い通信傍受（盗聴）という行為を、未だ十分な信頼を回復していない警察・検察という捜査機関に委ねてしまって良いのかという点が根本的な問題点であり、この点は、国会審議を含む今後の議論の過程で国民的視点から十分に検討しなければならない問題である。

このように見ると、「試案」は、違憲の疑いの濃い通信傍受法（盗聴法）の骨格の上に、通信傍受（盗聴）の対象犯罪を大幅に拡大し、さらに秘密処分性を強める制度「改革」を重ねることで、通信傍受（盗聴）の権利侵害性を飛躍的に強化する反憲法的制度構想だといわなければならない。会話傍受（盗聴）の導入を断念し、組織性要件を付加したにしても、このような「試案」の本質的問題性は変わらないのである。

《補記》

本稿執筆の時点は「事務当局試案」が公表された二〇一四年四月三〇日（第26回会議）の時点である。

通信・会話の傍受（盗聴）については、七月九日の第30回会議で採択された、法整備の「要綱（骨子）」を含む

「新たな刑事司法制度の構築についての調査審議の結果【案】」でも「試案」の制度構想との大きな違いはない。出資法違反の罪が通信傍受（盗聴）の対象犯罪から除外され、会話傍受（盗聴）の検討が「今後の課題」として明記されただけの違いにとどまる。本質的問題性は不変なのである。

（かわさき・ひであき）

# 第３章　【鼎談】通信・会話の傍受（盗聴）

三島　聡　大阪市立大学教授
山下幸夫　弁護士
川崎英明　関西学院大学教授（司会）



## 1　はじめに

**川崎**　今回のテーマは通信・会話の傍受（盗聴）です。司会の関西学院大学の川崎です。一九九九年公布の通信傍受法（盗聴法）制定時には違憲論・反対論を展開しましたが、当時の論争の渦中にあった者として、「新時代の刑事司法制度」の一環に組み込まれようとしている通信・会話の傍受（盗聴）の新たな制度構想には強い危惧を抱いています。

**山下**　弁護士の山下です。日弁連の中で、法制審議会―新時代の刑事司法制度特別部会（以下、特別部会）に日弁連が推薦している委員、幹事をバックアップする会議に参加していまして、この問題についていろいろとかかわっております。

**三島**　大阪市立大学の三島です。通信傍受法の制定が議論されていた一九九七、九八年当時から盗聴問題に強い関心をもち、論文を書いたりコンメンタールを分担執筆したりしてきました。

## 2　法制審の審議状況と立法事実

**川崎**　まず、傍受か、盗聴か、いずれの語を用いるのかを確認したいと思います。かつては、無断で通信や会話の内容を捕捉する本質的性格を適切に表現する語として盗聴の語が文献で普通に用いられ、傍受の語は通常、無線通信を対象とする場合に用いられていました。そこで通信傍受法は傍受という語を意図的に採用したわけですが、ことの本質を表わす点で盗聴の語を使う方が適切だったとも言えます。そこで、この鼎談では、用語は統一せず、傍受か、盗聴か、いずれの語を使うかは発言者にお任せしたいと思います。

二〇一三年六月一四日の特別部会第20回会議への作業分科会の報告（「作業分科会における検討(1)」）において、通信・会話の傍受（盗聴）について「考えられる制度の概要」と「検討課題」が示されています。そこでは、第一に、「通信傍受の合理化・効率化」の表題の下に、通信傍受対象犯罪の拡大、立会い・封印等の手続の合理化、そして該当性判断のための傍受の合理化の三点の制度改革が提案されています。そして第二に、新たに、会話傍受の創設が提案されています。現在、これを具体化する検討作業が第1作業分科会で行われていると認識していますが、この間の法制審での議論の状況について山下さんから説明いただければと思います。

**山下**　それではまず、特別部会における通信傍受と会話傍受に関する現在の議論状況について紹介させていただきます。

特別部会では、主として取調べの可視化の問題を中心に議論が進んでいますが、その中で新たな捜査手法などの問題も取り上げられました。二〇一三年一月二九日に「時代に即した新たな刑事司法制度の基本構想」(以下、基本構想)がまとめられて、その中で取調べ可視化などと並び、通信傍受の合理化・効率化と会話傍受が項目として挙げられています。通信傍受に関しては対象犯罪の拡大、立会いや封印等の手続の合理化、それから該当性判断のための傍受の合理化について、これは、すべての通信を一旦記録しておいた上で事後的にスポット傍受の方法による聴取を行うことを可能な仕組みとすることですが、それらについて具体的な検討を行うということになっています。基本的には、通信傍受法の改正を前提に、その内容について検討することになっています。

また、会話傍受については、振り込め詐欺の拠点となっている事務所等や、対立抗争等の場合における暴力団事務所や暴力団幹部の使用車両、コントロールド・デリバリーが実施される場合における配送物の三つの場面を念頭に置いて、指摘される懸念も踏まえて、その採否を含めた具体的な検討を行うとされていて、こちらについては採用するかどうかを含めて検討することになっています。

その後、作業分科会が設けられ、捜査段階を中心とする第1作業分科会と、公判段階を中心とする第2作業分科会に分かれて会議が開かれています。そのうち一月二九日の基本構想が出た後については、第1作業分科会の第1回会議が二〇一三年三月一九日に開催されていますが、ここで警察庁からの提案として、通信傍受の合理化・効率化のための技術的措置に関する提案などが説明されました。七月二四日の第5回会議において、通信事業者からのヒアリングと通信傍受の対象犯罪について考えられる制度の概要について議論が行われ、一〇月二日の第7回会議において通信傍受の対象犯罪についてさらに議論が行われる予定となっています(その後、一〇月二三日の第8回会議では会話傍受について議論が行われました)。

通信傍受の対象犯罪については、当初の基本構想においては、窃盗団や振り込め詐欺などのケースに対応する必要があるという議論だったのですが、その後の作業分科会の議論においては、殺人、逮捕・監禁、逮捕等致死傷、略取・誘拐等、窃盗、強盗、強盗致死傷、詐欺、恐喝（いずれも未遂罪を含みます）については対象犯罪とすることについてほぼ議論がまとまり、現在、組織性を要件とするかの要件論について議論がされています。

さらに、今後の議論としては、その他重大な犯罪であって、通信傍受が捜査手法として必要かつ有用であると認められる犯罪について、どのような犯罪に拡大するかについての議論がなされる予定となっています。その提案としては、かなり幅広く、たとえば児童ポルノ関係の提供や製造、人身売買、現住建造物放火、傷害、傷害致死、強要、威力業務妨害、建造物等損壊、器物損壊、その他さまざまな賭博関連犯罪、マネーロンダリング関連犯罪、テロ犯罪などが検討対象として挙げられているという現状です。

**三島**　立法事実という点ではいかがですか。

**山下**　そもそもなぜ通信傍受を拡大するのかについて、基本構想では何と述べられていたかですが、我が国の社会情勢および国民意識の変化等に伴い、捜査段階での供述証拠の収集が困難化している、それが捜査機関における共通の認識となっており、公判廷で事実が明らかにされる刑事司法とするためには、その前提として捜査段階で適正な手続により十分な証拠が収集される必要があり、捜査段階における証拠収集の困難化に対応して、捜査機関が十分にその責務を果たせるようにする手法を整備することが必要となるということを前提に、証拠収集手段の多様化という中で、近時、解明困難と言われている組織犯罪にも的確に対処できるようにするとともに、公判廷での的確な事実認定に資する客観的証拠をより広範囲に収集できるようにするため、通信傍受の対象犯罪を拡大し、その手続の合理化・効率化を図るほか、一定の場面に限定した会話傍受についても検討を行うとされています。

そして、現状で通信傍受の運用はきわめて低調であると指摘した上で、通信傍受の機能について非常に積極的な評価をしています。通信傍受というのは組織的な背景を有する犯罪を中心として、共犯者間での犯行の計画、準備、実行、証拠隠滅等に関する謀議・指示などの内部的事情に関する通信をありのままに記録して証拠化することを可能とする手法であり、取調べおよび供述調書への過度の依存を改めて、多様な証拠収集手段を確立していくにあたり、取調べを通じた事後的な供述証拠の収集に代替するものであり、またこれが困難な場合にも証拠収集を可能とする手法であると非常に高く評価し、実際、特別部会において視察した諸外国においても、有用な捜査手段として実際に幅広く活用されていたと述べて、通信傍受をより効果的・効率的に活用することができるように、通信傍受法を改正することについて具体的な検討を行うということが述べられています。

つまり、これまでの通信傍受の我が国における実施状況について、具体的に検証した上で検討するという議論ではなく、通信傍受はそもそも有用な証拠収集手段であるということを前提として、もう少し拡げて使うべきであると述べられているという次第です。

**三島**　盗聴とは、本人の知らないあいだに通信を聞きそれを証拠化するという手続で、まさに通信の秘密を侵害するものですので、合憲性が検討されなければなりません。通信傍受法の立法過程において、情報の強制的取得という意味で、憲法三五条に違反するのではないかがさかんに議論され、学説上、合憲論と違憲論で大きく対立したわけです。結局のところ通信傍受法は制定されましたが、違憲の主張に配慮して、国会で要件や対象犯罪の種類、執行段階での手続において一定の制約がかかったという経緯があります。

今回対象犯罪を拡大し、さらに実施方法について、合理化というよりはむしろ容易化・簡略化をはかるのであれば、まず、従来の学説の対立なり論争を踏まえて、今日までの運用がその批判に十分耐えられるものであったのかが確認されるべきです。そのうえで、ご説明のあったような改正が、人権の侵害につながらないのかについての確認が必要だと思われます。

　先ほど運用が低調だというお話があり、これは特別部会の中でも議論されていますが、低調であることがはたして問題なのか、そもそもこの点が検討されなければならないと思います。人権が不当に侵害されないよう要件や手続を一定程度厳しくしたために件数が少なくなっているとすれば、単純に対象犯罪を拡大し手続を簡略化して件数を増やせばよい、ということには必ずしもならないはずです。

**山下**　通信傍受法に基づいて、毎年一回、国会に対する報告が義務づけられています。最近の傾向としては、令状を取ってみたけれども、実際やってみたら犯罪関連通信はゼロ件だったということが何件か報告されていたり、裁判所に傍受令状を請求したら却下されたケース（これはその後もう一回令状を請求し直して取れたようですが）などもあって、運用としては、捜査手法として十分に活用できていないと言わざるを得ません。

　技術の進歩といった犯罪を行う側の事情もあって、対応できていない部分もあるとは思いますが、今回はそれに対応するためではなく、もっと幅広く利用したいということを要求しています。現状分析をしないで、単にやりたいことを要求しているに過ぎない面があります。現状をしっかりと分析して、何が足りないのか、また何が問題なのかということを踏まえた上での改正提案であればともかく、今回はそうではなく、単に必要性の議論が見られる訳です。そこは疑問を感じているところです。

**三島**　特別部会には個々の事件の明細を記載した統計は出されていませんね。全体状況の資料だけで（資料32－２）、空振りに終わった例はこの資料ではわかりません。

　毎年公表されている資料をもとに計算してみると、盗聴された通話の中で実際に犯罪と関係するものは、他の犯罪も含めて一五％くらいです。八五％は完全に無関係であり、中には五つの通信手段で二七二一回の通話が傍受されていて犯罪に関係するものが一件もないケースも見られます。確かにさまざまな例があるとは思いますが、このような例についてなぜ空振りに終わったのか、空振りに終わってよい合理的な理由があるのかどうか、さらに対象を拡大すればそれだけ空振りに終わったり無関係な通話が入ってきたりする可能性があるので、その点も含めてしっかりと検証した上で、拡大しても問題ないという判断がなければ拡大すべきでないと思います。

**川崎** 特別部会の第20回会議で、通信傍受法の具体的な運用状況を問う意見が出されたのに対して、いま三島さんが「空振り」と言われましたが、その「打率」を問うことにどんな意味があるのかという異論が出されて、結局、通信傍受法の運用に関する精密な統計資料は特別部会では共有されなかったと認識しています。私は、このことを含めて、今回の通信・会話の傍受(盗聴)の制度改革については、かつて小田中聰樹教授が指摘されていましたが、捜査の便宜・便益が「立法事実」として捜査機関の側から主張されたけれども、そのような制度改革をしなければ犯罪の検挙が不可能ないし著しく困難であることの実証、すなわち、通信・会話の傍受の制度改革の立法事実の実証は、なされなかったと思います。その意味で、今回の制度改革案は一九九九年の通信傍受法の過ちの轍を踏むものではないかと、危惧しています。

では、個別要件に入って、通信傍受の対象犯罪の拡大の点はどうでしょうか。

## 3 通信傍受の対象犯罪の拡大をめぐって

### 1 対象犯罪の拡大と事後的チェック

**山下** 現在、対象犯罪については拡大するということを前提に、現行法上、銃器犯罪、薬物犯罪、集団密航、組織的殺人の四類型しか対象犯罪となっていないのに対し、今回これを大きく拡げることが議論されています。当初の基本構想で触れられていた窃盗、詐欺以外に、先ほど述べたように通常の殺人や逮捕・監禁、略取・誘拐、それから強盗、恐喝については、もう既にこれを拡げることが作業分科会の議論ではほぼ決まっていて、あとは要件論として組織性などを要件とするか否かという議論がされている状況にあります。

**三島**　特別部会において、もともと拡大の議論の際に出されていた典型例は、振り込め詐欺と集団による窃盗・強盗といった財産犯でした。財産犯ということは、刑法の犯罪の序列からいけば比較的軽い罪に属します。軽い犯罪を対象犯罪に入れれば、それとの均衡で、重い犯罪に拡大していくことになると思います。殺人も組織的殺人だけではなくて、組織性が背景にあるような殺人まで入れたい。逮捕・監禁や略取・誘拐も入れたいという方向に拡大していく。さらにはテロの犯罪にもいくのだろうと思います。

それとともに、詐欺や窃盗などが対象犯罪に含まれるとなると、比較的軽い他の犯罪においても、盗聴が有用なものにはもっと拡大していきたい、ということになっていきます。

そしてこのような対象犯罪の拡大にあたって、組織性が必ずしも要求されず、組織性の解明のためであればよいということになると、盗聴が必要なり有用であれば、ある程度無関係な通話まで入ってもやむを得ないだろうという判断になりやすい。犯罪についてそれほど重大性がなくても、盗聴の有用性が高いものについて取り込んでいくという話になるので、盗聴の利用がどんどん拡大していく可能性のある提案だろうと思います。

しかし、財産犯がそもそもの盗聴拡大の対象だったことからみて、それが犯罪の重大性からみて妥当なのかが問われるべきでしょう。それを基準としていけば、次々と拡大していく可能性があります。テロでも何でも入ってきて、必要性の点からみてかなり深刻な問題を孕んでいると思います。

また、この部会の趣旨・性格との関係で問題があると思います。部会の最初のころに、この部会でどういう議論をしていくかについて話し合いがおこなわれましたが、その際に有力に主張されたのが、刑事司法の透明性を確保する、刑事司法は公明正大でなければいけない、その実現に向けて議論しなければならない、というものです。取調べの可視化は、捜査の密行性を打破していくものであり、透明性に資するわけですが、他方で、通信なり会話の盗聴は透明性を下げて逆に捜査の密行性を高めるものです。この観点からも、大きな問題があると思います。

たとえば裁判所や第三者のチェックが確立しているのであれば、透明性に反するということには必ずしもならないかもしれません。しかし、裁判所は事前に令状審査をするとはいえ、それは抽象的なチェックにとどまります。また、事後のチェックはどうかというと、裁判所がきちんとチェックできるシステムにはなっていません。事後のチェックは、基本的に不服申立てがあった場合だけですから、それ以外の場合はノーチェックになってしまいます。このように、適正さの担保がもともと十分でない中で、この特別部会で拡げるだけの必要性があるのかは大きく問われるところだろうと思います。

**山下**　事後チェックの話ですが、実際、確かに不服申立て制度はあるものの、ほとんど使われていないのが現状だと言われています。その点について、日弁連の委員・幹事から、現在、第三者機関のような形で事後的に記録をチェックするという制度を提案していま す。特別部会で、アメリカのワシントンDCに調査に行った委員がいらっしゃって、その中の宮崎委員の話を聞いたのですが、アメリカでは盗聴した場合にはすべての記録が証拠として開示される。いわゆる全証拠開示のもとですべての通信傍受をした記録が開示されるので、弁護人はそれをチェックする。弁護人は、犯罪と関係のない通話がなされていないかをチェックして、少しでも関係のない通話が記録されていると、違法収集証拠排除法則により全ての通信傍受記録を排除すべきであると追及する訳です。傍受記録のすべてが証拠排除されて無罪になるということもあるようで、弁護人の最大の仕事は通信傍受記録のチェックであると言われているそうです。警察が犯罪と関係のない通話を聞いてしまうと、その記録が事後的に証拠として開示されて弁護人の厳しいチェックを受けるので、それによって適正な運用が担保されているという話でした。

これに対して、日本では、今までも通信傍受されたものが証拠になったケースもあるとは思いますが、証拠として使われているケースが非常に少ないために、そもそも弁護人に証拠開示もされていないケースが非常に多いと思われます。これまでの証拠開示制度では、基本的には、検察官が請求する予定の証拠に関係するものでなければ弁護人は証拠開示を受けられないので、通信傍受が実施されても、ほとんど傍受記録は開示されていないのではないかと考えられます。傍受記録は、たとえば自白を取るための手段として使われたりしていると思われますが、裁判の証拠としてはあまり使われておらず、弁護人が事後的にチェックをするという機会は非常に少ないように思われます。

そのため、通信傍受が適正になされているのかについては、傍受記録は裁判所に送られて保管されますが、単に記録が裁判所に保管されているだけで誰もそれをチェックしていない状況が続いているような印象を受けます。

**三島**　傍受記録はあまり公判には出てこない。証拠として使わないで、むしろ多くは取調べの中で盗聴の事実を示したら自白が得られるという話です（特別部会第11回会議議事録九頁〔坂口拓也〕参照）。

**山下**　そのように使われているのが実際でしょう。

**三島**　そうすると裁判所の目にしっかりと触れる機会は非常に少ないわけですね。

**山下**　そう思われます。

**三島**　のみならず、どういう形でそれが執行されたのか、私たち研究者が調べようと思っても調べる手立てがなかなかありません。たとえば要件につき、通信傍受法三条一項二号、三号で将来犯罪を含んだ被疑事実で盗聴ができることになっていますが、どういう形で令状や請求書に記載されるのかを調べたくても、実際出てこないので把握できません。

**山下**　対象犯罪の関係では、今回、作業分科会の中で、まず、警察庁にどういう犯罪に通信傍受が有用なのかをプレゼンテーションさせています。その他重大な犯罪であって、通信傍受が捜査手法として必要かつ有用なものに関しては、児童ポルノ関連犯罪、ヤミ金関連犯罪、人身取引関連犯罪、暴力団関連犯罪、その中には一般国民が標的となるような犯罪で現住建造物放火などが入っていたり、賭博関連犯罪やマネーロンダリング関連犯罪、またはテロ関連犯罪など、非常に幅広く入っています。まず、警察庁にプレゼンテーションさせて、それをもとに議論しているから、警察がやりたいと思うものは何かをまず挙げさせた上で議論を進める形となっており、出発点からそのような議論の仕方に対して疑問を感じます。

**三島**　要するに盗聴という手段がなければ捜査ができないという議論ではないですよね。

**山下**　そういう議論ではありません。おそらくあれば便利ですという程度だと思います。議論の仕方が、必要かつ有用ということで、三島さんが言われたように不可欠性とか、通信傍受しなければ捜査できないというものを挙げているわけではないと思います。現在、それを一つひとつ検討することになっているので、さらに対象犯罪が拡がる可能性があると思われます。

## 2　組織犯罪性と通信傍受要件

**川崎**　特別部会や作業分科会の議論をみていると、通信傍受の対象犯罪を拡大するというときに、その理由付けに組織的窃盗や組織的詐欺の捜査の便宜・便益が指摘されているのですが、傍受の要件については組織犯罪性を入れるべきではないというのが、捜査機関側の主張ですね。この点はどう考えますか。

**三島**　特別部会では、組織性を要求するのでは捜査の実が上がらず、意味がないということで、それを不要とする意見が出ています。それに対しては、同一人あるいは同一グループによる同様の犯行態様での反復継続という案はどうかという話も出ています（組織性ではなく犯罪の重大性に関する要件として要求する意見もあります）。組織性を解明したいというのはわかるのですが、組織性を除いてしまって要件を作れば、かなり広範になる、要するに二人以上であれば盗聴はできる形となってきます。そうすると、今想定されているのと無関係な事案が入ってくる可能性が高いように思うのです。

**山下**　私も同感です。もともと法律を作る段階で、通信傍受法も組織犯罪対策三法の一つと位置付けられていたように、組織犯罪対策で作られたはずです。確かに条文としては組織性の要件が明確になっていなかったということがありますが、今回、対象犯罪をかなり拡大する、しかも、当初は振り込め詐欺とか窃盗団など組織的なものを前提に議論して、それらには通信傍受が必要ではないかという議論から出発している以上、組織性を要件にしなければ、歯止めなくどんどん拡大してしまって、ごく普通の共犯の事件の犯罪がすべて対象になってしまうという問題があると思います。過去には、組織的殺人ということで傍受令状を取った例もあるので、決して組織性の証明が不可能ということはないはずであり、ある程度それは捜査上の工夫によって可能になると考えられます。

**三島**　無関係な会話が入ることとの問題性は、それが正当化されることとの危険性だと思うのです。つまり、もともと組織性が要件に入っていて、それにもかかわらず執行の段階で無関係な通話が入ってくるという場合と、そうではなく、組織性を要件にせず曖昧にしておいて無関係な会話が入ってくるという場合とでは同じではありません。そもそも組織性を疎明することが難しいからという点でそこを緩めてしまうと、無関係な会話が入ってきても組織性に狙いがあったのだから許されるという話になってしまう気がします。

**山下**　確かに法律の性格がだいぶ違ってくる感じがしますね。

**三島**　通信の秘密という憲法上の保障が問題になるところですから、これだけ拡げてしまうことが妥当かは、しっかりと議論する必要があると思います。

**山下**　そうですね。ちなみに、先ほどの殺人や略取・誘拐等、窃盗、強盗、詐欺、恐喝などに拡大することが決まっているものについて、実際に通信傍受を行うことになると、現在の何百倍もの件数になるのではないかという話もあって、飛躍的に傍受の件数が増えることが予想されています。

## 3　該当性判断のための傍受の合理化について

**川崎**　無関係通信の捕捉率が圧倒的に高い通信傍受法の運用実態を見ても、組織犯罪性の要件を傍受要件として明記するのが当然必要ではないかと思います。作業分科会の議論で提案された、同一グループによる同様の犯行態様の反復継続という要件は、組織犯罪性を推認させる要件として、一定の絞りをかける役割を果たすと思います。この要件すら不要ということになれば、通信傍受（盗聴）は、立法事実として力説されている振り込め詐欺や窃盗団による窃盗の事例を超えて、普通の詐欺や窃盗でも用いられる捜査手法となってしまいます。警察関係者が力説する立法理由すら疑問に思えてきます。

「通信傍受（盗聴）の合理化・効率化」のための制度改革として、さらに「立会い、封印等の手続の合理化」と「該当性判断のための傍受（盗聴）の合理化」が提案されていますが、この点はどうでしょうか。

**山下**　立会い、封印等の手続の合理化という点ですが、これについては、現行法上、基本的には通信事業者のところに警察が行って、通信事業者の職員の立会いのもとに傍受を行うということをやっていました。今回の提案では、この点について通信事業者が対象となる通信を暗号化して、それを警察署に伝送するという形で、通信事業者の立会いなく、警察署の中で、警察官だけでスポット傍受を行うという仕組みに変えて立会いをなくすことができるという提案をしています。

**三島**　立会いがなくてもよいということですが、本当にそれでよいのかが本来問われるべきだと思います。そもそも、今の通信傍受法も形式的な立会いしかありません。外形的なチェックだけで、内容的なチェックはできない。それを前提にして今回の容易化・簡略化が出てきているわけですが、捜索・差押えでの立会いを考えたときに、その立会いは憲法三五条により保障されるものと考えるべきです。不服申立制度が整備されても、それは侵害をうけた後の救済にしかなりません。人権侵害は極力避けるべきだということからすれば、執行段階に基本的には被処分者が立ち会い、被処分者がいない場合にはそれに代わる方が立ち会って、捜査機関の執行をチェックするというのが非常に重要です。そうだとすれば、本来そこに実質的なチェックが入るべきだと思うわけです。

確かに治罪法のときからずっと捜索・差押えの際の立会いの規定はあるわけですが、治罪法の時代でもその趣旨は個人の利益の保護ということで、立会いなしでは公平さを欠くといわれていたので（堀田正忠＝髙谷恒太郎・治罪法異同辯など）、それを現行憲法下で考えれば、憲法上の保障がそこに及ぶと考えるのが妥当だろうと思います。

仮に一歩譲って、立会いが憲法上必須なものではないとしても、先ほどお話が出たように、裁判所の事後審査が十分でない。不服申立てがあったときしか裁判所は関与せず、しかも無関係な通話を聞かれた人には何の通知もなくて、そもそも不服申立てができない。裁判官は、不服申立てがあるまでは傍受記録を実際に聞くこともありません。さらに書面の形で提出される傍受実施状況書も、他の犯罪に関連する通信があった場合にはチェックが入りますが、それ以外についてはないわけですから、そういうことを考えると、裁判所の事後チェックはかなり弱い。したがって、適正さを確保するためには、その分は立会いで補わなければいけないと思います。

現行法は形式的なチェックしか立会いに期待していないわけですが、それを前提とすれば、機械によって代替しようという発想自体はよくわかります。これだけ技術が発達しているので、盗聴がきちんとスポットごとになされているか、その確保が機械で技術的に可能であれば、形式的なチェックの代替は可能でしょう。

ただ、そうだとしても機械が不正に操作される可能性はないのかという点についてはなお疑問が残ります。今回の提案によると、通信データ全体が通信事業者から送られてきたら、警察官が警察署で自らの希望する時間にそれを聞くことができることになります。これまでやっていた通信事業者による形式的なチェックがなくなり、第三者のまったくいないところで中味を聞くことができるようになるので、不適正な盗聴がなされていないかがチェックできるかどうかはかなり大きな点ではないでしょうか。スポットで聞いた部分以外の通話データは消去されるといわれていますが、裁判官がその後送付されてくる傍受記録を毎回チェックするわけではなく、たんにその記録が裁判所に保管されているだけですから、それで適正さが確保されているとはいえないだろうと思います。

**山下**　憲法上の要請かどうかについてですが、基本構想では憲法上の要請でないことを前提に議論しています。これについては、私は三島さんのご意見に同感です。また立会人の制度については、現行法を作る段階で外形的チェックだけしかできないとしたことの是非はあろうかと思います。これは、最高裁一九九九（平11）年12月16日第三小法廷決定（刑集五三巻九号一三二七頁）は、立会人の切断権を認めていたのですが、通信傍受法は、切断権を認めず、中身も聞けない外形的チェックだけを認めたために、立会人の立会いの意義をある種形骸化したという面はあったと思います。

ただ、外形的チェックだといっても、通信傍受の現場に第三者である通信事業者の職員がいることによる心理的なプレッシャーは現実にあったと思うので、今回の提案のように、警察署の中で警察官だけで通信傍受を行うとなると、先ほど三島さんが言われたように、本当にそれが適正になされるかどうかの担保があると言えるかについては非常に疑問が残ります。

暗号化されたものを解読し傍受する機器自体は、まさにそのようなものとして開発され、運用されるかというチェックは、また別の問題としてあるわけで、それを抜きにして、暗号化して伝送するからそれで担保としては十分だとは言えないと思います。いずれにせよ、立会人制度は、外形的なチェックではあるけれども、その外形的チェックすらなくなることによって、通信傍受手続の実施の適正化に関しては不十分なのではないかという危惧が残ると思います。

**三島**　立会人が全く不要だという形を取った場合に、通信傍受法の立会いだけではなくて、捜索・差押えの際の立会いにも波及する問題ではないかと懸念しています。捜索・差押えの立会いについても、なくてよいことになってしまわないか。不服申立ての制度はむしろ捜索・差押えのほうがしっかりしているので、捜索・差押えでも場合によっては立会いがなくてもいいという話になってしまうような気がします。

もう一点、十分検討されていないので注意する必要があると思うのは、現行法では、原則として通信事業者の立会いのもとで、流れている通信を捜査機関がその場で聞くわけです。全体ではなくて一部分を傍受記録にしていくという形ですが、この提案だと、全体に流れている通信を全部一旦は保存して、それを捜査機関に送ることになります。捜査機関がそのデータを取得した後に中味を聞いていくという形なので、そうすると、最高裁二〇〇八（平10）年5月1日第二小法廷決定（刑集五二巻四号二七五頁）の一〇八枚のフロッピーディスク等の差押えの事例との関係が問題になるのではないかと思います。

この最高裁決定のとらえ方は難しいところですが、最高裁は、一〇八枚のフロッピーディスク等の中に被疑事実に関する情報が記録されている蓋然性が高いこと、および、その場で内容を確認したのでは記録された情報が損壊される危険があることという二つの要件で、内容を確認することなしに差押えをすることができると判示しました。今回の提案では、通信事業者からの伝送によって、捜査機関が通信データを取得するのは間違いありません。二つ目の要件である損壊される危険がないにもかかわらず、捜査機関が包括的なデータを取得してよいのかについては、議論する必要があるのではないか。この点は部会ではほとんど議論されていないようなので、検討する必要があると思います。

**山下**　今回の提案では、リアルタイムで伝送して、警察でスポット傍受するという方法と、一旦傍受令状に記載された期間の通信を通信事業者がすべて記録して、それをまとめて伝送し、警察署でスポット傍受するという二つの方法ができることになっており、合理化・効率化と言っているのはおそらく後者のことだと思われます。その意味で三島さんが言われたように、一括で伝送するということは捜査機関がデータを取得する形になる。もっとも、そこで選別をするから、実際取得したといっても取得していないに等しいとの反論があるかもしれません。スポット傍受を経て記録するので、データは来ているけれども、おそらくそのデータの全てを警察側が保存しているわけではない。スポット傍受した結果だけを記録しているのだというのがこの制度として考えられているとも言えます。

**三島**　しかし、捜査機関が一旦はデータ全体を取得するので、フロッピーディスク等を全部取得して、その後中味を精査するのと同じようなものだといえるのではないでしょうか。少なくともそれとの関係について明確にしておく必要はあると思います。

**山下**　その点は、確かに、作業分科会においても十分意識的に議論されていません。そもそも、デジタルデータを捜査機関が取得するという感覚で捉えられていないようで、アナログのイメージのままで議論されているようにも思われます。実際には、デジタルデータが伝送されることになるので、捜査機関の下に一旦まとまったデータが来ていることは間違いない。そこは議論が曖昧になっているという印象を受けます。

**三島**　通信が流れている場での精査と、一旦取得した後の精査とを同視できるのか。事後のスポット傍受について問題はあるのではないかと思います（以上の問題については、緑大輔「物的証拠収集の新たな手段」法律時報八五巻八号〔二〇一三年〕二五頁以下参照）。

**川崎**　山下さんが指摘されたように、作業分科会の制度案では傍受の実施方法の合理化方策として、「全ての通信を一旦記録」した上で、「事後的にスポット傍受による必要最小限の聴取を行う仕組み」を提案していますね。通信を一旦記録した以上は、三島さんが指摘されるように、それはデータの取得であり「傍受」と言わざるをえないのではないでしょうか。しかし、特別部会の議論では、それでもフロッピーディスクについて包括的差押えを認めた最高裁判例に照らして問題はないという学者幹事の発言がありましたが、そんな包括的差押えが許容されるのか、三島さんが言われるように、最高裁判例の下でも正当化できないと思います。それこそ十分な議論が必要です。

立会いと憲法との関係についても、特別部会の議論では立会いは憲法三一条の政策的要請に過ぎないから捜査の利益との比較衡量で立会いがなくとも合憲性はクリアできるという議論がなされていますが、私は、日本国憲法の硬質な令状主義規定に照らせば、憲法学でも言われているように、立会権は憲法三五条の令状主義が内在する手続保障請求権の帰結だと捉えるべきだと思います。特別部会で、川出敏裕委員が、通信傍受法（盗聴法）の制定時の憲法論議に立ち返って制度改革を議論すべきではないかという趣旨の発言をしていますが、しかし、特別部会や作業分科会の議論を見ていると、通信傍受法が予定している立会人（通信事業者）による不十分な外形的チェックを所与の前提としており、憲法的論議に立ち返った議論は十分だとは思えません。

では、次に会話の傍受（盗聴）に議論を進めましょう。

## 4　会話の傍受について

**山下**　会話傍受ですが、基本構想では、採否も含め検討するということなので、まだどうなるかは分かりません。もっとも、この間の作業分科会の議論を見ると、かなり具体的に議論が進んでいて、会話傍受も具体化される勢いがあると感じています。

先ほど触れたように、もともとは振り込め詐欺の拠点となっている事務所等、対立抗争等の場合における暴力団事務所や暴力団幹部の使用車両、コントロールド・デリバリーが実施される場合における配送物の三つの場面を想定した上で、これについて対象犯罪が犯されたことを疑うに足る十分な理由、他の方法によって犯人を特定し、また犯行の状況等を明らかにすることが著しく困難であることを令状発付の要件とすると し、かつ傍受機器の設置または取外しのためにその場所に立ち入るためには、令状発付の際に裁判官の許可を受けなければならないものとするということが一応考えられる制度の概要としてまとめられていました。現在、さらに補充性に加えて緊急性を要件とするか、スポット傍受の方法、またはそれに代わる方法を必要とするかどうか、傍受ができる期間をどの程度にするか、立会いや封印を必要とするか、令状提示を誰にするのかなどが議論されています。

**三島**　確認ですが、緊急性というのは、犯罪が行われようとしているという意味での緊急性と考えてよいのですか。

**山下**　そうでしょうね。特に対立抗争等に関連して犯される殺人、銃器関連犯罪について言われているように思います。令状発付の要件としてそのような犯罪が起きる可能性が高まっているという意味で緊急性がある場合に限るという議論かと思います。

## 1　会話傍受の権利（プライバシー）侵害性

**三島**　通信は、電話等をかけている間の限られた会話で、盗聴によるプライバシー侵害はその範囲にとどまります。これに対して会話盗聴ということになると、スポットで聞くにせよ、生活をしている中のさまざまな発話が聞かれていくことになるので、かなり広範なプライバシー侵害が生ずるのではないかと思います。

通常の生活の中ではひとり言もあるでしょうし、いろいろな会話が入るので、会話の盗聴の場合には、生活がかなりの程度見えてしまうことになります。本来取得しようとしているのは、犯罪に関連する会話だけですが、そうでない会話も含めて、その人が普段どんなことを考えているのかもわかってしまう可能性が非常に高い。

スポットで試し聞きするといっても、無関係な発話かどうかが確認できなければ意味がありませんから、スポットで中味がある程度わかり、さらにそのスポットとスポットのあいまに犯罪に関連するものが入ってこないことが確保される必要があります。そのため、相当な数・量の発話が盗聴されることになるのではないか。そうすると、侵害の度合は通信傍受よりかなり大きくなると思います。

このような危惧に対しては、場による限定が加えられているという説明がなされています。つまり振り込め詐欺の拠点になるような事務所にすれば、他の会話が入る可能性は減ってくるのではないかということです。しかしそれでも、そこに人がいれば、当然いろいろな会話が入ってくるのは間違いないでしょう。対立抗争等の場合を想定しているのでしょうけれども、暴力団事務所などを考えたときにはいろいろな会話が入ってくるはずだし、コントロールド・デリバリーの配送物に盗聴器が仕掛けられる場合には、盗聴は特定の場所に必ずしも限られていないから、この場合もかなり入ってくる可能性があり、十分な限定がかからないだろうと思います。そのため、大きな権利侵害性が生じてしまうと考えられるのです。

**山下**　会話傍受は室内盗聴ということですが、どんなに場所を限定しても、そこには通常の日常的会話、個人的な会話がなされる可能性があるわけですので、場所をいくら限定しても、無関係な会話が傍受される可能性が高いという意味において、かなり問題であり、そもそもこういうものを作ること自体問題があると認識しています。

**川崎**　特別部会や作業分科会での議論を見ていると、会話傍受が通信傍受以上の強度の権利（プライバシー）侵害性を有するという点では意見の一致があるようにみえますが、しかし、会話傍受の憲法（三五条）適合性（違憲性）をどう考えるのかという点では、会話傍受の対象の明示・特定は可能であるから合憲性は認められるという見解と、そのような明示・特定は極めて難しいとする見解に分かれているようです。まさしくこの点で、憲法的論議を尽くしてほしいと思うのですが、お互いの言い放しで終わってしまいそうな気配です。私自身は、一定の場所で行われる会話については、会話的形態の通信以上に、捕捉対象の会話を事前に特定することは不可能だと考えています。

そういう議論を踏まえて、会話傍受の対象犯罪について議論しましょう。

## 2　会話傍受の対象犯罪と立法事実

**山下**　現在のところ、詐欺、恐喝、それから対立抗争等に関連して犯される殺人、銃器関連犯罪、コントロールド・デリバリーの関係では薬物関連犯罪、銃器関連犯罪を対象犯罪にするとなっているので、通信傍受と比べるとかなり限定はしているとは言えますが、三島さんはどう思われますか。

**三島**　詐欺、恐喝が入っていますね。比較的軽いものでも許容されているようです。考えてみると、これだけ携帯電話が発達して、電話で気軽に誰とでも話せるようになったということから、通信の盗聴には、現代的な状況が背景にあるというのはよくわかります。でも、アジト等があってそこで犯罪の謀議がなされるというのは、ずいぶんと古典的な話ではないかと思います。暴力団事務所にしても、暴力団幹部が使用する車両にしても、そこで犯罪関連の会話がなされる、だから会話の盗聴が必要だという主張が、今なぜ登場してくるのか、私にはよくわかりません。最近そういう状況が増えているということでしょうか。

**山下**　それはないと思います。新たな捜査手法という中で、警察が前からやりたかったものを今になって出してきたのかなという印象があります。

**三島**　そうすると、通信の盗聴以上にこれを認めるような立法事実がないということになるのではないでしょうか。

**山下**　基本構想の中では、諸外国で幅広く採用されている会話傍受についても導入を検討することが考えられると言っていますね。

**三島**　検討すること自体は考えられるかもしれません。しかし、いま話したような状況だとすると、この対象犯罪についても認める必要があるのだろうかという気がします。

**山下**　これまでずっとやっていなかったものをここで、いまやらなければならない必然性は感じられませんね。

**三島**　もし通信の盗聴について、たとえば暴力団関連犯罪や振り込め詐欺も対象に加えるべきだとかいうのであれば、会話の盗聴を検討するにあたって、通信の盗聴だけで足りない理由があるのかどうかを確認すべきです。まず通信の盗聴の方でその必要性なり不可欠性をきっちり論証し、さらにそれだけでは足りないのだと言えて初めて会話の傍受に至るはずです。その部分が曖昧なまま、振り込め詐欺はこれだけ社会問題化しているからという理由で、両方とも入れてしまってよいという話にはならないだろうと思います。単なる任意捜査らしき手段であれば、まだ議論の余地がありうるけれども、我々の思想・信条を把握することまで許すような権利侵害的な捜査手法を導入するのであれば、そこはもっと慎重・綿密に議論する必要があると思います。

**山下**　全く同感です。確かに通信傍受で達成できないかという必要性はあまり議論されておらず（もっとも、補充性を要件とするという議論がされていますので、これは通信傍受をしても証拠が得られない場合が前提になっていると考えることもできますが）、並行的に議論されているところがあると思います。この点が議論としては不十分というか、議論の仕方に問題があるような感じがします。

**川崎**　先にも議論したように、今回の制度改革では立法事実がなおざりにされていますね。単なる捜査の便宜・便益を理由にして通信傍受の対象犯罪の拡大や会話傍受の創設が正当化されようとしています。通信傍受法の制定時に、傍受がなかったがために検挙できなかった事例があるのか、実証すべきだという指摘がなされていましたが、そうした通信傍受法制定時の議論を十分踏まえるべきだと思いますね。

仮に会話傍受がなされるとした場合、その合憲性を肯定するためには、通信傍受法がそうしているように、該当性判断のためのスポット傍受が不可欠ではないかと思いますが、この点はどうなっているでしょうか。

## 3　該当性判断のためのスポット傍受と立会い

**山下**　最初はあまり本気で考えていなかったのかもしれませんが、途中から、スポット傍受をするか否かという議論が出ています。それだけ、本気で導入しようと考え始めたために要件論が具体化したとも考えられます。

**三島**　導入するという前提で考えた場合でも、そこで交わされた会話をまるごと聞いてよいことにはならないだろうという議論ですよね。まずはスポットで犯罪に関連があるのかないのかを確かめることは不可欠でしょう。そうでないと、捜索・差押えに入って、その場にある物を全部持って帰ってしまってかまわないというのと一緒ですよね。

**山下**　確かに、もし導入するということであれば、通信の場合にスポット傍受しているのに、こちらは全部許容されるのであれば、それはあまりにもバランスを欠いていると思います。ただし、通信の場合は一対一の会話なのでスポット傍受をやりやすいと思いますが、何人もいるような部屋の会話を聞くときにどうやってスポット傍受するのか。ＡとＢだけではなくてＣ、Ｄ、Ｅがいて、いろいろな人が口々に何かしゃべっているような場合に、どうやってスポット傍受するのかなど、具体的なイメージが掴めない気もします。

**三島**　スポットだと時間を区切ってという形になりますね。でもそのときに、いろいろな人の会話が入るからといって、たとえば間隔を短くするという形でおこなってよいかという問題はありますよね。もしこれを認めると、通信の場合よりももっと緩やかでもよいという判断になります。そうするとどんどん中味がわかってしまう。際限ないですよね。

**山下**　そうですね。

**三島**　通話の場合には一定の目的があってかけてくるのかもしれない。でも会話の場合はそうではないので、盗聴を延々と続けることになる。そうすると全体で誰が何を言っているか、その人たちがどんなことを考えているかが把握できてしまいます。そうなると、翻ってやはり許されないという結論に達する気がするのですが、そこを許すという前提で考えていくと、一定の歯止めをかける手だてを考えるということなのでしょうか。

もしスポット傍受を入れるとしても、通信の場合であれば、少なくとも執行の段階で通信事業者が関わる。通信事業者は、通信データを取り込んで伝送するといった場合には、技術的なものであれ何であれ、必ずそこに関与することになります。これに対して、会話の盗聴となると、その部分に第三者が関与しないで執行できることになってしまう。そうすると、単に機械を用意してスポット傍受しました、というだけで適正さの担保ができるかどうかが問われるのだろうと思います。

**川崎**　三島さんの指摘は会話傍受の違憲性を考える上

で、大事な点だと思います。通信傍受法でスポット傍受がなぜ導入されたかというと、傍受対象通信の事前特定の困難性があって、その点で憲法三五条の特定の要請との整合性の確保という観点からスポット傍受が導入されたと、私は理解しています。しかし、会話の場合、三島さんが指摘されるように、無関係な日常的会話が必然的に広く混じるとすると、スポット傍受で犯罪関連会話を選り分けるというなら、スポット傍受を広げないと役に立たない。そうすると、スポット傍受が傍受そのものに近いものとなる可能性があります。スポット傍受は捕捉対象会話の事前特定の困難性を補うものとして会話傍受の合憲性をクリアする鍵となるものですので、その合憲性自体が問題化します。この点も、特別部会では突き詰めて議論してほしいですね。

その上で、三島さんは、仮にスポット傍受を入れるとした場合には、スポット傍受自体の適正性を担保する手段が必要だというわけです。この点、山下さんはどう考えますか。

**山下**　そうですね。通信傍受でいうと、スポット傍受している場面での第三者の立会いのようなものがないといけないのではないかという感じがします。現在、通信傍受の方の議論の中で、立会いや封印等を技術的手段によって代替し得るかが議論になっていますが、会話傍受のスポット傍受は令状の執行であり、通信傍受の場合のような代替手段が考えられないとしたら、本来立会いがいる場面ではないかと考えられますし、通信傍受の場合とは違って技術的な代替手段はないので、外形的チェックで良いのかどうかを含めて、立会人はいるのではないかと考えています。

**三島**　ただ、そのときの立会人には、いったい何ができるのかが問題になるだろうと思います。

## 4　傍受機器の設置のための令状と立会い

**山下**　現在の作業分科会の議論では、傍受機器を設置又は取り外すために部屋等に入るには、令状発付の際に裁判官の許可を受けることになっているのですが、三島さんはこれについてどうお考えですか。

**三島**　会話盗聴の令状審査の一環として、つまり一本の盗聴令状の審査のなかで、裁判官がこの点も判断すればよいということになりますね。

**山下**　そうです。セットになります。

**三島**　しかし、それを認めて、令状提示をまったく不要としてしまうと、捜索・差押えでの立入りでも本来令状の提示は不要であり、憲法上は要求されないという話になってしまいます。裁判所が審査すればそれで足りるということになってしまいます。

**山下**　令状を提示するかどうかの議論は一応検討対象になっています。特に管理者への提示です。つまりは大家さんに令状を提示して立ち入るというイメージかと思います。

**三島**　当然、本人のいないときをねらってのことですね。

**山下**　もちろん本人に示したら意味がないわけですから。

**三島**　そうすると立会人には守秘義務がかかるということになりますね。

**山下**　おそらくそうですね。そうしないと意味がありません。漏らしたらどうなるのかという問題はあります。

**三島**　理論的に詰めてはいませんが、そこでは本人に代わる人になり得るのかが問題となると思います。守秘義務まで課して、最初から第三者として立ち入らせる。本来であれば被処分者が令状提示を受けるべきところ、そこは第三者でなければいけない話になっており、そうすると令状提示の性質が変わるのではないかと思われるところです。これは簡単に解決できない問題だと思います。本来、令状というのは被処分者に提示し、提示された者が執行に立ち会ってチェックをしていくものです。令状はきちっと出ているのか、さらにその執行も十分なのかということがチェックされて初めて適正さが担保できると思うのですが、第三者を最初から第三者として提示の相手方としたところでそういう形になるかは疑問です。

**山下**　検討課題としては、通信傍受と同じように事後通知をするということを検討課題にしているようですが、令状の提示が事前にされないということは確かにそのとおりであり、室内盗聴する以上は事前に示すことはできないわけですので、それを認めるかという判断が問われています。

**三島**　それだけで足りるかという大きな問題ですね。盗聴を実施したものの、犯罪に関連する会話が全く交わされなかったときにも、通知するのでしょうか。

**山下**　その点も大きな問題ですね。

**川崎**　傍受機器の設置のための令状の要否・内容や立会いの問題は、傍受機器の設置場所との関係で中身が変わってくるでしょう。強制採尿令状一本で採尿場所まで強制連行できるという最高裁判例の論理の類推で、会話傍受令状一本で傍受機器の設置まで許容されうるという主張もなされていますが、果たしてそれでよいのか、立会いの問題とも絡んでいて、大いに議論が必要です。作業分科会の議論で深まっていくのかどうか、危惧は残りますが……。

さて、時間も来ましたので、最後にお二人から、まとめの発言をお願いします。

## 5　むすび

**山下**　通信傍受の対象犯罪の拡大や手続の合理化・効率化、また会話傍受についてさまざまな問題があることが浮き彫りになったと思います。私自身は、このいずれについても多くの問題を抱えたままに進んでいると懸念しています。今後、作業分科会の検討結果は部会の方で一一月に議論されることになっているのですが、このまま行けば、二〇一四年の二月か三月くらいまでには特別部会の意見をまとめて、いずれ法案として提出されることになる可能性が高いと考えられます。これについては、弁護士会もそうですし、研究者の方々とも、法案として出たときにどう対応していくのかについて、ぜひ一緒に議論していきたいと思っています。

**三島**　特別部会は、いま作業分科会での検討に入っていますが、作業分科会では内容の当否を議論するのではなく、制度を詰めるものとされているようです。立法化することを前提に議論していくので、具体化はされるけれども、問題に向き合う議論ではなくなってしまう。制度を作ることが前提の議論を一所懸命やらなければいけないということで、本来要求される慎重な議論はどこかに飛んでしまっているのではないか。詰めれば詰めるほど、立法化に批判的な人を含めてそれに拘束されるというか、もうここまで作ったのだからということを前提に話が進んでしまわないか、大いに懸念されるところです。

最初に申し上げたことですが、過去にかなりの議論がなされ、違憲との批判を受けながらもともとの通信傍受法ができたわけですから、盗聴につき立法提案をするのでしたら、そのことを十分に踏まえる必要があります。

当時立法に携わった人たちは、通信傍受の要綱や法案を、反対論者の言うような人権侵害は通常生ずることはないとして、作ったはずです。

そうだとすれば、実際にそのような事態が生じていないのかをまず明確にして、問題は生じていないのだからさらにもう少し拡げることもできるのだと、丁寧に論証をして提案すべきだと思います。しかし、残念なことに、この特別部会の中での議論をみる限り、そのような形にはまったくなっていないようです。とくに研究者委員・幹事に関していえば、今回の提案を肯定的にとらえるのであれば、「研究」者という立場から、過去の議論を踏まえ、上滑りでない、実証性のある根拠にもとづいた発言が強く求められるように思います。

今後の特別部会では、親部会に戻ったときに上記の点をしっかり議論してほしいと思いますし、かりに法制審議会で提案の基本部分が通ってしまう場合でも、その後、法務省で法案を作り、国会に提案するときには、上記の点をきちんと踏まえた形で提案してもらいたいと思います。たとえば今までの運用はどうなのかということを出していただければ、そこで本当にそうかという議論が可能ですし、地に足がついた形で議論ができるでしょう。それがない状況で抽象的になされてしまうというのは、立法のあり方として妥当ではないと思います。

**川崎**　お二人のご意見はもっともだ、と思います。最近は、立法化の動きが出ると、あれよあれよと言う間に審議が進んでしまって、研究者の方も、なかなか対応ができません。しかし、法律時報八五巻一二号（二〇一三年）に掲載されていますように、『新時代の刑事司法制度』に対する刑事法学者の意見」として一〇三名という多数の刑事法学者の共同意見が公表されました。本日我々が議論したのと基本的に同様の問題意識に立脚した意見ですが、特別部会の委員や幹事の方々には、こうした意見を「異論」として切り捨てず、真摯に向き合ってほしいと思っています。本日はありがとうございました。

〔二〇一三年九月二九日（日）収録〕

第４章
【特別部会の論点と議論】

# 刑事免責制度と被告人の証人適格

高田昭正　立命館大学教授



## 1　共犯者の刑事免責制度

二〇一四年四月三〇日の法制審議会―新時代の刑事司法制度特別部会第26回会議で、「事務当局試案」が公表され、ほぼ最終的な刑事司法改革案が示されることとなった。本稿は、共犯者の刑事免責制度と被告人の真実供述義務に関して、この事務当局試案の内容と問題点を検討する（同年六月一二日の第28回会議で示された試案改訂版でも、右二点に変更はない）。

### 1

特別部会の「時代に即した新たな刑事司法制度の基本構想」（二〇一三年一月一八日、第18回会議）において、

「供述証拠の収集手段を多様化するとともに、その収集を容易化する制度を導入する」ため、①捜査に重要な協力をした被疑者の刑を減免する、②共同被疑者の弁護人と検察官の協議・合意を法制化するとともに、③共犯者証人に対する刑事免責制度を導入する改正提案がなされた。この改正提案は、「作業分科会における検討結果（制度設計に関するたたき台）」（二〇一四年二月二四日、特別部会第23回会議）によりさらに具体化された。事務当局試案の内容は、このたたき台とほぼ同一であった。すなわち、共犯者証人に対し、憲法三八条一項の自己負罪拒否特権を否定し、「自己が刑事訴追を受け、又は有罪判決を受けるおそれのある証言」を強制するとともに、「証人の刑事事件において、これらを証人に不利益な証拠とすることができない」という派生使用免責を与える。検察官は、「関係する犯罪の軽重及び情状、当該事項についての証言の重要性その他の事情を考慮して必要と認めるとき」、派生使用免責を伴う証人尋問を請求し、この請求を受けて裁判所が免責決定を行う。たたき台と事務当局試案の重要な違いは、「第1回公判期日前の証人尋問」を刑事免責制度の埒外においたことであった。第1回公判期日前の刑事免責については、「その要件が不明確であるなど、これに消極的な意見が多く示された」ため、事務当局試案から除外されたという。

第1回公判期日前に検察官が請求する証人尋問（刑訴法二二六条、二二七条）に、被疑者・被告人や弁護人は、裁判官の許可がない限り、立ち会えない（刑訴法二二八条二項、最決昭和28・4・25刑集七巻四号八七六頁）。たとえ立会いが許されても、起訴前の証拠開示がないため、実効的な反対尋問は行えない。反対尋問がないか不十分なまま、裁判官面前調書は不一致供述などの要件（刑訴法三二一条一項一号）の下で容易に証拠として許容され、強い証明力を与えられる。刑事免責制度の問題性が最も顕著に現れるのが、捜査段階の証人尋問における共犯者証人の免責だといえた。この点の改正提案が、特別部会の審議により棚上げされたことは一定評価できる。

**2**　しかし、公判段階における共犯者証人の刑事免責制度自体について、その問題性はやはり大きいといわねばならない。

特別部会の審議では、派生使用免責を与えることにより、共犯者証人の自己負罪供述の「不利益性」が否定され、憲法三八条一項違反（自己負罪拒否特権の侵害）はないとされたり、検察官の請求により一方的に刑事免責を与える以上、検察官と共犯者証人の「交渉」が行われる余地もないとされた。だが、それらは表層的な議論だといわねばならない。

共犯者である共同被疑者・共同被告人には、本来、当事者的地位を保障しなければならない。しかし、実務では、共同被疑者・共同被告人も参考人や証人という証拠方法たる地位が強制される（最判昭和36・2・23刑集一五巻二号三九六頁、最判昭和35・9・9刑集一四巻一一号一四七七頁）。今回の刑事司法改革で、共犯者証人は、憲法三八条一項の自己負罪拒否特権さえ否定されるものとなる。共犯者に対し、一切の供述拒否権をもたない裸の証拠方法となることが強制される。当事者的地位を全否定する、そのような強制の過程に、共犯者証人はおよそ主体的に関与できない。

また、共犯者供述は、従来、重大な誤判原因と捉えられてきた。共犯者供述に内在する危険は、共犯者が捜査機関の予断（捜査機関が描く事件のストーリー）に誘導され、また、捜査機関の予断に共犯者も自ら迎合して、自己の罪責を他の者（被疑者・被告人）に転嫁する点にあった。そのような危険自体は、共犯者証人に対し一方的に派生使用免責を与え、自己負罪供述を義務づけることによって消滅するものでない。むしろ、実質的に刑事訴追自体を免除されるため、「誘導に応じる利益」「迎合への誘因」はより強いものとなる。すなわち、検察官が派生使用免責を求めるかどうか判断する過程、検察官が共犯者証人の供述内容を確認する過程で、一種の取引（誘導や迎合を内在させた取引）が行われるおそれは大きいといわねばならない。

このような共犯者証人の刑事免責について、免責決定を行う裁判所がその「相当性」をチェックすることも行われない。共犯者証人に対し免責決定を下すさい、いわゆる巻き込みの危険のほか、共犯者の不訴追による社会的不利益、共犯者自身の供述の自由の侵害などを考慮する相当性判断を、裁判所が行うことは司法機関としての本来的責務のはずであった。しかし、刑事免責は共犯者自身に利益なはずだという形式的理由で、そのような相当性判断の意義・必要は切り捨てられた感がある。

当事者的地位を全否定する刑事免責を与えられ、捜査機関・訴追機関に対する迎合（迎合の結果としての、巻き込み供述）が強く懸念される共犯者証人の供述に対し、被告人を誤判の危険から守るための制度的保障、たとえば、共犯者の取調べを全面可視化する、補強証拠を要求し有罪の条件とするなどの措置は、今回の改正提案では検討の具体的俎上に載せられなかった。

実体的真実を発見するうえで、共犯者証人の供述を効率的に確保することがもたらす利益だけを重視した結果が、今回の刑事免責制度の導入であり、賛成することはできない。

## ２　被告人の真実供述義務

**1**　上述の基本構想では、「司法の機能を妨害する行為」に対処し、「公判廷に顕出される証拠が真正なものであることを担保するための方策」として、出頭義務違反（刑訴法一五一条）、宣誓・証言拒絶（刑訴法一六一条）、証拠隠滅（刑法一〇四条）、犯人蔵匿（刑法一〇三条）、証人等威迫（刑法一〇五条の二）などの各罪について、法定刑を引き上げ重罰化するほか、被告人に証人適格を認め偽証罪の制裁の下で証言させることが構想された。すなわち、基本構想では、黙秘権を保障されつつ法廷での供述がすべて証拠になる被告人質問制度（刑訴法三一一条）の現状について、「中途半端な被告人供述の取扱い」として批判された。そのため、「被告人が公判廷で虚偽の供述をしても何ら処罰を受けないままとするのでは、新たな刑事司法制度がより充実した公判審理を指向するとしても、被告人の捜査段階における供述調書への過度の依存を改めることはできない」という理由から、被告人質問制度を廃止するとともに、被告人の虚偽供述を処罰するため、被告人に証人適格を認めることが改正提案とされた。

この改正提案に対する特別部会の審議では、①被告人が真実の供述をしても、信用性を否定され有罪判決を下されたときは、重ねて偽証罪でも処罰されることを懸念しなければならない、②そのような懸念をもった被告人は公判審理で黙秘するほかなくなる、③被告人が真実の供述をするべきだとしても、虚偽供述を処罰までする具体的必要性は認められない、④実務では被告人の明らかな虚偽供述は、真摯な反省がない徴表として、量刑上不利益に考慮されており、一定の抑止になっているなどの批判がなされた。

このような審議を踏まえ、事務当局試案では、被告人の証人尋問制度の導入が見送られた。ただし、刑事訴訟法三一一条に「被告人は、虚偽の事実の供述をしてはならない」、「裁判長が、刑事訴訟法第二九一条第三項又は第三一六条の九第三項の規定による告知をするときは、併せて虚偽の事実の陳述をしてはならない旨を告知しなければならない」という規定を追加するものとされた。しかし、被告人の真実供述義務の立法化は、裁判所が虚偽の供述と認定したとき、義務違反が自動的に量刑上不利益に考慮されないか、被告人に強く懸念させるものとなる。被告人が萎縮し、供述自体を控えるとき、供述の自由は事実上損なわれる。それだけでなく、被告人の真実供述義務には構造的疑問もある（二〇一四年七月九日の第30回会議で特別部会の最終意見とされた「新たな刑事司法制度の構築についての調査審議の結果【案】」では、被告人の真実供述義務の提案部分が削除された）。

## 2　現行の被告人質問の意義・機能について、被告人供述の証拠化の手続と捉えつつも、基本構想のような証人尋

問「純化」論に与さず、被告人が積極的に求めた場合に限って質問手続を行うべきだという論者もある。実務上、被告人が黙秘権を行使しても、裁判所の職権により被告人質問が「強制」される現状を疑問とするためであった（三島聡「公判手続における被告人の地位――被告人の公判供述をめぐって」村井敏邦先生古稀記念論文集『人権の刑事法学』〔日本評論社、二〇一一年〕五二九頁）。しかし、「終始沈黙し、又は個々の質問に対し、供述を拒むことができる」と定め、「被告人が任意に供述をする場合」に裁判長の職権質問を認める刑事訴訟法三一一条一、二項の趣旨に鑑みれば、黙秘権の実効的保障こそ被告人質問の条件とされており、それゆえ、裁判所による職権質問の「強制」が許されてはならない。立ち会う弁護人も、そのような強制を阻止する。黙秘権の実効的保障を条件とする被告人質問の手続は、被告人に当事者的地位を保障しつつ、公判廷の供述を証拠化する手段を与えるモデルとして、積極的に評価すべきである。このような被告人質問において、事務当局試案のように真実供述義務を課すことは、被告人に対し、当事者的地位よりも証拠方法としての地位が優越するというにひとしい。真実供述義務は被告人の当事者的地位を大きく損なうといわねばならない。

## 3　まとめに代えて

**1**　今回の刑事司法改革では、起訴前の取調べを偏重する刑事手続のあり方を改革することが基本課題のはずであった。その観点からは、取調べ偏重の刑事手続が被疑者・被告人の人権と尊厳を侵害するという認識を共有し、立会いなどによる弁護人の実効的援助なしに捜査機関と被疑者が対峙するわが国の取調べのあり方自体について、改革の俎上に載せられるべきであった。それにもかかわらず、基本構想や特別部会の審議では、改革課題が、捜査機関の取調べ以外の効率的供述獲得方法を創設することに求められ、同時に、取調べ偏重につながるという理由から、取調べ可視化や弁護人立会いに懐疑的立場をとるものに「変質」されていった感がある（ちなみに、取調べ可視化や弁護人立会いは、取調べ重視の方策でなく、取調べの意義・機能を制限する適正化方策と捉えられねばならない）。

**2**　そのような変質を阻止できなかったのは、被疑者・被告人の黙秘権やその当事者的地位に対する深い理解が共有されなかったことが主原因といわねばならない。黙秘権と当事者的地位の実効的保障を目指すとき、被疑者・被告人の地位について、供述を引き出す証拠方法的地位に「純化」することがあってはならない。言い換えれば、供述の証拠化は、あくまで被疑者・被告人の主体的権利として認められるべきことであり、被疑者・被告人が自ら決定して供述した場合にしか認められてはならない。それが、現在の取調べ偏重の刑事手続に対し、共有されるべき改革のビジョンでなければならなかった。この改革のビジョンからは、取調べの全面可視化や弁護人立会いが必要とされるほか、さらに、黙秘権行使の効果を取調べの中止や取調べ自体の拒絶にまで及ぼすこと、弁護権の実効的保障のため起訴前証拠開示を実現することなども、具体的な改革の俎上に載せられねばならなかった。

**3**　しかし、特別部会の審議において、そのようなビジョンは共有されず、取調べ可視化を除き、弁護人立会いや起訴前証拠開示などの改革は置き去りにされた。反対に、被疑者・被告人を単純に証拠方法とする改革が実現されようとしている。そのような改革の中に、被告人の真実供述義務の改正提案が位置づけられた。また、共犯者について、共同被疑者・共同被告人としての当事者的地位を全否定し、参考人・証人という証拠方法的地位に特化させる刑事免責制度が導入されようとしている。特別部会の審議の最終段階においてなお、改革のビジョン自体を根底から練り直し、共有することが必要だったと強く思う。

（たかだ・あきまさ）

第4章

# 【鼎談】刑事免責・証人適格

福島　至　龍谷大学教授
神　洋明　弁護士
高田昭正　立命館大学教授（司会）



## 1　はじめに――刑事免責、被告人の証人適格

**高田**　今回は、連続鼎談の最終回として、刑事免責・証人適格の問題を取り上げたいと思います。高田が進行役を務めさせていただきます。現在、立命館大学の法科大学院に所属しております。

二〇一三年一月に、法制審議会―新時代の刑事司法制度特別部会から「時代に即した新たな刑事司法制度

の基本構想」（以下、「基本構想」）が発表されております。この基本構想が提案する改革案は多岐にわたるもので、その一つが、刑事免責や被告人の証人適格を制度化しようというものです。

刑事免責の問題は、具体的には共犯者に対し裁判所の命令で自己負罪供述を強制できるとともに、その共犯者の供述に使用免責を与えようというものです。証人適格の問題は、被告人に証人適格を肯定して被告人の供述を獲得した上で、偽証罪で処罰可能にするというものです。基本構想は取調べへの過度の依存からの脱却を標榜するものですけれども、なぜこういう供述重視の提案が行われるのか。さらに、刑事免責や証人適格の制度化には憲法問題、すなわち黙秘権問題が立ちふさがるはずであって、基本構想、あるいはその後の作業分科会等でどのような議論がなされたのかを明らかにしていただき、問題点を深めることができればと思います。

## ２　基本構想の議論内容

**高田**　まず神さんの方から、基本構想までの議論と、刑事免責、被告人の証人適格の立法提案の位置付け、そういったものをお出しいただければと思います。

### １　特別部会における全体的議論

**神**　第一東京弁護士会所属の弁護士です。一九七九年に弁護士登録をし、日弁連では、三〇年以上にわたり、一貫して、刑事法制委員会（前身は「刑法『改正』阻止実行委員会）に所属して、法制審議会の委員・幹事も務めてきました。

今回の特別部会は、最初の段階ではフリートーキングで、ほとんどと言っていいほどいろいろなテーマの捜査・公判の問題点が挙げられていました。しかし、最終的な基本構想では、その中から一部のテーマだけが取り上げられるだけにとどまりました。二〇一三年三月以降は、その基本構想を元にした細目の検討が作業分科会で行われ、途中に特別部会を挟みながら、目下最後の作業分科会がなされているというのが現在の状況です。

この特別部会は、大阪地検特捜部の検事の証拠改ざん事件を契機として設けられた検察の在り方検討会議の提言を受けて発足していますから、新たな刑事司法の制度として取調べの可視化など適正手続の下での事案の解明と刑罰法令の適正かつ迅速な適用がなされる方策や、さらにはそれと一体をなすものとして誤判の防止という役割を果たせるようなものを作ろうという点では私たち日弁連も異存はなかったものです。しかし、基本構想を子細に見てみると、いわゆる日本における取調実務というものが、今までわが国の良好な治安を保つために一定の役割を果たしてきて国民の信頼を得ていたという観点の下に、今回の不祥事は、従来の日本的な取調べというものが度を過ぎたためにたまたま起こったという認識に止まっています。そのことが「取調べや供述調書に過度に依存しない」という言葉に表れています。つまり、取調べそのものにメスを入れるというスタンスがない形で基本構想が作られ、これが議論されています。そのために、基本構想では、従来型の日本的な取調べを維持することを前提に、弁護人の取調立会いは埒外に置かれることになってしまっています。このことは、特別部会が始まった早い段階からの私の感触としても、法務検察当局の既定路線であったと思われます。

今回のテーマの刑事免責は、協議・合意制度や実体法上の減免規定と合わせた形で検察が強く導入の主張をしてきた制度です。このような主張をしてきた背景には、取調べ状況がある程度きちんと録音・録画されてしまうと、従来は、私たち弁護人にも正確に知らされていなかった問題のある手法がとれなくなるという意味で、取調べがしにくくなる。そういう観点が一点。もう一点は、国民の意識がかなり向上してきたことから、裁判をするということの意味や捜査・取調べにどう対処すべきかということが被疑者・被告人にもわかってきたために、黙秘する案件が多くなったり、取調べにおいても捜査機関の質問に対して被疑者が素直に「はい」という形にはならないようになったということが挙げられると思います。この二点から新しい制度が必要だという論法の一つとして生まれたのが、刑事免責を含めた三つの制度です。同様の趣旨で、警察から強く求められているのが、すでにこの連続鼎談（本書第1部第3章収録）でも取り上げられている通信傍受の拡大や会話傍受の創設です。

他方、被告人の証人適格、すなわち被告人に偽証の制裁の下で証言させる制度というのは、特に裁判員裁判において国民が裁判に関わるようになってきたときに、法廷では、被告人にも真実を述べてもらわないと、裁判員にはわかりにくくなるので、宣誓をした上で、きちんと証言してもらうことによって、公判廷における供述を信用性の高いものにしたいという考えから検察側や犯罪被害者側が提案して基本構想に入れられたものだと私は理解しております。

## 2　立法提案と理論的問題点

**高田**　特別部会における議論を紹介していただいたのですが、福島さんの方から、理論的な検討や学界における議論などを踏まえて問題点を指摘していただければと思います。

**福島**　龍谷大学法科大学院の福島至です。専門は刑事法です。大学では、矯正・保護総合センター長も務めています。

いろいろ新聞報道でなされているところですが、特別部会は、当初の検察の在り方検討会議からすると、取調べの抜本的改革を回避し、流れがおかしくなったのではないかという批判が一つあります。加えてもう一つの批判は、新たな捜査手法の導入とか、従来の取調べができなくなることの、いわば代償措置として、刑事免責等の立法提案が出されたことに向けられています。これらの提案は、見方によっては、かなりアメリカ型の刑事訴訟をモデルにした提案です。しかし、それを全部取り入れるのではなくて、一部取り入れていくという流れであるように思います。特別部会や分科会の発言を聞いていて、特にそういう印象を持ちました。

さて、理論的な問題ですが、基本的に私が申し上げたいのは、日本の刑事訴訟というか、刑事手続の特徴をどう見るのかに関わる視点です。先ほど、村木さんの事件における証拠の改ざんの話が出てまいりました。そこから、今回の改革の話が出てきている、いわば原点です。この事件では、検察官が非常に強い権限をもっている中で、それが恣意的に行使され、証拠の改ざんとかが行われたわけです。日本の検察官は非常に強大な権限をもっています。特に訴追裁量権が非常に広い。手続の各段階で関わる。捜査段階で取調べに関わり、公訴提起について決定し、公判遂行にも関わる。

問題の所在をこのように押さえた場合、たとえば村木さんの事件の証拠の改ざん問題を原点にして考えてみると、本来的には、検察官のいろいろな権限行使をどうコントロールするのかということが、今回の改革の一つの大きな目標であるべきなのだと思います。もちろん取調べの可視化は一つの改革目標として出てくると思うのですが、検察官の権限というものに対して、それをどう適正なものとして行使させていくのか、そういう問題意識をもつべきだと思っています。これは学界でもずっと議論してきたところであるわけです。

そこで刑事免責など立法提案のお話に入りますけれども、いろいろ考えてみますと、これらは検察官の権限を強くするといいますか、広くするという流れに位置付けられるのではないだろうかと私は見ています。たとえば、共犯関係にある一方の人については何とか証言してもらって、他の一人の被告人について有罪に持ち込みたいと考える場合がある。その場合に、今回の立法提案によって刑事免責の手段が設けられれば、検察官への新たなオプションの提供ということになる。しかし、その立法提案は検察官の権限を拡大することを意味し、先に述べた今回の改革のあるべき目標とは逆行するものと考えられるのではないか。私はそういうふうに見ています。

もう一つの憲法問題ですが、刑事免責につきましてはご承知のように一九九五年でしたか、ロッキード事件最高裁大法廷判決が、刑事免責それ自体がおよそ違憲であるとは判断しなかったわけです。したがって、憲法適合的な刑事免責があり得るということは、大筋としては認められるのかもしれない。しかし、実際にどのような制度設計をするのか、提案内容によっては、憲法違反ということがあり得るのではないかと思います。それには、刑事免責を受けて証言をする人の黙秘権の保障の側面が一つ。もう一つは、その証言によって有罪に持ち込まれる被告人の証言者に対する反対尋問権の保障の側面があるのではないかと思っています。特に後者の側面については、第一審公判前の証人尋問にも刑事免責が適用されるというようなことが考えられていますので、大きな問題をはらむのではないかと思っています。

## 3　刑事免責制度の検討

### 1　立法提案の意味

**高田**　刑事免責の問題をかなり取り上げていただきました。刑事免責の問題では最後に福島さんがおっしゃった、第一回公判期日前の証人尋問にも刑事免責制度を導入するということがある。これも確かに検察官の請求を必要とするため、検察官の権限強化につながる制度ではあるのですが、大きく警察の捜査権限を強化する制度にもなり得るものです。しかも、第一回公判期日前の証人尋問には弁護人の立会いがない。もちろん証拠開示もない。その上で、証人尋問の結果は刑訴法三二一条の一項一号書面として許容される。そのような制度として立法されたときは、大きな問題が生ずるだろうと思います。

刑事免責については、起訴後の公判段階での刑事免責と、第一回公判期日前の、特に捜査段階の刑事免責のいずれも同じ比重が与えられているのでしょうか。あるいは、検察側としては、第一回公判期日前の、捜査の手段でもある証人尋問における刑事免責の導入をむしろねらいとして考えているのではないか。そのあたりは、神さんはいかがお考えですか。

**神**　作業分科会の具体的な議論としては、第一回公判期日前というのは捜査段階も当然含むという前提で始められていますが、その点は、後でお話するように、その請求要件をどうするかという議論でなされていま す。

刑事免責については、先ほどのお話にも出てきた現行刑訴法二二六条、二二五条の運用だって、事実上、私たち弁護人には立会権を認められていませんし、仮に立会いを認められて反対尋問をするにしても、証拠開示もなされていないので、結局、違法・不当な尋問がなされたときにそれを是正することぐらいしかできないのが現状です。反対尋問が実効的に機能できないことからも日弁連としては、刑事免責の導入にはかなり否定的です。

作業分科会の議論では、福島さんが懸念されているように、刑事免責を請求する場合のたたき台の当初原案の要件については捜査段階に関してもっと広い意味合いのものを対象としようとしていました。すなわち二〇一三年五月の第3回の原案では、単なる「証言拒絶」だけではなくて、「証言拒絶の恐れ」と、「虚偽もしくは不十分な供述をし、またその恐れのある場合」の三つのパターンを想定していました。議論の過程では、後者の二つのパターンは認定が難しいとして、基本は「証言拒絶」ではないだろうかという意見が裁判所を含めて多かったと思っています。しかし、二〇一三年九月の第6回の作業分科会での議論を経てこの枠組みが少し変わってきました。すなわち、「証言拒絶」のほかに、捜査段階を想定した別案の「証人尋問を請求するにあたり、尋問すべき事項に証人が刑事訴追を受け、または有罪判決を受ける恐れがある事項が含まれる場合」とする案が出てきました。他にも要件があるもののこれでいいのかどうかは疑問ですね。

刑事免責については、これに加えて、裁判所がどう関与するのかという問題も議論されています。裁判所は、刑事免責制度を利用して自己負罪拒否特権を失わせてまで証言していいかどうかの判断をどこまでするのかということです。

裁判所は、適式性しか判断できないと主張しているのですが、それではちょっと問題があるのではないかと思っています。そこで、後藤昭委員や私たちは、適式性だけでなく、必要性や相当性まで立ち入って実質的に判断すべきではないかという意見を述べています。しかし、二〇一三年一一月七日に開かれた特別部会の議論では、裁判所の委員から、刑の減免制度や協議・合意制度には反対だが、適式性の判断だけならワークするので基本的に賛成という意見が出ているので予断を許しません。

いずれにしても私たち日弁連とすれば、この制度は巻き込み供述の恐れがほかの二つの制度と同じようにあり得るので絶対反対だと言っています。

**高田**　今回の刑事免責制度自体に反対ですけれども、次善の策として捉える限り、裁判所は必要性まで実質的に判断すべきだという方向の考えに肯けるものがあります。もっとも、証言拒絶があった場合に刑事免責を限定しますと、裁判所としてはある意味で必要性の判断というのは、定型的にできるといえば、できなくはないわけですよね。つまり、裁判所側は必要性を判断するという建前の下で定型的に刑事免責を適用するというような、もしそういう運用になったとしたら、私は、それはそれで問題はつづくと思うんです。というのも、結局、適式な請求さえあれば刑事免責を認めるというように、裁判所がそういう意味で本当に形式的な関与しかしないことにつながり、本当にそれでいいのか、しかも第一回公判期日前の、捜査段階のそれも含めて、本当にいいのかと思うからです。そうなってしまっては、先ほど福島さんがおっしゃったように単なる検察官の権限強化、あるいは、警察の捜査権限の強化にしかならないのではないか。そういう議論と結び付かざるを得ないと思うのです。

## 2　刑事免責制度は機能するのか

**福島**　刑事免責の話は、いま共犯者の供述という文脈で出てきて、やはりアメリカをモデルに話が進んでいると思うんですね。ただこれは、議論の中でも出てきますけれども、証人保護とかいうこととはまた別の文脈で出てくるので、必ずしも証人保護としては十分ではないような制度設計になっています。見ていて、何か中途半端なような感じがする。

それから、具体的に提案を進めていってもし実現しても、実際動かない可能性がある。刑事免責が適用される場合というのは、ほとんどないのではないか。そういう感じもします。そのあたりは先ほど来、制度設計の範囲がだんだん狭まってきているというお話を伺ったのですが、実際に特別部会に出ておられてどのような感じですか。

**神**　少なくともこれは、警察としても決して喜んでいる制度ではないですよね。特に警察が一番気にしているのは、たとえば暴力団関係で命がねらわれているという者が証言を拒絶している場合です。重要な証人であって、別に首魁がいる。首魁を立件するためにはどうしても証言が欲しいという場合に、それをやられちゃうと困るというわけです。警察側は、その際に、福島さんがまさにおっしゃられたその証人を保護するだけのきちっとした制度ができていないので、それはやれないと言っています。その辺になると法務検察当局の方も、その場合については、刑事免責を得てまで証言をさせる証人にするかどうかというのはトータルで判断するから、場合によってはそういう人についてはやらないでしょうと防戦を張る意見を出してきます。そういう意味では、作っても、どの場面でうまく機能するのかという形がよく見えてこない部分がありますね。

**福島**　先ほど私は、日本の刑事システムの改革課題は、検察官の権限行使を適正なものにするために、どうコントロールするかというところにあると思うとお話ししました。

その延長で、さらに付け加えます。共犯者の片方が証言拒絶をしているので、その者に刑事免責を与えるとする。他方については、有罪を追及する被告人、つまりたとえば主犯だとする。このようにして両者を峻別するプロセスが、外からわからないわけです。どうしてこちらの人に刑事免責を与えたのか、そこにはアメリカでもダーティーなものがある。検察官の権限行使が、外からのコントロールが及ばないような裏でやられてしまう。コントロールが及ばないものがまた広がってしまうのではないかというのが、私の危惧なんですよね。

だから、その辺について、適正さ、デュープロセスをどう確保するのかという手当てが出てこないと、にわかに刑事免責を導入するというわけにはいかないだろう。そういう意味では、裁判所の方でも、単に適式な刑事免責であるかどうかの判断だけではなくて、中身がどうかという判断に関心をもたざるを得ない。

司法取引の場合と、同じことが言えると思います。それが適正に行われる保障があればまだしも、基本的には外からは窺い知れない手続になっている。さらに、刑事免責が、第一回公判期日前ということになると全くコントロールが及ばないので、先ほど言った改革課題から考えると、やはりそれには真っ向から反するのではないか。ちょっとそんな思いがしております。

## 3 刑事免責と黙秘権侵害

**高田** 引きつづき黙秘権問題に言及していただければと思います。今回、刑事免責で考えられているのは、検察官が請求して、裁判官がいわば共犯者に証言を命令、強制する。そのときに包括的供述拒否権、いわゆる黙秘権は放棄させる。共犯者自身の刑事事件における使用免責と引き換えに、黙秘権の放棄を強制するわけです。だから、刑事訴訟法一四六条による証言拒絶は認めない。

この制度について特別部会の中での議論では、これは黙秘権の侵害には当たらないのだとされた。つまり、決して不利益を課すわけではない、黙秘権を放棄させて、むしろ派生的な使用免責を与えるわけだから、本人にとって利益である。共犯者自身の自己負罪供述を強制することになっても、使用免責を与える以上、不利益を課すものにならない。だから、黙秘権を侵害しないとされた。

しかし、一方で私などは、本来、共犯者についても包括的供述拒否権を保障すべきであり、証言台に立つこと自体を拒否できるというものでなければならないと思いますので、今回の証言強制は、その権利を侵害するはずだと思う。その点で、供述に対する主体的決定権を侵害する。だから、黙秘権侵害というふうに捉えるべきではないかと思うんです。神さん、そのあたりはいかがですか。

**神**　作業分科会では今、高田さんがおっしゃられたように、当該証人に不利益を与えるのではなくて、その証言内容そのものはむしろ、当該証人の犯罪事実認定に使えないという形で有利なのだからいいじゃないかという議論がされているわけです。私などは、もともと日本の今の現実の取調べというのが、出頭義務だとか、滞留義務だとか、取調べ受忍義務だとかいう形で、有形無形に黙秘権に影響を与えるような制度を当たり前の制度にしている。その延長線上にあると思うんです。したがって、乱暴な言い方をすれば、有利にしているからもう黙秘権なんかなくしてしまってもいいのだ、というふうに法務検察当局は考えているのだろうかと疑いたくなる部分はあります。こういう形の構造というのはどうも納得できないと思っています。

また、仮に使用免責が与えられても、その事実でもって民事訴訟を起こされたりしたときには逃げられないわけですよね。法務検察当局は、それはあくまでも刑事との関係だから、それはそれでいいのだというふうな形で割り切って答えるのですが、私たちからすると、人間ってそんな簡単に割り切って考えられる存在ではないと思っているものですから、やはり黙秘権侵害の可能性は結構あるのではないかと考えています。今までの捜査実務の在り方の延長線上に、こういう制度を入れてもいいのだという発想があるように思えてしょうがないですね。

**福島**　先ほど言いましたように、最高裁では、憲法上、刑事免責はあり得るとしています。しかし、これはあくまでも具体的な制度を前提にした話ではない。だから、およそ刑事免責は憲法違反だとまではいっていないということだと思うんですよね。

ただ、具体的に制度設計をして実施した場合に、公判廷で共犯者なる者が出てきて、刑事免責を受けて、自らの意思で、しゃべったとすると、そこの局面だけを切り出せば、確かにその者の黙秘権侵害ではないかもしれない。ただ、神さんが言われたことと当然結び付くのですが、その前にどういう取調べが行われてきて、どうだったのかというのがわからないで、そこだけを切り取って適正か否かを論じることはできないのではないか。
　そもそも、被疑者取調べなど刑事免責に至るまでの手続を抜本的に変えない限り、刑事免責を用いた最終的な公判廷での証言のところだけを取り上げるのは、かなり局所的なというか、いいとこ取りの議論のように思います。

**神**　そんな感じがしますね。

**福島**　むしろそこまで刑事免責を導入したいのなら、参考人も含めて取調べ過程を全部可視化して、プロセスのアカウンタビリティを高め、あとで検証可能なようにしておくとか、抜本的な改革のセットにして論じないと、やはり黙秘権などの侵害という問題が大きくなると思います。

## 4　刑事免責のプロセスと弁護権

**高田**　神さんが指摘された巻き込み供述の危険の問題でどのような対処が議論されていたのか。あとは信用性の確保の問題ですが、たとえば補強証拠を要求するとか、そういうような議論がなされているのかどうかです。その点はどんな議論が行われているのか、お聞かせいただけますか。

**神**　作業分科会の中では刑事免責のテーマのところでは補強証拠の議論はされていません。もっとも、後藤昭委員からは、刑の減免制度の議論の際に、協議・合意制度や刑事免責制度を含めた三者に共通するものとして、共犯者供述だけでは犯人性を認定することができない条文の創設という形で、補強法則の提案がなされています。しかし、これに対しては、最高裁判例を変更する立法になるだとか、本人の自白で補強証拠を要する範囲を超える話だとして反対する学者委員からの反論がありました。
　刑事免責における証言の信用性について、法務検察当局は、「これは一種の使用免責を与えるだけで訴追免責ではないから、話せば話すほど免責される範囲が広がってくる。だから、巻き込み供述を誘導したり嘘の供述を誘引するような形の方向には動かない。むしろ嘘を言ってしまえば偽証罪で処罰される方向に行くのだから、ほかのものに比べれば巻き込み供述は少ないはずだ」と説明しています。

**高田**　しかし、共犯者の巻き込み供述というのは本来、捜査機関や訴追側にも利益だし、自己の責任を他の被告人に転嫁するということで共犯者自身にも利益を与える。そういう意味で利害はつねに一致する。利益対利益の関係があって、共犯者の巻き込み供述は検察官にも共犯者自身にも利益になるという特殊な問題がつねに内在しているわけです。

証言強制という方法をとったからといって、この共犯者の供述に内在するそのような問題の実質が消滅することはないはずです。だから、派生的使用免責を与えた共犯者の証言強制には、それも検察官の事件処理の重要な手段とされるわけですから、不当な巻き込み供述の恐れがないとか、さらには取引の恐れがないとかいうのは的外れな気がします。違うかな。

**神**　そうだと思います。高田さんがおっしゃるように、私たちは巻き込み供述の恐れはあるはずだということを強調しています。

**福島**　先ほどの話に戻りますが、その人が選ばれて刑事免責が与えられるというプロセスが全くわからないわけです。そこでどういうオファーが検察官から出され、あるいは被疑者からどういう話がなされているのかがわからない。だから、それが本当に利益対利益の関係なのか。より不利益なことには目をつぶってもらうとか、いろいろなものがあり得ると思う。それが全くわからないわけです。そのプロセスの適正さを確保することなしに、そのあとの刑事免責を構想するという話は成り立たないと思うのです。

**高田**　刑事免責のプロセスにも、たとえば検察官が請求するプロセスに弁護人が関与することは全く考えられていない。要するに利益の制度なのだからということで。

**神**　ええ、考えられていません。

**高田**　その点は、神さんはどんなお考えなのですか。

**神**　弁護人がそのプロセスの中に関わるということであれば、そのときの状況などいろいろな情報を得て、本当に与えられている黙秘権まであえて放棄する形で証言していいかどうかという判断を弁護人ができる可能性があります。そういう意味では単なる適式性の問題以外の部分でプラスのものがあると思うのですが、特別部会の中ではそこに弁護人が関わるということは全く議論されていません。

**福島**　刑事免責を受ける人には、弁護人は要らないというような議論をしている。

**神**　そうですね。刑事免責については、ロッキード事件の判例でも指摘されていた一方だけ処罰して他方を免責するというやり方が国民感情に合うかどうかについては、そんなのは検証のしようがないからということで議論にもならないです。やれるならやろうじゃないかという、そういう雰囲気です。

**福島**　そういう雰囲気では、どうしてもダーティーなものが残ってしまうのではないか。アメリカの実情をいろいろ聞いても、やはりそれは残っています。そこは払拭できないのではないでしょうか。

## 5　刑事免責制度の必要性と有効性

**高田**　英米などでは、使用免責でなく、むしろ訴追免責を与えることが刑事免責の主流です。

**神**　そうですね。

**高田**　つまり、起訴前の捜査段階で訴追免責を与えて供述させる。これに対し、今回の基本構想ではむしろ、起訴後の公判段階での刑事免責というか、使用免責とセットの供述強制ということになっている。なぜそういう形で出てきたのか。流れとしたら、公判中心主義だとか、起訴前の取調べに代わる公判段階での供述獲得手段の拡大とかいうようなことでわかるのですが、どうしても、ねらいは捜査段階の免責にあるのではないかと思ってしまいます。つまり、第1回公判期日前、捜査段階の証人尋問に刑事免責を導入するということが実は隠れたねらいなのではないか。そういう気がどうしてもするのですが、それは考えすぎですか。

**神**　考えすぎということはないと思います。そういう利用のされ方をすることは十分あり得ると思います。そういう法務検察当局によると、アメリカ型の訴追免責の場合は、訴追を免れるので、場合によっては懸念されているように、たとえば誰かを巻き込んだり、あるいはちょっと大袈裟に言ったりして、自分の刑を軽くするようなことを言うことはあるけれども、使用免責にはそういう契機はないということが意見として述べられていますが、都合のいいことを言っている感じがしますね（笑）。

**福島**　中途半端ですね。訴追免責までいくのだったら、まだ本人にとってもメリットがあると思うけど。

**神**　ええ、そうなんです。この特別部会のメンバーは、本格的な議論に入る前に、三班に分かれて、ヨーロッパ（フランス・イタリア）、アメリカ、韓国の視察に行ってきましたが、アメリカでの視察結果によると、刑事免責はほとんど使われていないということでした。やられているのはやはり司法取引だというのです。そこで、私たちは、それでもあえて刑事免責制度も導入したいのかと質問をしたりしたのですが、メニューとしていっぱいあった方がいいというのが法務検察の考えでした。もっとも、検察は、新聞報道がされているように、本当にやりたいのは刑事免責ではなく、やはり協議・合意制度みたいですね。

**高田**　司法取引としての協議・合意制度ですね。

**神**　はい、いわゆる司法取引です。

**福島**　今回の議論は基本的に有罪答弁制度には踏み込まないという前提があるので、その代わりになり得るものとして協議・合意制度が出てきている。刑事免責もその文脈なのかもしれません。ただ、アメリカの場合は、本来的には有罪答弁とセットになっているので、どうしても中途半端というか、そぐわないものになってしまうのでしょうね。

## 4　被告人の証人適格と虚偽供述制裁

### 1　立法提案の意味

**高田**　次に、被告人の証人適格の問題に入らせていただきます。これは、被告人には公判廷でこそ供述させる。しかも、公判廷で虚偽はしゃべらせないというか、本来、虚偽供述は許されないことであるという発想の下で、弁護人の請求があれば、証人適格を認めて被告人に供述をさせる。ただし、偽証罪の制裁をきちんと科す。つまり、被告人は公判廷で信用性の高い供述をしなさい、だから、被告人は証人として法廷に立つことを決意しなさいという、そういう制度だと思います。あわせて、従来の三一一条の被告人質問制度は撤廃します。

これはかなりドラスティックな改革だと思うのですけれど、一方で弁護人立会いはドラスティックな改革にすぎるから認めないといいながら、なぜこういう改革を認めてしまうのかわからないところもあります。神さん、ご議論をされていてどんなふうなお考えでしょうか。

**神**　被告人の虚偽供述の制裁という問題は、私たち弁護人が今まで行ってきた被告人質問を本当にバサッと切ってしまうわけです。今まであの被告人質問というのは、融通無碍だったかもしれないけれどもそれなりにいろいろなことができた。被告人が裁かれる上で、多少は誇大に言ったり、言いたいことを言えるという役割がありました。その上で実刑だ、あるいは有罪だということになっても、ある種の納得できる部分があった。この制度ではたぶん、「何で俺はこうなったのか、一言も俺の言うことを聴かないで」ということになりかねない。ちょっと変な制度です。だから、裁判所から来ている委員からも「この提案は、被告人質問を廃止するというところがミソで、そうなれば法廷の風景は劇変し、別のものになる」、「被疑者は嘘を言うかもしれないが、10しゃべって10嘘をつくわけではなく、8～9は本当のことを言っている」という意見が出されています。

嘘を見抜いたり、反対尋問でやればある程度のことができるのに、その機会をみんな奪ってしまってやると、被告人そのものが萎縮してしまって、ほとんど話さないということが想定されることもあり得るわけです、証人にならないということになると。それで本当にいいのかどうか。裁判員裁判になってくると、裁判員という一般国民の前で、被告人が証拠となり得ることを何も語れないで終わってしまう。これはあまりにもドラスティックな制度だと思います。

## ２　刑事訴訟法の被告人像

**高田**　特別部会の議論の中では、現在の被告人質問制度はとても中途半端だという言い方をされています。主張を出すのか、供述を証拠として出す機会なのか、それがごっちゃになっていて中途半端であると。被告人質問の制度について、神さんは実務上意義はあると言われているわけですが、福島さん、まず被告人質問の現状、評価について、いかがですか。

**福島**　どこからお話していいかわかりませんが、特別部会では、現在の被告人質問は中途半端であるという評価がされたり、被告人は嘘つきだという指摘がなされています。

まず前者の中途半端ということです。どう表現するかは別にして、手続が二分されていないために、事実認定の問題と情状事実の問題とがひとつの被告人質問の中で行われる。これが今の日本の刑事裁判のやり方で、中途半端という評価はそこから来ているのではないかと思います。

**神**　そうですね。

**福島**　中途半端というけれども、両方混ざるのは不可避ではないか。事実認定に関連した話と、情状の関係の話と、一緒に被告人質問の中でやるわけですから、やはりいろいろなものが混ざってくる。それを中途半端というのか、ハイブリッドなものというのか（笑）。それは表現の問題であって、やはり不可避なのでしょう。だからそういうネガティブな表現を、軽々にすべきものではないと思っています。

もう一つ、被告人は嘘つきだという見方ですね。私は今回の改革問題でのいろいろな議論を聞いていてとても違和感があるのは、被疑者とか被告人を、強い人間像で捉えている点です。たとえば自分で証言台に立ちます、偽証罪に問われてもやむを得ませんと言って堂々と発言することができる人たち、そういう人間像だけを考えているのではないか。そこに私はとても違和感があります。

黙秘権が最終的に確立してきた過程を振り返ってみ

ましょう。被疑者・被告人は弱い人たちで、自分のことをうまくしゃべることができない。それから、迎合する。コミュニケーション能力がそんなに高くない。そういう人たちの方が多いので――多いのでと言うのもおかしいですけれども――当然そういう人たちのことを視野に入れて、「しゃべらなくていい」というのが、権利として確立してきているのだと思います。それを、言わなきゃ言わなくてもいいとか、言うならちゃんと宣誓して偽証罪の威嚇の下にしゃべりなさいとかいうのは、考えている人間像がズレているという印象があります。そういうことを思うと、そもそもの議論が、本当に新時代の刑事司法制度というものになるのだろうかという思いがあります。

**高田**　日本の刑事訴訟法は、一方で黙秘権を保障しつつ、三一九条で自白排除法則をも保障している。確かに自白排除法則は、不任意な恐れのある自白を排除するという意味で、脅迫されたら嘘を言うとか、強制されたら供述してしまうとか、そういう弱い人を想定しているのだろうと思います。黙秘権の位置付けというのは、理屈でいうとちょっと難しいところがあって、主体性の発露みたいな言い方をする。それで初めて弁護人の援助が十分にあって、それで初めて弁護人に弁護活動を任せられるからこそ黙秘ができるというか、黙秘が許される。要するに、防御の方法としてしゃべる必要はない、黙してもいい。

そういう捉え方をすると、黙秘権が想定する人間像というのも、実は、弁護人の援助を絶対必要とする弱い人たちです。そのように黙秘権や自白排除法則について、今の刑事訴訟法が想定している人間像に鑑みたとき、弁護人の請求によるとしても、証人として供述するか、黙秘するかどうか、そういう二者択一を被告人自身に決定させるという制度が本当に機能するのか、あるいは新時代に対応したものかどうかについては、私も福島さんと同様の疑問をもっているところです。

**神**　それは私も、全く同感です。そもそもこの特別部会の出発点には村木事件というのがあったはずです。その村木委員も、黙秘権そのものについて、「そういう権利があることは知っているけど、どういう行使の仕方をしたらよいのか、行使の結果どういう不利益があるのかということがわからないまま捕まって、最初は何をしていいかわからなかった」という趣旨の発言をしています。社会でちゃんとした生活をしてきた有能な女性でも、あの場に行ってしまうと弱い人間になってしまう。そこにアドバイスのできる弁護人がいないというのは非常に問題です。被疑者・被告人は、人間像としては確かに、一般的には弱い存在で、微妙なところで犯罪者に転落したりする人が圧倒的に多いと思います。その人たちを想定するならば、単純に弁護人が被告人にこれを勧めて、「じゃ黙秘権を放棄してでも証言するか」と言えるかというと、かなり難しい選択だと思います。そういう意味では、単にこの制度を作ったところで、弁護人にとっても使い勝手がないのではないかという感じがします。ただ作業分科会の議論では、一般的に自白事件なら使えるだろうという意見があります。しかし、自白事件でも、意図的でないにしろ、結果として、細かいところでは事実と違うことを言うことがあり得るわけです。「ちょっと大袈裟に言って偽証になったらまずいな」という感じになって萎縮すれば証人になることに躊躇することになる。その結果、証人にはならなければ、被告人自身が自発的に自由に発言する場というものが公判廷には保障されない制度になるので、やはりこれはかなり問題だと言わざるを得ないのではないかと思います。

また、被告人が公判廷で何も語らない制度になれば、捜査機関は、捜査で決着をつけようとして、今まで以上に、厳しい取調べをすることも予想されます。それでは、取調べに過度に依存しない捜査・公判の在り方という基本構想の趣旨にも反することにもなります。

## 3　手続二分論による量刑質問制度

**福島**　裁判所から参加しておられる委員の方とか、あるいは元裁判官の委員の方とかは、被告人が証言台に立たなければ、自白事件で被告人から全然話を聞けない場合があり得るということを危惧されています。

**神**　そうですね。

**福島**　これは当然だと思います。それは、先ほど言った手続が二分されていないことと、関係すると思うのです。事実認定については全く争いがなくても、裁判所は情状については、被告人からお話を聞かないと何ともできない。手続を二分していない以上、ひとつの被告人質問で話を聞かなければならないわけです。

特に新時代ということを考えてくると、今、政府は数値目標を掲げて、二〇％再犯率を下げるとしている。その文脈の中で、村木さんがいま次官をされている厚労省と法務省は連携しつつあります。刑務所にいる人の中には高齢者とか障害者とかが多いとか、いろいろな指摘がされています。そもそもコミュニケーションがうまくいかない人をどうやって社会復帰させていくか。いま政府としてはそれを一つ掲げているわけです。こういう流れが新しい時代のものだとすると、これにそぐわないような刑事手続であってはいけない。そういった観点からの検討が、いま特別部会では全く行われていません。コミュニケーションのうまくできない被告人に対し、証言台に立たなければだめだというような話は、おそらく相矛盾し成り立ちいかないと思います。

それこそいまは、争わない人に対してどうやって処遇プログラムを作り、どうお話を聞いてやっていくかということが一つの政策となっています。この点から考えても、日本の今までの裁判を変えて、事実認定と量刑を分けるべきでしょう。手続を二分した公判手続にして、量刑のところで、処遇プログラムを策定しながら、被告人の話を聞く方向性を模索すべきです。そこでは、「証言台に立たなければお話を聞けません」みたいなことにはならないでしょう。

**神**　私たちも当初から手続二分の問題は主張してきましたが、これは、基本構想から外されてしまいました。しかしながら、私たちは、作業分科会の中の被告人に対する虚偽供述の制裁というテーマの中で、裁判所のほうから被告人の声が聞けないとすると量刑の資料が得られないじゃないかという意見が出された際に、「じゃあ被告人質問とは言わなくてもいいから、量刑質問制度を設けて裁判官なり裁判員なりから質問をさせるとか、こちらが質問をするとか、そういうものを被告人質問の中から切り取って、その部分を制度として作ったらどうか」という提案をしました。しかし、これに対しては、「これは基本構想の枠から外れるから意見として聞いておきます」とされ、無視されてしまいました（笑）。

**神**　そうですね。

**福島**　一方の福祉との連携の流れからすると、たぶんこれでは何とも動かなくなってしまうと思います。

## 4　被告人供述の現実から見た問題

**高田**　特別部会の議論で気になったのは、要するに被告人は法廷で嘘をつき放題だという議論があるのです。それはものを言えない被害者と比較してとても不公平だということがあるのですが、そもそも私はそういう被告人像について疑問がある。というのも、確かに被害者の方の話を聞きますと、捜査段階で一番問題とされるのは、捜査機関が被疑者と通じて、被害者に落ち度があるような事件処理をするということです。それは被疑者が計算高くていくらでも口からでたらめを言うというのではなくて、むしろある種、構造的問題というか、被疑者が捜査機関に迎合する形で事件を作り上げる。そういう事件処理が行われているのではないか。そうだとすると、それは被告人が法廷で勝手なことを言っているのではなくて、実は捜査機関あるいは訴追機関と実質的な連携があってしゃべっていることではないかという気がします。そういう問題を本当に解決するには、弁護人の関与を強めて、捜査機関に迎合するとか、そういうことがないようにする。かつ被疑者・被告人が弁護人を介して被害者ともきちんと対話するというか、交渉するというか、そういうことがなされないと本当の問題の解決にならないとは思っています。

ただ、こういう議論はちょっと特殊であって、私の個人的な意見でもあります。

**神**　でも捜査機関というのは、いまだにずっと綿密な捜査をしてストーリーに合ったものを作ろうとするわけだから、それを聞かされた被害者の方もまたそのストーリーが事実だと考えるわけです。ところが私たち弁護人から見ると、それはちょっと違うのではないかということでこちらなりの事実を法廷で素直に述べているのに、被害者からすれば被疑者・被告人が嘘つきだという話になってくる。そういうことは結構あると思います。その辺の問題は、警察なり検察なりの取調べでは、被疑者・被告人の弁解をきちんと踏まえた形で調書が作られていないというところにあるのではないでしょうか。これは、取調べの在り方そのものに関わる問題だと思います。

**福島**　イギリスでも、もちろん被告人が法廷でしゃべるときには、証言台に立つ形になります。しかし、手続は二分されているので、量刑を定める文脈では、基本的には法廷の証言台は関係ないわけです。他国の制度をもってきて、新たな制度として提案するのはいいのですが、その前にどのような前提でその制度があるのかなど、全体を見ないといけない。ある部分だけを切り離して持ち込んでも、それで動くわけではない。本来的には、手続の二分に踏み切ると決めないといけない。そこを変えずに、ある部分だけ他国の制度をもってきても、うまくいかないですね。

あと先ほどの嘘つきの話なのですが、確かに被疑者・被告人がいつも正直にしゃべっているとは思わない。でも、嘘をつかざるを得ないような存在である、あるいは嘘をつかざるを得ないような状況や境遇にある。そんな人間の実像に思いを寄せてケアしていこうというのが、先ほどの福祉との連携を志向するいまの政府の施策なのではないかと思います。だから、嘘をつくというのは許されないことだとしても、なぜ嘘をつくようになっているのだろうというところまで見つめて、考えていくことも必要ではないか。それがどうも特別部会の議論に反映されていない。別々なところでやっているように思える。

**神**　もともと法務省そのものが刑事局と矯正局・保護局で全く違うことをやっているから、連携がうまくとれていないのです。どちらかというと刑事局主導でいろいろやっているけど、最近は、矯正とか保護がいろいろなことをやろうとしていることが、特別部会の中に反映しない。そういう仕組みになっていると思うのです。

**福島**　そうですよね。

**神**　本来、それはあってはいけない。法務省で全体のことを把握してやってもらわないと、いい制度なんか生まれないですよね。

## 5　虚偽供述制裁制度がもたらす弊害

**神**　もっと前に言うべきだったと思いますが、適正な手続がきちんと保障され、同時に冤罪を生まないような制度を作るという観点から言うと、もし検察官が言っている事実が客観的に間違っていた場合には、そこで証言台に立たされてしまうと、自分の信念に基づいて言ったことが検察からみれば嘘になる。そうすると、本罪で有罪になって、偽証で有罪になるという、二重の冤罪事件が起こり得る。その意味でも、私たちは、こんな制度は問題であると言っています。特別部会が設置されたきっかけとなった村木事件を考えても、村木さんが無罪になっていなかったらそういうことだってあり得たのではないですかと言っているわけです。

**福島**　そうですね。しかも、偽証はコンテンプト・オブ・コート（裁判所侮辱）ではなく、刑法犯として扱われます。つまり一方当事者である検察官が、最終的に偽証罪について訴追権限をもっている。特別部会の議論の中で甲山事件における偽証罪の話も出てきましたが、その問題ですよね。最初にも言いましたが、検察官の権限をどう適正なものとしてコントロールするのかが今回の改革課題です。やはり、その観点から見てみることが必要ではないですか。偽証の訴追の問題も、その中で位置付けられるべきではないかと思います。

**神**　そういう議論は全くないですからね（笑）。そのためにはどんな制度が要るのでしょう。

**福島**　基本的には、偽証罪を、検察から切り離すということです。たとえば、裁判所だけが立件できるとする。捜査機関といいますか、その訴訟の場の一方当事者である検察官に、審理の中心に関わる証言をめぐって、他方当事者の訴追権限を与えるということは、もう公判廷が始まっている中では特にアンフェアでしょう。

**神**　そうですよね。この制度では、被告人が当事者から突然、その訴訟の客体というか、証人になってしまうわけですから。

この問題については、証人にならなかったことについて不利益推認の禁止規定を置くかどうかの議論のほか、さらに最後に細かい議論がされています。たとえば二人の被告人がいて、片方の被告人が証人申請をした場合に、もう一人の被告人が相被告を証人申請できるかといったら、これは他人の関係だからできないですよね。そうすると、たとえば自分が事実と考えていたことと違う内容のことを証人となった被告人が証言した場合に、反対尋問的にいろいろなことを尋ねても、そこで述べられた内容は一切、その被告人のための証拠にならない。その手続をその被告人のために使えるようにできないかという問題です。この間の議論では、「今のところ考えられるのは裁判所が職権で一緒にしてやるしかないでしょうね」という意見が出ていましたが、職権で本当にいいのかなと思うわけです。それから、被告人が公判廷ではしゃべらないけれども、情状に関する文書として、被告人自身の供述書で出した場合に、反対尋問が必要かどうかという問題も議論されています。

被告人の供述書は書証として取り調べる。ただ、同意すればいいけれども、同意しなかった場合については反対尋問権を保障しなければ証拠にはならない。そこで「それは別の手続、ビデオリンクか何かで反対尋問をさせることになるんですかね」という形の議論がなされています。その上、証言だけではなくて、公判廷に出す証拠物、あるいは自分の供述書が虚偽の場合についても処罰する必要があるのではないかという議論になってくるので、ますます被告人ががんじがらめの中に追い込まれる。こんな制度はやはりおかしいですよね。

**高田**　そうですね。先ほどの話に戻りますが、被告人質問は、一般的には被告人はかなり真摯に供述している例が多いのではないかと思います。それが中途半端だと非難されておりますが、その理屈でいえば、外国に例のない裁判員制度も中途半端な制度の最たるものです（笑）。

**神**　いや、仮に被告人質問が中途半端だとしても、たぶんその訴訟当事者は何の違和感もなく情状の有無と事実認定の有無をちゃんと分けて議論しているし裁判所も判断している。だから全然不都合はないはずなのです。

**高田**　なるほどね。

## 5　おわりに――今後の議論に期待するもの

**高田**　最後にまとめとして、福島さんから。

**福島**　何度か言っているのですが、今回の特別部会は、新時代の刑事司法制度を構想するということで大きく構えてやっているわけです。ただ、今日お話ししましたように、検察官の権限をどう適正なものとしてコントロールするのか、肥大化した権限をどういうふうに適正なものにしていくのかという、私などが思っている改革課題に十分取り組んでいるとは思えないものがあります。

それから、法務省自身が、刑務所にいる人たちにスポットを当てて、その人たちの社会復帰に真剣に取り組んでいる状況があります。その中で、実際に刑事裁判で被告人になるのはどういう人たちが多いのかということを把握して、福祉との連携とか社会復帰を主導している。しかし、そこで得られた被告人の人間像が、特別部会の議論にはあまり反映されていない。どうも、強い被疑者・被告人像というようなものがあって、アンビバレントというか、相矛盾する感じがするというのが私の強い印象です。被疑者・被告人は弱い人たちであるということから、憲法上多くの権利が保障されていると見るべきですが、私の見る限り、その点での意識がどうも十分とは言えない。まだこのあと特別部会や分科会の会議は残されているようですから、ぜひそういったことを含めて議論していただきたいと思っています。

**高田**　神さん、二つの制度の今後の議論の方向も含めてお願いいします。

**神**　まず、刑事免責制度については、検察側としては、どうも協議・合意制度を何とか制度化したいと考えているようです。ただし、この制度の導入に対しては、裁判所もたとえば求刑意見を低くするといってみても、裁判所はそれに拘束されませんよという形でかなり批判的です。それと警察の関係者なども協議・合意制度については、せっかく調べ上げて送致したものが、弁護士と検事に勝手に料理されるというところがあるので批判的です。検察は、そこのところは警察と検察が意思の疎通がうまくとれるようにすればよいという議論で乗り切ろうとしている。この三つについては、実体法上の減免制度も含めて、委員・幹事の中でまだかなり意見が割れていることになります。だから今後の状況の中では、検察がごり押しすれば協議・合意制度だけはやることになるかもしれないけれども、なかなかそう簡単にはいかないと思います。私は、刑事免責については今回やらないのかなと感じていましたが、前にお話したように裁判所が最近前向きの意見を出したのが気になっています。協議・合意がだめなら、刑事免責だけでもということが全くないとは言えないかもしれません。

それと被告人の虚偽供述に対する制裁ですが、これまた裁判所がかなり懸念を示していて、場外でもいろいろな論文があちこちから出てくる状況なので、日本の刑事裁判を混乱させるようなことが本当にできるのかと思っています。ただ、実は日弁連では、意見が割れていることから、被告人の証人適格問題について意見書がないという現状があります。黙秘権というのは検察官あるいは裁判所から黙秘権を侵害するような形で強制されない権利という意味合いだから、それを本人が積極的に要らないというのであれば、当然認めてもいいのではないかという一部の有力な意見があるのです。しかし、今回特別部会の委員・幹事を務める私たちは、「やはりおかしい制度」という意見を持っているので、これからも、導入をさせない方向でやっていきたいと思っています。

**高田**　基本的に私は、結局、捜査権限や訴追権限の強化に結び付いている議論が紛れ込んでいる気がどうしてもするわけです。一方で、かなり被害者寄りの実体的真実主義のようなものが強く叫ばれている。これも本当にそれを理念にして新時代の刑事司法制度を構築していいのか。そもそも構築できるのかという疑問があります。私はやはり、弁護人立会権の問題がネグレクトされたのが、本当におかしいというか、とても納得ができない。やはりそこをきちんとして、防御権の強化を図らなければ、たとえば刑事免責にしても証人適格の問題にしても、実はそもそも議論することはできないはずだとさえ思います。今からではとても無理でしょうけれど（笑）、弁護権の強化という問題もぜひ何とかできないかと思います。

**神**　おっしゃるとおりだと思います。この基本構想は取調べ供述調書に過度に依存しないということがキーワードになっていますが、過度の問題ではないのではないか。冒頭にもお話したように、日本型の取調べについてメスが入らないというのは不十分だったと思っています。そして、その取調べに楔を打つためにも弁護人の取調べ立会権の保障が必要だったと思っています。

**高田**　それでは、今回の議論はこれで終わります。ありがとうございました。

［二〇一三年一〇月二七日（日）収録］

第2部

# 「新時代の刑事司法制度」の諸構想批判

第1章

# 刑の減免制度、捜査・公判協力型協議・合意制度

笹倉香奈　甲南大学准教授



## 1　はじめに

本章は、法制審議会―新時代の刑事司法制度特別部会（以下、特別部会という）で検討された制度のうち、刑の減免制度および協議・合意制度をあつかう。両者は刑事免責制度とならび、供述証拠の収集手段を「多様化」するための制度である。また、「司法取引」的な制度であると位置づけることができる。[注1]

刑の減免制度は、自己又は他人の犯罪事実を明らかにするための協力をした場合には刑が減免されるという実体法上の規定を設け、それによって被疑者に自発的な供述の動機付けを与えるための制度である。協議・合意制度は、被疑者が他人の犯罪事実を明らかにするための一定の協力をすることと引き換えに、検察官の裁量の範囲内で恩典を与えることに合意することができるという制度である。[注2] 後者は手続上の制度であり、しかも他人の犯罪事実を明らかにするためのものであるとされた点が前者とは異なる。刑の減免制度は、協議・合意制度の基礎をなすものと位置づけられていたが、[注3]「要綱（骨子）」[注4]には結局のところは盛り込まれなかった。

日本では従来から、司法取引を制度として導入するべきであるとの議論が、二つの観点から論じられてきた。[注5] 一つは、新たな捜査手段の獲得と手続の効率化という観点であり、主として捜査機関および訴追側からの司法取引導入論である。もう一つは、日本の刑事手続にはすでに暗黙の取引が存在してきたことを認めた上で、そのことを前提としてルールを明確にして取引を制度化し、手続を適正・公正にすべきであるとの考え方である。特別部会における議論は、どのような流れに位置づけられるのか。本章ではこの点について確認したうえで、導入が提言された協議・合意制度について①「取調べ及び供述調書に過度に依存した捜査・公判の在り方を抜本的に見直す」という特別部会の当初の目的との関係、②虚偽の供述を生み出すおそれはないのか、③被疑者・被告人にとって制度を使う誘因はあるのか、という三つの観点から検討を加える。

## 2　議論経過

司法取引的な二つの制度が浮上したのは、「検察の在り方検討会議」[注6]においてであった。そこでは取調べや供述証拠に過度に依存しない捜査や立証の在り方が問われているとの問題意識が示され、同時に供述証拠の重要性をあらた

めて主張する見解が出された。[注7]

取調べに頼らない供述獲得手段としては、諸外国で行われている刑事免責制度、重要事犯の解明に結びつく情報提供などの捜査協力や犯行暴露に対する訴追猶予・刑の減免制度、司法取引などが紹介された。[注8] また、諸外国では取調べの可視化が行われているものの、そこでは取調べ以外の捜査手法がすべてそろっていることが指摘された。

このような議論を受けて二〇一一年三月三一日に公表された提言『検察の再生に向けて』[注9]では、「供述人に真実の供述をするインセンティブを与える仕組みや虚偽供述に対する制裁を設けてより的確に供述証拠を収集できるようにする」ために、具体的な検討をするべきであるとされた。[注10]

その後、法務大臣による諮問第92号を受けて設置された特別部会では、当初から「取調べ以外の方法による供述証拠の収集の在り方」がひとつの論点とされ、その中で刑の減免制度、捜査・公判協力型協議・合意制度、刑事免責制度がセットで議論された。これらは、「取調べへの過度の依存からの脱却と証拠収集手段の適正化・多様化」を行うためのものであり、「より容易に供述証拠が収集され、公判廷に顕出するため」[注11]に導入を検討するべきであるとされた（「供述調書への過度の依存を改め、より充実した公判審理を実現するための方策」とは別の論点として立てられた）。証拠収集手段の「多様化」が目指され、さらに証拠の中でも供述証拠の収集・利用を容易にすることに力点が置かれたことは明らかである。

## ３　刑の減免制度

刑の減免制度をめぐっては、被疑者・被告人が自主的に事実を述べる動機付けを与えることになるから事案の解明に資すること、[注12] 刑事司法の効率的な運営につながること、[注13] 取調べの録音・録画によって取調べ機能が低下した場合にその代替として導入すべきであること、[注14] 社会や国民意識の変化等に伴って犯人から供述を得ることが困難化しており、犯罪の組織化が進んでいることに対応するためにも自主的に事実を述べる動機付けを与える制度が必要であること[注15]など、導入に積極的な見解が示された。

反面、刑の減軽が行われるか否かが裁判所の判断に委ねられることになるため、自己負罪型の場合には被疑者にとってメリットがあるかは不明であるし、任意的減軽にとどまるとすれば制度として利用されるのか分からないこと、[注16] 黙秘権の放棄を強制することになり虚偽自白のおそれがあること、[注17] 他人の犯罪事実の解明のために行われる場合には引き込みの危険があること、[注18] 取調べの録音・録画や弁護人の立会い、証拠開示等が制度を導入する上での前提になるべきであること、実体法的規定の創設にとどまれば、条文の上でも弁護人の関与などの条件設定ができないこと、[注19] そもそもこのような制度を国民が許容しない可能性があることなど、導入への慎重論が唱えられた。さらに、この制度は実際には供述を得やすくしようとする制度であって、取調べへの依存や供述調書への依存からの脱却にはつながらないのではないかとの根本的な懸念も示された。[注20]

特別部会及び分科会では、①対象犯罪、②刑の減免を認めるのは犯罪解明のために重要と認められる協力に限定するか、③他人の犯罪事実解明への協力の場合には、協力者自身の犯罪と協力対象犯罪との関連性を必要とするのか、④刑を減軽とするのか免除まで認めるのか、⑤協力の時期を考慮するか、⑥司法警察職員・犯罪被害者の意見を反映させるべきか、⑦被疑者が虚偽供述をした場合の制裁などの諸点について議論が行われた。

「事務当局試案」[注21] では、自己の犯罪についてその犯罪事実を明らかにしたときにその刑を減軽するとされたにとどまり、他人の犯罪事実を明らかにするための行為をした場合の刑の減免は盛り込まれなかった。さらに、その後の「要綱（骨子）」では、刑の減免を認める実体法的規定の創設の項目自体が削除された。

## 4　協議・合意制度

これに対して、協議・合意制度の導入については、以下のような積極論が示された。少なくとも捜査協力型の協議・合意制度については供述収集手段の多様化のために必要であること、[注22]公判協力型の場合には、他人の公判廷で証言するときに当該他人の弁護人によって合意の存在を踏まえて十分な反対尋問が行われるため問題も生じないこと、減免制度に併せて協議・合意制度を設ければ、明確な恩典を保証することができ、その分供述の動機付けとして有効に機能すること、[注23]などである。

「基本構想」の段階では、自己負罪型制度についての検討は後回しにされ、他人の犯罪事実を明らかにする制度のみが検討されることとなった。

その後、特別部会・分科会では、①弁護人の関与、②合意からの離脱、③対象犯罪、④供述の真実性担保、⑤他人の犯罪に関する虚偽供述への制裁、⑥協議過程の手続設計と手続の記録化、⑦協議過程で得られた供述や派生証拠の使用、⑧司法警察職員・犯罪被害者の関与のあり方、⑨補強証拠の要否などが議論された。

その結果、「事務当局試案」では、検察官が必要であると認めるときに、特定犯罪（一定の財政経済関係犯罪および薬物銃器犯罪）に係る事件の被疑者・被告人が、他人の犯罪事実（特定犯罪に係るもの）について明らかにするための真実の供述その他の行為をする場合には、検察官が被疑事件・被告事件について不起訴処分、即決裁判の申立て、略式命令請求、特定の求刑その他の行為をする旨を合意することができるとされた。協議・合意手続が必要かの判断は訴追裁量権を有する検察官に委ねられることになり、裁判所は協議・合意手続の主体としては関与しない。対象犯罪は絞られたものの、被疑者・被告人自身に係る犯罪と、他人の犯罪事実との間の関連性は要求されていない。また、協力の内容として供述をするときは、当該他人の公判廷において証人として供述するだけではなく、取調べににおいて供述をすることも含まれることになった。後者の場合には、捜査段階で供述を行わせて、そこで得られた供述を調書として証拠化することも可能である。[注24]

合意に至る協議は、原則として検察官と被疑者・被告人および弁護人との間で行わなければならない。協議・合意の過程は原則として弁護人が関与するものの、当事者に異議がないときには協議の一部を弁護人抜きで行うことができる。協議にいたるまでには被疑者・被告人に対する捜査機関による取調べが行われ、また合意後にも取調べが行われることが予定されているが、これらの取調べの手続等は通常の事件の場合と変わらない。当然、取調べの録音・録画や弁護人の立会いなどについても、特別な扱いがなされているわけではない。[注25]

相手方当事者が合意に違反したときは、合意からの離脱が認められる。検察官が合意違反をして起訴をしたときは公訴棄却される。また、協議において被疑者・被告人がした他人の犯罪事実を明らかにするための供述および合意に基づいて得られた証拠は、原則としてこれらを証拠とすることはできない。つまり、派生証拠の使用も認められない。合意が成立しなかったときは、被疑者・被告人が協議においてした供述は、原則として証拠とすることができない。しかし、派生証拠については、使用を妨げられていない。

合意は書面化される。被告人との間の合意に関する書面は、被告事件において取調べ請求される。また、被告人以外の者の供述録取書などが合意に基づくものである場合や、証人となる者についてその証人尋問に関する合意がある場合には、合意に関する書面の取調べ請求が行われる。

なお、合意をした者が虚偽供述等をした場合には罰則（五年以下の懲役）がある。

## 5　検討

## 1　従来の司法取引制度導入論との関係

すでに述べたとおり、司法取引的な制度を導入するべきであるという議論は二つの方向から行われてきた。特別部会によって最終的に示された協議・合意制度は、このうち、すでに暗黙裏に存在する取引を適正化させるという視点に立つものではないことが明白である。[注26]

事実上の「司法取引」を適正なものにするための制度化という議論で念頭におかれていたのは、主として自己負罪型のものであった。しかし、自己負罪型の刑の減免制度と協議・合意制度は、最終的な枠組みから外された。

特別部会は、暗黙裏の取引を指摘する論者の懸念の背景にあった様々な問題状況（取調べのあり方、身体拘束制度のあり方、訴追裁量論、量刑など）について、新たな取引的制度とは分けて議論をするという立場を貫いた。[注27]捜査・公判協力型の協議・合意制度は、検察官（あるいは警察官や裁判官）が寛大な処罰や身体拘束からの早期の解放と引き替えに被告人に自白を求めるという従来からの問題状況に変革を迫るものとはならないだろう。結局のところ、特別部会が「供述証拠の収集手段の多様化」を目的としていたがゆえに、そこで目指されたのは新たな捜査手法の獲得でしかなかった。

これに対して、これまで捜査機関側から主張されてきた司法取引制度は、手続の効率化を希求するものでもあった。しかし、協議・合意制度は全体として見れば、必ずしも刑事司法全体の効率化や人的・時間的なコストの削減をもたらすものであるとはいえない。

協議・合意制度は現状の捜査実務上の手続を省略することを直接的には目指していない。協議・合意手続に入るまでは、従来通りの取調べを行うことが前提とされている。取調べを有利に運ぶ取引材料が新たな制度によって捜査機関側に与えられたとしても、取調べ自体が即座に省力化されるわけではない。[注28]

さらに、量刑に関する一定の意見や略式命令の請求、即決裁判の手続によることが合意内容となっている場合、裁判所では、それらの相当性判断のために捜査協力の内容について判断する必要が生じる。検察官の裁量に属する事項について合意違反の有無が争われることになった場合にも、被告人の裁判手続で他人の犯罪について判断をしなければならなくなる。このようなことから裁判手続がかえって重くなるという懸念もある。[注29]

以上のとおり、協議・合意制度は、現在の捜査実務の運営を前提としてそこに新たな供述獲得の手法を加えるものにすぎず、手続の適正化や効率化を志向するものではない。

## 2　特別部会の目的との関係

それでは、協議・合意制度と、「取調べへの過度の依存からの脱却」という、特別部会の当初の目的との関係はいかなるものか。結論から言えば、協議・合意制度は、取調べへの依存や供述調書への依存からの脱却という目的とは切り離され、純粋に「供述証拠の収集手段の多様化」をはかるために導入される。[注30]このため、特別部会でも、取引的な諸制度に関する議論と、被疑者取調べや供述調書収集のあり方に関する議論とは切り離された。

協議・合意制度と取調べ手続とは、別個のものになる。現在も行われているような取調べを行う中で、協議を行うことへの同意が検察官と被疑者・被告人との間で得られた場合に協議・合意手続にうつる。つまり、過度な取調べを避けるために協議・合意制度を導入するという構図にはなっていない。

特別部会で導入されるとされた取調べの録音・録画制度の範囲は限定的なものにとどまる。対象も協議・合意制度が行われる対象事件とは異なる。[注31]したがって、取調べの録音・録画制度によって、協議・合意制度の対象事件における取調べ機能が落ちる可能性があるから、新たな供述獲得手段が必要となるという論理関係にもなっていない。

協議・合意制度は、端的に、新たな供述獲得手段を創設することで供述を得やすくしようとすることを目指す制度であり、従来指摘されてきた問題状況を改善するものではない。

### ３　虚偽の供述を生み出すおそれ

一定の恩典を与える旨の検察官の約束によって、被疑者・被告人が他人の犯罪について虚偽供述をし、引き込みをするおそれは解消されているのか。

最高裁昭和四一年七月一日判決（刑集二〇巻六号五三七頁）は、検察官が起訴猶予にする旨の約束をしたという事案で自白の任意性に疑いがあるとしてその証拠能力を否定した。この判例が、検察官による起訴猶予を与えるという誘因力の強い約束によって、虚偽自白が誘発される危険性があったということを重視する考え方に立っているのであれば、[注32]それは自白固有の問題ではない。他人の犯罪事実を明らかにするための供述であっても、同様に虚偽供述が誘発される可能性は高い。[注33]特に共犯者供述については、以前からその特有の危険性が指摘されてきた。[注34]さらに、本制度のもとでは、協議・合意に応じる者と、引き込みが懸念される者との犯罪事実に関連性があることは必要とされていない。関連性のない事件について情報を提供することで、有利に扱われたいという誘因が働き、それはときには虚偽の供述を誘発する可能性があるだろう。[注35]

それでは、これらの危険性を制度的に除去することはできているのか。

「要綱（骨子）」では、協議・合意の過程に弁護人が関与するとされたものの、それはあくまで取引に応じようとする側の被疑者・被告人の弁護人であり、引き込みが懸念される者の弁護人ではない。本制度に基づく供述が法廷における証言として出てくる場合には反対尋問が行われるし、虚偽の供述を行ったものに対しては処罰が行われうる。しかし、法廷証言が行われることは必ずしも前提とされていない。反対尋問が行われる場合も、それが有効に機能するとは限らない。「要綱（骨子）」では、「証人を保護するための方策の拡充」として、被告人に対して証人の氏名・住居の開示制限が行われうるとされている。このような制度と組み合わされた場合には、反対尋問による弾劾はより困難になるだろう。[注36]さらに、虚偽供述を行った者を起訴するか否かも、検察官の裁量に委ねられている。

特別部会においては①協議・合意にいたる取調べ過程の録音・録画を行うこと、[注37]②協議が開始される段階での証拠開示をすること、[注38]③被疑者・被告人による供述を他人の公判廷において証拠として使う場合には、犯人性に関する補強証拠を要求することなど、[注39]得られた供述の適正化をはかる手段が主張されたが、採用されなかった。協議・合意によって虚偽の供述が行われたり、他人を引き込む危険性が生じたりすることを最小限度に押さえ、より信用性の高い供述を得るためには、政策的にもこれらの手段を採用するべきである。[注40]

## 4　実効性

それでは、被疑者・被告人には、この制度を使うという動機付けが働くのであろうか。

検察官が被疑者・被告人による供述や証言その他の行為と引き替えに与える恩典のうち、裁判所に対する即決裁判手続の申立て、略式命令請求、公判における特定の求刑については、いずれも裁判所を拘束するものではない。たとえ両当事者間において合意が成立していたとしても、即決裁判手続や略式命令請求については、裁判所が相当でないと判断すれば、通常手続によって審判をすることになる。量刑は裁判官が諸般の事情を総合的に判断して行う。[注41]提案されている制度のもとでは、裁判所が協議に参加することにはなっていないし、合意内容の審査を行うこともない。[注42]つまり、恩典の根拠は検察官の訴追裁量権にあるが、裁判所の判断は拘束しない。となれば、これらの恩典に係る合意の実効性は低い可能性がある。[注43]

さらに、結果として合意が成立しなかった場合、協議の過程で得られた証拠の派生証拠については使用制限がされない。もし制度としての実効性を確保するのであれば、被疑者・被告人がより安心に協議・合意に応じるための動機付けをするために、派生証拠についても使用制限をするという選択もあり得るはずである。[注44]

## 6　おわりに

特別部会は捜査・公判協力型の取引的な制度を導入することで、供述を容易に獲得するための新たな手段を検察官に与えた。それは証拠収集手段の多様化、証拠収集の容易化をもたらすものではある。しかし、依然として取調べを捜査の中心におき、供述の獲得を重視するという従来の捜査構造を維持することが前提となっている。[注45]供述獲得のための手続の適正さは不十分なものにとどまり、かえって公判廷における紛糾の種を増加させたという可能性もある。

「取引」は、本来は対等な当事者間で行われるものである。しかし、日本に導入されようとしている司法取引的な制度は、対等な当事者間での実施を想定していない。捜査機関側の最大の武器となってきた長期の身体拘束制度やその間に行われる取調べに関する改革は、限定的なものにとどまる見込みである。導入されようとしている制度は、すでに取引材料を多く保有している捜査機関側に対して、さらなる取引材料を与える仕組みである。

注1　加藤克佳「刑事手続における協議・合意」『曽根威彦先生・田口守一先生古稀祝賀論文集・下巻』（成文堂、二〇一四年）所収三七九頁、山口直也「取調べによらない供述証拠収集手段の立法課題」法律時報八五巻八号（二〇一三年）一八頁、新屋達之「前提がみたされていない『司法取引』の導入」法と民主主義四七七号（二〇一三年）一六頁、緑大輔「日本における近時の『司法取引』の議論をめぐって」刑法雑誌五四巻一号（近日公刊予定。同論文および注35の笹倉論文は、二〇一四年一月二六日に開催された日本刑法学会関西部会における共同研究「司法取引に関する総合的研究」における報告をまとめたものである）など。池田公博「供述証拠の獲得方法」法学教室三九八号（二〇一三年）一九頁は、これらの制度はいずれも裁判所が事実認定をする際の証拠の獲得に向けられたものであり、審理の省略に向けられたものではなく、アメリカ型の「答弁取引」とは異なるため、誤解を避

けるために「司法取引」という言葉の使用を避けるとする。

注2　以上、法制審議会―新時代の刑事司法制度特別部会「時代に即した新たな刑事司法制度の基本構想」（二〇一三年一月）一一頁。

注3　川出敏裕「捜査・公判協力による刑の減免制度」前掲注1『曽根・田口先生古稀祝賀論文集・下巻』所収四一二頁。

注4　法制審議会―新時代の刑事司法制度特別部会最終取りまとめ「新たな刑事司法制度の構築についての調査審議の結果【案】」（二〇一四年七月）・別添。

注5　詳細は、笹倉香奈「司法取引の前提条件」村井敏邦先生古稀記念論文集『人権の刑事法学』（日本評論社、二〇一一年）所収三八五頁。

注6　会議の議事録は、http://www.moj.go.jp/kentou/jimu/kentou01_00001.html より入手可能。

注7　第5回会議（二〇一一年一月二〇日）議事録六頁（但木敬一委員）、一四頁（井上正仁委員）。

注8　第11回会議（二〇一一年三月三日）議事録一五頁（但木委員）。

注9　http://www.moj.go.jp/content/000072551.pdf

注10　その後、二〇一二年二月に公表された国家公安委員会主催の「捜査手法、取調べの高度化をはかるための研究会」の最終報告書（https://www.npa.go.jp/shintyaku/keiki/saisyuu.pdf より入手可能）も司法取引について言及し、より詳細な検討が必要であるとした。

注11　「時代に即した新たな刑事司法制度の基本構想」（二〇一三年一月）四頁。

注12　第14回会議（二〇一二年一〇月三〇日）議事録四頁（大野宗委員）。

注13　第10回会議（二〇一二年五月二四日）議事録三六頁（但木委員）。

注14　第10回会議議事録三四頁（椎橋隆幸委員）。

注15　第14回会議議事録四頁（大野委員）。

注16　第14回会議議事録一五頁（髙橋康明幹事）、同八頁（神洋明幹事）、同八頁（後藤昭委員）。

注17　第14回会議議事録七頁（神幹事）。

注18　第14回会議議事録八頁（神幹事）、同九頁（後藤委員）。

注19　第14回会議議事録八頁（神幹事）、同一九頁（小坂井久幹事）。
注20　第25回会議（二〇一四年三月七日）議事録一〇頁（龍岡資晃委員）。
注21　改訂版、二〇一四年六月二三日配布。
注22　第14回会議議事録一三頁（大野委員）。
注23　第14回会議議事録一五〜一七頁（岩尾信行幹事）。
注24　この点について、第1作業分科会第6回会議（二〇一三年九月一一日）議事録一一〜一三頁。後藤委員は、協議・合意制度によって供述をするのであれば、法廷での証言を約束するべきであると主張した。
注25　この点については、弁護人と検察官が協議を開始する前の被疑者と捜査官とのやりとりは通常の取調べに他ならず、特に録音録画が必要ではないということが、井上正仁委員から繰り返された。例えば、第1作業分科会第3回会議（二〇一三年五月一六日）議事録二〇頁、同第10回会議（二〇一四年一月二二日）議事録三五頁。
注26　特別部会における議論でも、従来の隠された取引をオープンにし、チェックする体制を作るのであれば理解できるので、自己負罪型が前提となった上での議論が前提となるべきではないか、との見解が示されていた。第14回会議議事録一九頁（小坂井幹事）、同二一頁（小野正典委員）。
注27　緑・前掲注1論文。
注28　新屋・前掲注1論文一八頁。
注29　第25回会議議事録一〇頁（龍岡委員）。
注30　第25回会議議事録一〇頁（龍岡委員）。渕野貴生「『新時代の刑事司法制度』特別部会に対する批判的検討」法と民主主義四八四号（二〇一三年）一一頁は、協議・合意制度によって、捜査における取調べの比重が現在以上に高まる可能性があるとする。「基本構想」では、協議・合意制度は「供述調書への過度の依存」から脱却するための制度であると位置づけられていない。協議・合意手続において供述調書を作成するという合意をすることさえ想定されていることについては前述のとおりである。
注31　そもそも取引的な制度は組織的犯罪に対する対策強化の意味合いが強い（新屋・前掲注1論文一六頁）が、「要綱（骨子）」では指定暴力団の構成員による事件については、取調べの録音・録画を行う対象事件の例外とされて

いる。
注32　加藤克佳「約束による自白」井上正仁ほか編『刑事訴訟法判例百選〔第九版〕』（有斐閣、二〇一一年）一五六頁。
注33　緑・前掲注1論文。
注34　渕野・前掲注30論文一一～一二頁。
注35　アメリカでは捜査協力型答弁取引による情報提供者供述の危険性に対する指摘が近年高まっている。笹倉香奈「司法取引の条件を考える――比較法的視点から」刑法雑誌五四巻一号（近日公刊予定）参照。
注36　渕野・前掲注30論文一二頁。
注37　第1作業分科会第3回会議議事録二〇頁（小坂井幹事）、第25回会議議事録五頁（安岡崇志委員）。
注38　第20回会議（二〇一三年六月一四日）議事録三六頁（小坂井幹事）など。山口・前掲注1論文一九頁。
注39　第14回会議議事録九頁、第21回会議（二〇一三年一一月七日）議事録二三頁（後藤委員）。
注40　緑・前掲注1論文、山口・前掲注1論文二〇頁、新屋・前掲注1論文一八頁、加藤・前掲注1論文四一〇頁。山口論文一九頁は、さらに被疑者が任意に供述をしたかについて、公開法廷において事後的に確認する手続を採用するべきであるとする。
注41　第25回会議議事録一〇頁（龍岡委員）。
注42　第1作業分科会第3回会議議事録八頁（髙橋幹事）
注43　第20回会議議事録三四頁（角田正紀委員）、第25回会議議事録一〇頁（龍岡委員）。
注44　緑・前掲注1論文。
注45　新屋・前掲注1論文17頁。

（ささくら・かな）

第2章
# 被疑者・被告人の身体拘束の在り方

豊崎七絵　九州大学准教授



## 1　はじめに

法制審議会—新時代の刑事司法制度特別部会（以下、特別部会という）においては、被疑者・被告人の身体拘束の現状に対する批判的な意見や抜本的な改革を志向した提案が相次いだ。しかし、警察、検察、裁判官、ひいては学者メンバーからの反論に遭遇したことによって、二〇一三年一月に公表された中間報告「時代に即した新たな刑事司法制度の基本構想」（以下、「基本構想」という）は、「被疑者・被告人の身柄拘束の在り方」について、「勾留と在宅の間の中間的な処分を設ける」（以下、中間処分という）ことと、「被疑者・被告人の身柄拘束に関する適正な運用を担保するため、その指針となるべき規定を設ける」（以下、指針規定という）こととについて、「その採否も含めた具体的な検討を行う」というに止まった。

だが、「基本構想」後も議論は難航を重ね、本年七月に取りまとめられた「新たな刑事司法制度の構築についての調査審議の結果【案】」（以下、「調査審議の結果」という）は、「必要と考える法整備の内容」について、「身柄拘束に関する判断の在り方についての規定の新設」、具体的には「裁量保釈の判断に当たっての考慮事情を明記する」ことに限った。

本稿執筆時点で公開されている特別部会の議事録は、本年四月三〇日の第26回会議までのものである。ゆえに、特に「調査審議の結果」に至る最終盤の議論状況について不明であるものの、本稿は、議事録を可能な限り参照することによって、被疑者・被告人の身体拘束の在り方をめぐる議論について批判的に検討する。以下では、「基本構想」に至るまでの議論状況（２）と、「基本構想」後「調査審議の結果」に至るまでの議論状況（３、４）とについて、できるだけ時系列に検討することで、その展開の仕方にも注意しながら、分析する。

## ２　「基本構想」に至るまでの議論状況

### １

特別部会において、身体拘束の現状を批判し、改革案を提示したのは、弁護士メンバーであり、未決拘禁の問題に精力的に取り組んできた一部の学者メンバーであり、そして身体拘束を実体験した者や冤罪に関する取材を重ねてきた者などを含む民間有識者メンバーであった。

その口火を切ったのは、特別部会を通じて身体拘束に係る改革の必要性を主張し続けた青木和子（弁護士）であった。すなわち青木は、自白を得るために身体拘束が利用されうる制度の見直しが必要であり、その最たるは代用監獄制度であると主張した。さらに青木は、勾留要件・保釈要件の見直し、起訴前保釈の創設、身体不拘束の原則の確立なども検討課題であると指摘した。[注1] 取調べ受忍義務の否定への言及も含めれば、[注2] ここには、身体拘束に係る主要な改革項目がほぼ挙げられている。そして身体不拘束の原則との関係では、起訴前保釈に加え、中間処分の創設も提案された。[注3] これらの提案された改革項目が「基本構想」に至る審議においてどのように扱われたか、以下、検討する。

**2**　まず代用監獄制度（代用刑事施設制度）の廃止や取調べ受忍義務否定の明文化は、糺問的な被疑者取調べを直接的に刷新し、ひいては縮小しうるほどの規制力を持ちうる。しかしこれらは一切議論されず、まるで論外のごとく扱われた。そして「基本構想」では、「当部会とは別の機会に検討されるべき事項」としてすら挙げられず、完全にネグレクトされた。ここには、糺問的な被疑者取調べを維持するための根幹を決して手放さないという、警察・検察当局の強い意志が潜在しており、それは、身体拘束に係る抜本的改革を挫くプロローグであった。[注4]

**3**　勾留要件・保釈要件の見直しは、従来勾留されていたり保釈が認められなかったりしたものが、在宅や保釈に切り替えられることになるから、実効のある、大きな改革になりうる。これに関連して、最初に具体的な立法の必要性を主張したのは、ヒアリング対象者の弁護士であった。すなわち、保釈においては否認若しくは黙秘をもって罪証隠滅のおそれと結びつけてはならないという禁止規定の明文化が挙げられた。[注5] また身体拘束を実体験した民間有識者メンバーも、「否認をしていれば保釈はできない」現状があるとして、勾留に関する「ルール」を改めてほしいと主張した。[注6] そして、これらの主張を受けるかたちで、権利保釈の除外事由である刑事訴訟法八九条四号を削除することや、否認や黙秘等について不利益に扱わないことを法律上明確にすることが提案された。[注7][注8]

しかしこれらの提案も、実現すれば実務が大きく変わりうるが故に、弁護士以外の実務家メンバーからの批判に遭い、これを学者メンバーが後押しした。まず八九条四号の削除については、現行法は罪証隠滅のおそれと逃亡のおそれとは異なることを前提としているところ、その「合理性がなくなっていると言えるのか」、「踏み込んで議論する必要があり、そのように簡単に言うことはできない」との批判[注9]がなされた。

もっとも「基本構想」では、八九条四号の削除の当否という問題は全く触れられず、「踏み込んで議論する」機会すらなかった。関連して注目したいのは、「基本構想」の前段階として主な意見をもとに事務当局が作成した「被疑者・被告人の身柄拘束・出頭確保の在り方（その2）」[注10]においては、「身柄拘束・出頭確保方策の在り方」と並んで「勾留要件・保釈要件の在り方」という項目が立てられ、その下で、次に述べる否認や黙秘等の不利益扱いの禁止と並んで、八九条四号の問題も取り上げられていたのに、「基本構想」では、「勾留要件・保釈要件の在り方」という項目は消え、その入れ替えとして、指針規定の採否が検討事項とされたことである。つまり、指針規定は勾留要件・保釈要件の見直しに踏み込むものではないという路線が敷かれることによって、保釈要件に係る八九条四号の問題は落とされた。だが、このような入れ替えや落選の理由すら説明されず、議論されなかったこと自体、もとより審議の進め方として不当である。八九条四号の削除は不可能だと端から結論付けられたとみるほかない。

他方、否認や黙秘等の不利益扱いの禁止は、なるほど厳密に言えば勾留要件・保釈要件自体を直接的に変更するものでないが、逃亡や罪証隠滅の危険についての安易な認定を防止しうる点で、要件変更に次ぐ大きな実効が見込まれる。ゆえにこそ、不利益扱いの禁止は、「基本構想」が出る前は、「勾留要件・保釈要件の在り方」に関する意見の一つとして位置付けられていたのは前述の通りである。だが不利益扱いの禁止に対しては、供述態度・供述内容について、罪証隠滅のおそれを判断する情況証拠の一つとすることも許されないとすれば異議があるとされた。[注11]しかして不利益扱いの禁止は、「基本構想」において具体的に触れられず、これも検討事項から実質的には落とされた状態にあったようにみえる。ただ不利益扱いの禁止は勾留要件・保釈要件の変更そのものでなかったことから、「基本構想」後の第1作業分科会（以下、作業分科会という）において指針規定の一つとして提案され、[注12]「復活」を果たした。だが、そこでも上述と同様の批判が繰り返されることになる。

## 4

身体不拘束の原則、起訴前保釈、そして中間処分は、いずれも、身体拘束の回避に直結するものである。もとより身体不拘束の原則は、無罪推定の法理に裏付けられ、市民的及び政治的権利に関する国際規約九条三項によって「裁判に付される者を抑留することが原則であってはなら〔ない〕」と明確に規定されている。この点、たとえば田宮裕は「被告人には無罪の推定が働くばかりか、自由の拘束は重大な犠牲を強いるものであるから、勾留が原則であってはならず、他に方法があれば回避すべきである。これはひろく承認された近代刑事法の原則である」とし、また「わが国でも、起訴前保釈が将来の立法課題である（起訴後に比べて拘束期間が短いという理由で採用されなかったが、それは理由にならない）」と論じていた。[注13]特別部会メンバーの川出敏裕や後藤昭も、起訴前保釈について、その立法可能性を説いていたことがあった。[注14]

しかしまず身体不拘束の原則については、①他国に比較して身体拘束の割合は低い、また②身体拘束については厳格な要件が法定されているとして、明文化の必要性に対する疑問が提起された。[注15]だが①は、身体拘束について、個々のケースの当否を抜きにした、総体的なシステムとして見たときの特徴を述べるものであるところ、身体不拘束の原則として問われている問題は人権論であり、②も含め、明文化を否定する決定的理由にはならない。また、「問題は、一旦拘束されるとなかなか出られないというところにある」との指摘もなされた。[注16]しかして「基本構想」は、身体不拘束の原則の明文化について、指針規定にかかる課題の一例として挙げるに至った。

もっともその後の作業分科会では、その途中で、勾留の必要性すなわち相当性の明文化という、より具体的な内容を持つ、新たな提案がなされ、[注17]その当否が議論された。この提案は、実質的には指針規定に止まらず、勾留要件に関する立法の必要性を再燃させるものであり、「基本構想」で不当に狭められた検討事項を再び広げる意義があった反面、その分、強い批判に遭遇することになる。

次に起訴前保釈については、現行法上、起訴前の勾留期間は「短期間」であるから保釈制度は認められていない、[注18]また罪証隠滅の余地が大きく、取調べの実施も難しくなるとの批判がなされ、[注19]「基本構想」から落とされた。他方で中間処分についても、とりわけ罪証隠滅を防止できないのではないか、また取調べのための出頭・滞留義務（取調べ受忍義務）はどうなるのかといった、起訴前保釈に対する批判と同様のものが主張された。[注20]かかる批判は、作業分科会でも繰り返され、中間処分の対象者は誰か――むしろ従来であれば勾留請求が却下された者が中間処分の対象になるのではないか――という問題と併せ、議論をデッドロックさせるものであった。もっとも中間処分は、起訴前保釈と異なり、「基本構想」では「その採否も含めた具体的検討を行う」として、かろうじて残された。

しかし別稿でも論じた通り、中間処分が起訴前保釈と並行してその創設が主張されてきたのは、現行の保釈制度が、一旦勾留が執行された後に、主に請求に基づき行われるものであることから、かような制度とは別に、少なくとも勾留の執行を前提としないで、かつ、勾留の代替処分となりうる制度が、身体不拘束の原則に基づき、求められると考えられたからであった。ゆえに中間処分といっても、その本質は、勾留を抑制するための代替処分である点では、保釈と同じである。したがって、それは、たとえば勾留質問に伴う保釈制度として構想することも可能である。[注21]ところが「基本構想」が起訴前保釈を落とす一方、中間処分は残したこともあって、その後の作業分科会においては、中間処分と保釈とは、仮に別の制度として構想するとしても、勾留の執行を前提とするか否かという相対的な別個性しかないということが十分に浸透しなかった。この点、中間処分賛成論は作業分科会において「勾留の執行猶予」という概念を提示することで勾留の代替処分性を明確化させようとしたが、[注22]なお反対論をおさえることはできなかった。

**5**　以上、「基本構想」に至るまでの議論状況について、「基本構想」後の議論とのつながりにも触れつつ、検討してきた。そこで以下では、「基本構想」が掲げた二つの検討事項、すなわち中間処分と指針規定それぞれに関する、「調査審議の結果」に至るまでの議論状況について、批判的に検討する。

## ３　中間処分をめぐる議論状況

### １　勾留の代替処分性について

中間処分については、次に述べる三つの問題が焦点となった。ひとつは、中間処分賛成論は、従来勾留されていた者が中間処分の対象になると考えているが、具体的にどう担保するかという問題である。これについては、中間処分に付することの相当性判断と勾留の必要性の判断とが重複することになれば、現在勾留請求が却下されている事案が中間処分の対象になるとの批判がなされた[注23]。この批判は、勾留の相当性判断が常に適切になされ、勾留するか否かの判断に幅がありうる場合には常に勾留請求が却下されているのであれば、妥当である。だが、そのような無謬性を断言することはできないであろう。そうであるから、従来勾留されてきたものの中にはむしろ中間処分で足りるものがあるはずだというのが、中間処分賛成論の主張であった[注24]。もっとも、だからといって、従来勾留請求が却下されてきたものが中間処分に入ってくることはないと断言することもできないし、またこれを見逃すべきでもない。なぜなら無罪推定の法理から派生した身体不拘束の原則の下では、無条件で身体の自由を享受できる状態（在宅）がスタンダードであり、中間処分や保釈はそれよりも劣るからである。この点、六〇条一項に「ただし、中間処分で足りるときはそちらを選択しなければならない」との規定を入れるとの提案がなされたことは注目される。[注25] しかし、それは、勾留に補充性（最終手段性）の要件を付加するものであったから、その分、抵抗も強かった。

なお中間処分賛成論は、当初、遵守事項違反があれば勾留されてしまうという心理的威嚇を利用して逃亡や罪証隠滅の防止を図ると主張したのに対し、[注26] 罰則や電子監視といった担保手段を伴わなければ逃亡や罪証隠滅の防止は難しい、[注27] ゆえに中間処分は例外的なものになってしまうところ、しかしそれでは勾留に補充性の要件を付加しようという中間処分賛成論の意図とは異なることになるとの批判を受けて、[注28] 罰則を入れた修正案を出すに至った。[注29] だが、何らかの担保手段が必要であるとしても、とりわけ罰則や電子監視がおよそ勾留の代替処分の担保手段として許されるか、それ自体一つの検討課題である。仮にそれらが全く許されない訳ではないとしても、過大なサンクションやプライバシー侵害にならないよう、具体的なあり方を十分検討しなければならない。否、そもそも担保手段については、被疑者・被告人にとって、より権利侵害の少ないものは何か、ひとつひとつを順次、考察する必要がある。その意味において、保証金、あるいは保証金の代納や保証書が活用される仕組みなどが検討されなかったのは、疑問である。

## 2　中間処分の「弊害」について

もっとも、とにかく何らかの担保手段により逃亡や罪証隠滅の防止が可能であるとの共通認識がもたれ、勾留は中間処分によって罪証隠滅や逃亡の防止を図ることが出来ない場合に限るという補充性の要件についても理解が得られたとすれば、中間処分の創設に向けた前進があったかもしれない。しかし実際には、特に起訴前について、担保手段が用意されようと、遵守事項が定められようと、およそ中間処分では罪証隠滅や逃亡は防止できないという「弊害」論が、主に警察・検察のメンバーから出された。[注30] これは、中間処分創設反対の主な根拠であると同時に、事務当局作成の「考えられる制度の概要」[注31]（以下、「制度概要」という）のベースでもあった。すなわち「制度概要」では、権利保釈の除外事由を参考とした中間処分の除外事由が挙げられたところ、その趣旨は、類型的に罪証隠滅や逃亡のおそれのあるものは入口で切って限定するというものであった。[注32] このようにして中間処分の対象外を類型的・形式的に定めることに対しては、補充性を要求する中間処分賛成論からの批判はもちろん、[注33] 裁判官メンバーからも、勾留請求が却下できるものでも中間処分はできないというアンバランスがあるとの疑問が出された。[注34] つまり「制度概要」には、中間処分の除外事由を設けることによって、裁判官が被疑者を中間処分に付する可能性をできるだけ排除する、より立ち入っていえば、捜査に関与していない裁判官に起訴前勾留に関する実質的判断を委ねるのはおぼつかないとの捜査当局の意図が潜在していたところ、異論が出されたということである。いかに裁判官の判断権の範囲が限定されているかということは、中間処分の除外事由について権利保釈の除外事由を参考としたといっても、保釈の場合にはなお裁量保釈の余地があることと比較して、明らかである。同様の議論の構図は、検察官が勾留請求した場合に中間処分を付することができるかという点をめぐっても生じた。[注35]

つまるところ「弊害」論は、罪証隠滅や逃亡の危険をゼロにするためには勾留するしかないという「人質司法」の発想と、[注36] 起訴前勾留は捜査（取調べ）の観点から認められるものであるとの糺問主義的な勾留観とから成り立っていた。しかしこのような考え自体、もう止めるという決断こそ、身体拘束の改革に際して求められていたものではないか。

### 3　取調べ受忍義務について

さらに、中間処分をめぐって意見の隔たりが非常に大きかったのは、取調べのための出頭・滞留義務（取調べ受忍義務）があるか否かという問題であった。事務当局作成の「制度概要」は、中間処分に付されている者の遵守事項に、かかる出頭・滞留義務を含めるものであった。[注37] この点、捜査当局による肯定説を合理化する説明が学者メンバーからなされた。すなわち、中間処分の場合も（身柄拘束の場合と同様）その期間が限られており、捜査機関としては、その期間内に、被疑者の逃亡と罪証隠滅を防止した状態で捜査を尽くす必要があるわけで、その点で身柄が拘束された場合と同様の状況にあるから、そこから取調べのための出頭義務・滞留義務が説明できるというのである。[注38]これに対しては、別の学者メンバーから、被疑者の取調べをしなければ起訴・不起訴が決められないというルールはないとの批判がなされた。[注39]また、遵守事項に滞留義務を書かないで、正当な理由がなく出頭の求めに応じないことによって、罪証隠滅や逃亡を疑うに足りる事由が生じたときに勾留に移行ができるようにするとの妥協案も出された。[注40]しかし、肯定説と否定説との間の溝は埋まらなかった。

取調べ受忍義務は、黙秘権を侵害することに加え、それ自体、身体拘束に匹敵する程に身体・行動の自由を侵害するものである。中間処分は、現に身体を拘束しない状態を確保するための制度である以上、このような取調べ受忍義務を併せ持つことはできないというべきである。[注41]肯定説はこの問題に答えていない。

もとより身体拘束中の取調べ受忍義務という、日本の糺問的な被疑者取調べの根幹の是非について議論がなされないまま、中間処分の採否という局面において取調べ受忍義務の問題を浮上させ、しかも、中間処分の採用と取調べ受忍義務の肯定との抱き合わせを要求するという構図自体、非常に歪んだものといわざるを得ない。

結局、中間処分については「意見の隔たりが依然として非常に大きく、制度化することは困難である」とされ、[注42]「調査審議の結果」の「新たな刑事司法制度を構築するための法整備の概要」には入らなかった。

## 4　指針規定をめぐる議論状況

### 1　「否認及び黙秘の取扱いに関する留意事項について」

これについては、弁護士メンバーから、勾留又は保釈の裁判において、否認、黙秘、三二六条の同意をしないことを被疑者・被告人に不利益に考慮してはならないという規定の創設が提案されたのに対し[注43]、たとえば否認していることをそのまま不利益な判断につなげてはならないのは当然だが、被疑者・被告人の供述態度や供述内容をみて罪証隠滅の主観的な危険性（意図）があるかどうか判断する必要があるとの裁判官メンバーによる批判がなされた[注44]。これを受けて事務当局作成の「考えられる規定の概要」[注45]（以下、「規定概要」という）では、否認や黙秘等を被疑者・被告人に不利益に考慮してはならないという案と、自白等をしないことのみを理由として、罪証を隠滅し又は逃亡すると疑うに足りる相当な理由があると認めてはならないという案とが併記された。

被疑者・被告人は、無実であるがゆえに、また正当な権利の行使として、否認や黙秘等をする場合が現にある。否認や黙秘等を罪証隠滅の意図の認定に直結させておらず、他の証拠との総合評価を行っているといっても、それでは、このような無実の訴えであり正当な権利行使であるということについて、勾留や保釈の判断にあたり如何に探知し斟酌すべきか、検討される必要があったのではないか。この点、勾留質問や保釈決定手続における防禦権の保障（対審化）が重要であるとの指摘もあるところ[注46]、そのような視点を持った議論はみられなかった。そして、さらに突き詰めれば、（かかる対審化が果たされたとしても）不利益扱いの禁止なくして被疑者・被告人の権利保障、特に黙秘権保障は全うできないということが確認されるべきであった。

## ２　「身柄拘束の必要性の判断に関する留意事項について」

これについて、「検察官、検察事務官及び司法警察職員は、できる限り、被疑者の身体拘束を避け、身体を拘束する必要がなくなったときは直ちに釈放することに努めなければならない」という「身体不拘束捜査の原則」が、弁護士メンバーより提案された（以下、Ａ－１案という）[注47]。もっともその後、この案は撤回されて、「勾留又は保釈の裁判においては、被告人又は被疑者の身体を拘束する必要性の程度並びにその身体を拘束することにより被告人又は被疑者が受けるおそれのある不利益の内容及び程度を考慮して相当と認める場合に限り、その身体の拘束を継続することができる」という、勾留の必要性すなわち相当性に関する提案がなされた（以下、A-2案という）。[注48]このA-2案に対しては、勾留の要件の変更ではないかとの批判がなされた。[注49]確かに、これは勾留の要件に関わる提案であるが、現に裁判所が考慮している勾留の相当性を明文化するという意味であると説明され、[注50]さらに裁判実務に合わせるという趣旨で「その他の事情」も含めて考慮して相当性を判断する旨の修正が施された。[注51]しかしなお反対意見はおさまらなかった。[注52]

かかる議論の経緯を振り返ってみると、まずA-1案とA-2案、それぞれの前提とされた問題意識は重要であり、互いに排他関係にもない。ただし「任意捜査の原則」の具体化ということであれば、捜査官に対しては、身体拘束の請求に対する抑制を求める規定を置くことが考えられる。他方、身体拘束からの釈放については、身体拘束が裁判官・裁判所の命令であることに鑑み、むしろ裁判官・裁判所の権限による釈放を中心に検討すべきであろう。[注53]特に逮捕については、釈放の有無がもっぱら捜査官の権限に委ねられているという問題がある。他方で勾留については、なるほど勾留の取消しが認められているところ（八七条、九一条、二〇七条一項）、最小限必要な勾留以外は取り消されるようにするため、またそもそも勾留の裁判において、最小限必要な勾留以外は認められないようにするため、勾留の要件を整えることが重要になってくる。この意味において、A-2案が提案されたことは評価できる。その上で、「ただし、中間処分で足りるときはそちらを選択しなければならない」旨の文言を付け加えることによって、補充性の要件、すなわち身体不拘束の原則を明確化することもできたはずである。

## 3　「調査審議の結果」が意味するもの

ところが「調査審議の結果」は、「現行法上確立している解釈の確認的な規定」として「裁量保釈の判断に当たっての考慮事情を明記する」という、あまりにも矮小で、かつ、それまでの指針規定をめぐる議論を見放した「法整備」の「必要性」を提示するものであった。なぜこのような結論に至ったか、関連する議事録が未だ公開されておらず、また「調査審議の結果」が「裁量保釈の判断に当たっての考慮事情」の具体的な内容を全く示していないため、詳細は不明である。[注54] だが、その意味するところについて可能な限り指摘しておきたい。

すなわち第1に、勾留要件・保釈要件の見直しについては、勾留の必要性すなわち相当性の明文化も含めて、全く手を付けないということである。第2に、否認や黙秘等の扱いについて、意見の対立があり、また裁量保釈についてのみ明文化するというのも難しいとすれば、やはり手を付けないであろうということである。

それにしても、なぜ「裁量保釈の判断に当たっての考慮事情を明記する」一方、「勾留の判断に当たっての考慮事情を明記する」こと、すなわち勾留の相当性の明記は外されたのかという疑問が残る。

## 5　おわりに

このようにして特別部会は、被疑者・被告人の身体拘束の在り方について、抜本的改革どころか、確実な改善も見込めない結論を示すに止まった。「調査審議の結果」は、その原因を「現在の運用についての認識が大きく相違し、共通の認識を得るには至らなかった」と説明している。しかし、そのような現状認識の相違に止まらず、人を拘束することの重みに対する受け止め方（評価）に大きな相違があったことは、議事録にも如実に現れている。

たとえば否認や黙秘等の不利益扱いの禁止規定の提案は、被疑者・被告人が身体拘束に屈して否認や黙秘等を貫くことができないという、切実な問題意識に基づくものであった。しかし禁止規定に対する批判は、この問題意識に答えるものではなく、また答えていないことに対する悩みすら窺えないものであった。

特別部会の内側だけで成り立ってきた議論の不条理さをはっきりさせなければ、いつまでも抜本的改革は望めないであろう。本稿は、その解明作業のひとつである。

《補記》

脱稿後、特別部会の議事録が全て公開され、勾留の相当性の明記が外された経緯も明らかになった。すなわち事務当局より、起訴前勾留については、起訴後勾留と異なり、勾留の必要性イコール相当性ではなく、明らかに必要がない場合や、その請求が権利の濫用と認められる場合に止まるという見解もあるので、この見解を否定するわけにはゆかないとの説明がなされたのに対し（第28回会議）、身体拘束の改革を志向するメンバーからは批判が上がったものの、押し切られたということである。

この見解は、起訴前勾留は捜査とりわけ取調べの観点から認められるものであり、捜査・取調べの必要性は、勾留によって被疑者が受ける不利益よりも優先的に扱われるという考えを基礎としているようにみえる。そして、このような糺問主義的な勾留観は、勾留の相当性の明記が外された原因であるのみならず、身体拘束に係る改革項目がことごとく落とされたことの大きな要因でもあったといえる。かかる勾留観を克服することの必要性を、改めて痛感せざるを得ない。

注1　特別部会第2回会議議事録四頁［青木和子委員］。特別部会ならびに第1作業分科会の議事録、委員提出資料等、配布資料、参考資料については、http://moj.go.jp/shingi1/shingi03500012.html 参照。以下、特別部会の議事内容の引用は、「部会、会議回数、PDF版議事録の頁数、発言者名」とする。また、第1作業分科会の議事内容の引用は、「分科会・会議回数、PDF版議事録の頁数、発言者名」とする。

注２　部会第10回一六頁・神洋明、同一八〜一九頁・青木。
注３　部会第12回一七頁・青木、同第14回三四〜三五頁・青木、同第17回三六頁・青木。
注４　豊崎七絵「身体拘束と取調べ——法制審特別部会『基本構想』の思想と論理」法律時報八五巻八号（二〇一三年）一一〜一三頁。
注５　部会第５回一三頁・弘中惇一郎。
注６　部会第６回一〇頁・村木厚子、同第12回一八〜一九頁・村木。
注７　部会第12回二〇〜二一頁・後藤昭、同第14回三三頁・後藤。
注８　部会第14回三一頁・青木、同第17回三六〜三七頁・青木。
注９　部会第14回三九頁・井上正仁。
注10　これは、特別部会第17回会議の配布資料59である。
注11　部会第14回三三頁・上冨敏伸、同第17回三四〜三五頁・髙橋康明、同三七頁・龍岡資晃、同三九頁・井上。
注12　分科会第１回二九〜三〇頁・青木。
注13　田宮裕『刑事訴訟法［新版］』（有斐閣、一九九六年）二五七、二六〇頁。
注14　川出敏裕「身柄拘束制度の在り方」ジュリスト一三七〇号（二〇〇九年）一一四〜一一五頁、後藤昭「未決拘禁法の基本問題」福井厚編『未決拘禁改革の課題と展望』（日本評論社、二〇〇九年）一〇〜一一頁。
注15　部会第10回二一頁・井上、同第12回一五〜一六頁・椎橋隆幸、同第17回三九頁・井上、同四〇〜四一頁・椎橋。
注16　部会第14回三二〜三三頁・後藤。
注17　分科会第６回三二頁・青木、同第８回二二頁・青木。
注18　部会第12回一七〜一八頁・井上、同第14回三五頁・大野宗、同三七頁・井上、部会第17回三九頁・井上。
注19　部会第14回三五〜三六頁・大野。
注20　部会第14回三五〜三六頁・大野、同三七頁・井上、同三八頁・島根悟。
注21　豊崎・前掲注４論文一三〜一四頁。
注22　分科会第４回二四頁・青木、同第６回二六〜二七頁・青木。

注23　分科会第20回四五頁・龍岡、同第21回四二～四三頁・龍岡。
注24　分科会第４回二四頁・青木。
注25　分科会第４回二五頁・後藤、同第６回三二頁・後藤。
注26　分科会第１回一九～二一、二三頁・青木。
注27　分科会第１回一九～二〇頁・川出敏裕、同二四頁・井上。
注28　分科会第４回二六頁・岩尾信行、同二六～二七頁・島根、同二七頁・川出。
注29　分科会第６回二六～二七頁・青木。また作業分科会第６回の「青木委員提出意見」参照。
注30　部会第14回三六頁・大野、同三八頁・島根、部会第20回四六頁・大野、分科会第６回二七～二八頁・坂口拓也、部会第21回三九～四〇頁・椎橋、同四一頁・大野、分科会第９回二六頁・岩尾、部会第25回一三～一四頁・種谷良二。
注31　これは作業分科会・第４回にて示され（「配布資料５　被疑者・被告人の身柄拘束の在り方」）、加筆・修正されたものが同第６回（「配布資料８　被疑者・被告人の身柄拘束の在り方」）、同第８回（「配布資料12　被疑者・被告人の身柄拘束の在り方」）にて明らかにされた。
注32　分科会第４回二六～二七頁・島根、同二七～二八頁・岩尾、分科会第９回二六頁・岩尾。
注33　分科会第４回二四頁・青木、同第９回二五頁・青木。
注34　分科会第９回二五～二六頁・髙橋。
注35　分科会第９回二七～三〇頁参照。
注36　部会第５回一二～一三頁・弘中、分科会第９回二六～二七頁・青木、部会第25回二二頁・後藤。
注37　参照、分科会第８回一六頁・後藤。
注38　分科会第８回一九～二〇頁・川出。
注39　分科会第８回二一頁・後藤。
注40　分科会第９回二〇頁・後藤。
注41　豊崎七絵「取調べ受忍義務否定説の理論的基礎――身体・行動の自由との関係」福井厚先生古稀祝賀論文集『改革期の刑事法理論』（法律文化社、二〇一三年）一一六頁以下。なお緑大輔「『被疑者・被告人の身柄拘束の在り方』

をめぐって」法学教室二〇一三年一一月号八～九頁参照。

注42　部会第26回七頁・保坂和人。

注43　分科会第1回二九～三〇頁・青木。

注44　分科会第1回三〇～三一頁・髙橋。

注45　前掲注31で引用した配布資料において示された。

注46　葛野尋之「自白への圧力除去にとり不十分な改革提案」法と民主主義四七七号（二〇一三年）二六～二七頁。

注47　分科会第1回三〇頁・青木。作業分科会・第1回の「青木委員提出意見」参照。

注48　分科会第6回三二頁・青木、同第8回二二頁・青木。作業分科会・第6回の「青木委員提出意見」参照。

注49　分科会第8回二二頁・保坂、同二三頁・井上。

注50　分科会第8回二二頁・青木、同二三頁・後藤。

注51　分科会第10回四頁・青木。作業分科会・第10回の「青木委員提出意見」参照。

注52　分科会第10回七頁・井上、部会第25回一六頁・井上。

注53　なお捜査官の釈放権限と身体拘束期間の趣旨を根拠に、起訴・不起訴の決定に向けた捜査が尽きた時点で釈放を求める規定の創設を求める見解もある（分科会第1回三三頁・後藤、緑・前掲注41論文一〇頁）。しかし、捜査を尽くすためには被疑者の取調べが必要だという考えと結び付けば（分科会第8回一九頁・川出）、被疑者が否認や黙秘をしている場合、途中釈放よりも身体拘束期間のフル活用が合理化されてしまう。したがってこの見解に立つ場合、「起訴・不起訴の決定に向けた捜査が尽きた」とは何を意味するのか、起訴基準もさることながら、具体的な捜査のあり方をも含めて明確にする必要がある。もっとも、身体拘束は裁判官の命令であり、捜査（取調べ）目的ではないことに照らすと、捜査官の釈放権限を中心に検討すること自体、本筋とはいえないのではないか。

注54　事務当局作成の「参考案」（特別部会第28回会議の配布資料67）では、「事案の軽重、被告人が罪証隠滅し又は逃亡するおそれの程度、勾留により被告人が受ける不利益の内容及び程度その他の事情」という文章化の一例が示されていた。

（とよさき・ななえ）

# 第３章　被疑者国選弁護制度の拡充

高平奇恵　九州大学助教・弁護士



## 1　はじめに

法制審議会—新時代の刑事司法制度特別部会（以下、「特別部会」という）の「最終的な取りまとめ」である「新たな刑事司法制度の構築についての調査審議の結果【案】」は、被疑者国選弁護制度について、勾留された全事件に拡大する方向性を示した。

しかし、審議の最終結果は、本来特別部会が目指していたはずの、被疑者段階で弁護人の援助を受ける権利の実質的保障に関する、抜本的な制度改革には至らなかったと言わざるを得ない。手続の「公正」は被疑者段階でいかにはかられるべきなのか、特別部会の議論の過程をたどるとともに、本来議論されるべきであった制度の内容について検討していきたい。

## 2　特別部会の議論の過程

### 1　当初の議論

諮問第92号は、「取調べ及び供述調書に過度に依存した捜査・公判の在り方の見直し」を求めている。特別部会第1回会議の趣旨説明において、二〇一三（平成二五）年三月三一日にとりまとめられた「検察の再生に向けて（検察の在り方検討会議提言）」が紹介され、その内容は「新たな時代において、密室における追及的な取調べと供述調書に過度に依存した捜査・公判を続けることは、もはや時代の流れと乖離したものと言わざるを得ない」という、これまでになく強い、現状に対する問題意識を示すものであった。

第2回会議において、身体拘束が、自白を得るために利用されることを可能とする制度の見直しが必要であること、弁護人選任権の実質化（被疑者国選弁護の拡大等）、制限のない接見交通など、弁護人等の援助をいつでも得られるようにする方策を検討すべきであるという視点が示され、第2回会議における意見要旨の[注1]「5　その他」の項目に記載された。第6回会議では、身体拘束と同時に国選弁護人を請求できる制度を考えてもよいのではないかと提案されている。[注2]

第2回・第6回会議における意見要旨では、論点がまとめなおされ[注3]「5　捜査・公判段階を通じての手続きについて」のタイトルの下、「(身体拘束、国選弁護)」という項目が設けられた。この意見の取りまとめの中では、いわゆる人質司法によって、自白を獲得しようとする捜査手法に対する疑問が呈され、不要な身体拘束の回避、そして、被

疑者国選弁護人の選任を身体拘束と同時にするという制度の検討が求められた。[注4]

第９回会議においては、弁護人の立会権について、議論が展開され、弁護人の立会権を認めない日本の制度の特殊性についての言及もなされた。[注5]第12回会議では、被疑者国選弁護の必要性の前提として、人質司法についての発言がされ、その内容として、身体拘束の継続が、被告人が罪を認めることの圧力となっていること、ひいては、虚偽自白を誘引する原因とすらなるとの意見が表明された。[注6]

このように、特別部会の前半の議論では、被疑者国選弁護制度と、被疑者段階の弁護活動の実質化とが関連する問題として認識され、被疑者国選弁護制度の整備の重要な視点となるべき問題点も多く指摘された。

しかし、「現実的な問題」として、現行の国選弁護制度が、貧困要件を確認する必要があることから、その確認のために時間がかかるので逮捕直後から選任することが困難なものになっているとの指摘や、弁護士会の対応態勢について確認が必要との発言がなされた。[注7]さらに、被疑者国選弁護制度の検討にあたっては、「コスト」や「国民の負担をどの範囲で考えるべきか」という視点が必要だとの意見が表明されたところで、議論は打ち切られた。[注8]この「コスト論」については、複数の委員から、コストの問題で議論に制約をかけようとする点について、強い違和感も表明されている。[注9]

本来、被疑者国選制度の必要性や在り方は、被疑者が、弁護人からどのような援助を受けられるべきなのかという問題と切り離せない。ところが当初は、被疑者が、弁護人による実質的な援助を受けるというのは、どのように実現されるのか、という視点から、他の問題とも関連性を意識して議論されていたものが、その後、被疑者弁護の内容の充実と、被疑者国選弁護制度の拡大の問題とは、切り離されて議論が行われるようになっている。

第15回会議でも、再度「コスト論」が「どの範囲で公費負担をすることが合理的な制度として国民に受け入れられるのか」という問題としてとりあげられた。[注10]そして、「取調の立会の問題と議論することは、混乱を招くので切り離

して議論すべき」との意見が述べられた。[注11]

## 2　基本構想

二〇一三（平成二五）年一月二九日に発表された「時代に即した新たな刑事司法制度の基本構想」（以下、「基本構想」という）は、「弁護人による援助の充実化」のタイトルのもと、被疑者国選弁護の在り方について「被疑者国選弁護の対象を、被疑者が勾留された全ての事件について、弁護士の対応態勢、更なる公費負担の合理性や予算措置の可否など、指摘される懸念をも踏まえて具体的な検討を行う」とされた。

逮捕段階からの弁護人による援助については、優先順位からすると一段落ちた検討課題と位置づけられた。[注12] 特別部会の議論の中で、明確に批判されたコスト論が、大きな問題であると方向づけられた。[注13]

当初、被疑者国選弁護の制度の根拠とともに議論されていた、弁護人の立会いについては、基本構想では、一定の方向性を得ることが困難などとして、別途の検討課題と位置づけられた。[注14]

## 3　作業分科会での議論状況

被疑者国選弁護制度は、基本構想の確定後、第2作業分科会（以下「分科会」という）で議論されることとなった。分科会の第3回においては、やはり公費負担がクローズアップされた。[注15] ここで、勾留自体の件数が減少することによって、予算の拡大は防止できるという極めて正当な指摘があったが、[注16] 直後に議論は打ち切られている。

分科会の第5回会議でも、弁護士の対応態勢のほか、再度、公費負担の合理性の問題が持ち出された。[注17] 弁護士会のシミュレーションの妥当性（対応件数等）について疑問が呈され、何度かデータが出し直された。

分科会の第9回会議においては、逮捕段階における弁護態勢について、小野正典委員から、委員の意見を聞きたいとの発言がされたが、川端博分科会委員長は、特別部会での検討事項であるとし、分科会の議論を特別部会には報告しない前提での議論となった。[注18]

分科会では、「考えられる制度の概要」として、被疑者国選弁護制度の対象を、「被疑者に対して勾留状が発せられている全ての事件」に拡大するものとされた。

検討課題は大きく二つとされ、ひとつが、弁護士の対応態勢、もうひとつが、公費負担の合理性とされた。[注19]弁護士の対応態勢については、具体的には、弁護士一人あたりの処理件数の実情、及び各弁護士会の事件配転の制度の実情の確認が検討課題とされた。公費負担の合理性については、大きく二つ、ひとつは「我が国の財政事情が厳しい中、次の点を踏まえた対象事件の拡大に伴う公費負担の増加の合理性」、もうひとつが「公費負担の総額の増加を抑制するための次のような方策の必要性」を検討すべきとされた。前者については、被疑者国選弁護事業費が平成二五年度予算において、約五六億四七〇〇万円であること、公費負担の増加状況、試算で20億円を超える公費負担が見込まれること、二〇〇九（平成二一）年に対象事件が拡大されていること、国選付添人制度との関係、犯罪被害者等の不公平感、被告人による国選弁護費用の負担の実情など、詳細な項目が列挙された。他の予算措置が必要な制度の検討において、ここまで詳細に、検討事項に財政問題が持ち込まれているものは見当たらない。[注20]

また、作業分科会の第３回で提示されていた、勾留件数を減らすことによって、予算も減少するはずであるとの指摘は一切取り上げられていない。[注21]

## ４　分科会案提示後の議論状況

分科会案について、第22回会議において、再度、被疑者国選弁護制度の拡充の問題についてのみ予算がクローズアップされている点について疑問がある、勾留件数を適正にすることが予算の縮減に繋がるなどの指摘がされた。[注22]

第24回会議においては、弁護士の対応態勢についての、弁護士会の調査結果が報告された。また、被疑者国選弁護の活動が、刑事司法に掛かる公費負担、全体で見た公費負担を直接、間接に抑制する、削減する働きがあり、この制度のみの中での、公費負担の圧縮等を検討することについての視野の狭さが指摘された。[注23] 具体的には、被疑者段階での弁護活動の成功により、再犯、再入所の悪循環を断ち切ることによって、捜査から矯正、更生保護に至る刑事司法全体に掛かる公費負担の削減につながる効果である。

結局、この点については、特に議論が深まることはなく、複数の委員から、勾留されている全ての事件について国選弁護人を選任する制度自体については、賛成の意見があった。

また、逮捕段階における国選弁護の拡大についても問題提起がされた。[注24] 弁護士会が担う当番弁護士制度に対する公費による援助等については、逮捕段階での弁護人選任権が認められるかという点で議論が分かれた。もっとも、別の案として、捜査官の説明義務を拡大することが提案され、当番弁護士制度の運用は、二〇年余の実施により安定しており、告知義務の拡大には意義があるとの意見が述べられた。[注25]

事務当局試案は、５―１として、被疑者国選弁護制度の拡充として、「被疑者国選弁護制度の対象となるべき場合を（中略）『被疑者に対して勾留状が発せられている場合』に拡大するものとする」とし、併せて「法整備に当たっては、被疑者国選弁護の制度における公費支出の合理性・適正性をより担保するための措置が講じられることが必要である」とした。そして、５―２として、告知義務の拡大、すなわち、逮捕段階で弁護人の選任に係る事項について教示をすることを義務化する案を提示した。[注26]

そして、最終とりまとめである「新たな刑事司法制度の構築についての調査審議の結果【案】」は、事務当局試案と同様の内容となった。

すなわち、第２「新たな刑事司法制度を構築するための法整備の概要」の５の表題が「弁護人による援助の充実化」とされ、⑴において「被疑者国選弁護の対象を『被疑者に対して勾留状が発せられている場合』に拡大する。」、⑵において「司法警察員・検察官・裁判官・裁判所は、身柄拘束中の被疑者・被告人に弁護人選任権を告知するに当たっては、刑事施設の長等に弁護士・弁護士法人・弁護士会を指定して選任を申し出ることができる旨を教示しなければならないものとする。」とされた。

さらに附帯事項として、被疑者国選弁護制度についての公費支出の合理性・適正性をより担保するための措置が講じられることが必要であるとされている。[注27]

## 3　被疑者国選弁護制度の構築の視点

### 1　他の制度の議論になかった「財源」に関する指摘

特別部会及び分科会の議論全体を通して、被疑者国選弁護制度の拡大それ自体の方向性や意義についての、十分に根拠を持った反対論は示されなかったと評価できよう。

ところが、奇異の観が否めないところであるが、他の予算措置を講じる必要がある制度については全く出なかった、公費負担の具体的金額などが報告され、全体的な費用の圧縮が「必要」であるとの意見が繰り返し表明され、それが結局最終的な意見の中にも取り込まれてしまうこととなった。

仮にコストについて言及するのであれば、むしろ、被疑者が、実質的な援助を受ける権利を保障するために、必要な費用が確保されなければならないというのが、本来確認されるべき事項であったのではなかろうか。

議論の経過から見ても、身体拘束の基準を適正化することがコストの面でも重要であるという指摘があったこと、また、被疑者弁護が奏功することによって、刑事司法全体のコストをより減らす可能性などの指摘もあった。これらの指摘を少なくとも併記するのでなければ、議論の整理としても不十分なものにとどまったとの評価は免れまい。

## 2　視点が矮小化されたなかでの議論

被疑者弁護の重要性それ自体に、疑問をさしはさみ難かったことが一因と思われるが、特別部会の議論は、他の制度の議論と比較して、かなり視野が狭窄した状態の中で展開していったように見える。確かに、弁護士の対応態勢や、予算の問題は、制度を充実させ、実現するために、確認の必要がある事柄であったかもしれない。

しかし、本来議論されるべきことは、日本の刑事手続において、被疑者段階の弁護活動がどのような意義を持っており、そして、どのような制度を構築すれば、弁護人選任権を実質化できるか、という点であったはずである。

そのひとつが、被疑者弁護で被疑者が自己の権利を実際に行使するために必要な権利としての立会権であった。特別部会では、立会いを認める各国制度の紹介がなされた。[注28] 日本の現行法の解釈としても、弁護人の立会権を肯定する見解があるところであり、[注29] 立会いを認める各国の制度と比較する視点からも、立会いを認めなくとも、公正性が担保されているといえるのか、議論がされるべきであった。しかし、一定の結論を得るには至らないとの理由から、早々に議論は打ち切られ、継続して議論されることはなかった。[注30] この点については、今回の特別部会で結論が出ないとしても、具体的に時期を示した上で、検討すべき事項と位置付けるべきではないかという提案もなされたが、そのような方向性が示されることもなかった。[注31]

また、身体拘束そのものの妥当性が検討されることが、被疑者段階での被疑者の権利の実質的保障とは切り離すことはできないはずであるのに、被疑者国選弁護制度と関連付けて議論が深められることもなかった。

本来「被疑者国選弁護制度の拡充」という議題は、単に被疑者国選弁護人を付しうる範囲を検討するにとどまらず、被疑者段階でいかに弁護人の援助を実質化すべきかが議論されるために設定されていた。しかし、実質的な弁護人の援助を実現するための制度のあり方が、被疑者国選弁護制度の範囲とは切り離されて論じられたことによって、主として着目される問題ではない「コスト」が焦点となってしまった。

分科会の議論中で、酒巻匡委員が指摘したところであるが、もともと被疑者・被告人の弁護活動ということ自体が、普通の人の自然の感情からいうと、なかなか納得されないところであり、刑事弁護という制度の意味について情報発信することが必要である。[注32]

なぜ、被疑者国選弁護の拡充という問題についてのみ、「コスト」が大きな問題となるのか。「コスト」の問題が取り上げられるたびに、「国民の理解」という言葉が出てきている。ここでいう「国民」には、被疑者・被告人の立場に立たされるひとりひとりの人間は含まれることはないのであろうか。このような議論がなされること自体が、現在、日本の社会で被疑者・被告人の置かれている立場を示している。しかし、「刑事弁護活動とは、罪を犯したと疑われた者に対する国家刑罰権の発動と言う激烈な作用に対抗するゆえに、国民多数の意思・感情に抗してでも作動しなければならない側面を持つ。『少数者』のために国費の投入がなぜ必要なのか、『公的』制度であるのにもかかわらず、弁護人はなぜ国民多数の意思から独立に働かなければならないのか、その意義を説明する努力は、すべての法律家の使命と言うべきであり[注33]」、また、国家の責務でもある。コスト論の背景にある、国民に対する被疑者弁護の重要性の意義の説明に努力するとの方向性が、むしろ明記されるべきであった。

## 3　制度が整備されるべき根拠からの視点

そもそも、被疑者に弁護人が付されるべきというのは、憲法の要請である。

憲法制定過程についての分析から、憲法三七条三項により、被疑者、被告人いずれにも国選弁護人を付することが憲法の要請であるとの考え方もある。[注34]　憲法三四条は、実質的な弁護を受けることをその保障の内容としており、憲法三七条三項の趣旨と合わせ考えれば、憲法は、被疑者にも国選弁護人が選任されることを要請していると解すべきである。憲法一四条の規定する平等の理念に照らしても、実質的な弁護人の援助を受ける権利が、被疑者の資力に左右されるというのは憲法の趣旨にもとると言わざるを得ない。

アメリカ合衆国の最高裁判例は、国の費用によって弁護人を被疑者に付ける根拠として、①平等原則、及び②公正な裁判、公正な手続の理念の尊重をあげるとされる。[注35]金銭的な理由によって弁護人を付けられる者と付けられない者とが生じることは平等理念に反するし、また、資力がないがゆえに被疑者に必要不可欠な弁護人が存在しないならば、被疑者の権利は形式的に保障されているに過ぎないこととなり、公正な裁判、手続の理念が意味をなさなくなるからである。

日本国憲法一四条は、法の下の平等を規定している。また、日本においても、公正な手続を担保するために「弁護権の実質的保障」が必要であることについて異論はないところであろう。現在の手続が「公正」であると評価し難い現状について、第８回会議において、村木厚子委員は以下のように指摘した。[注36]

「捜査機関だけが非常に大きな権限を持っている（中略）体を拘束して取り調べができるとか、家宅捜索ができるとか（中略）。その捜査機関、検察が公判になれば、一方の当事者になる（中略）。自分が裁判を闘った中で、何で相手は大きな組織で、あたかもそれと対等な関係であるかのように私が被告人側で個人で闘うという形になっているんだろうと、大変不思議な感じがしました。（中略）そういった検察側、弁護側がきちんと対等に対峙をできる仕組みというのを考えていただきたいなというふうに思っています」[注37]。身体拘束を受けた被疑者としての実感のこもった重要な指摘である。

日本の刑事手続は、捜査機関のいいなりに令状が発付され、長期間の身体拘束、長時間の取調べとそれに基づく調書の作成、証拠開示が限定的にしか認められていない点などに照らせば、たとえ弁護人がついていたとしても、捜査側と被疑者側が対等の関係になった等というには、あまりにもかけ離れた実態があるとも評価されている。[注38]これは、村木委員の実感に基づいた発言と同様の評価であり、このような現状評価をこそ、重く受け止めるべきである。

さらに、村木委員は、被疑者が権利行使をすることの困難性について、「黙秘していいんだろうかとか、黙秘していると不利になるのではないかとか、そういう取調べの初期の段階で自分に与えられた権利とか、こういうもののルールがわからないという、これは非常に辛いんですね。（中略）何とか弁護士さんと接見、接触をして初めて頑張って本当のことを言おうということで否認に転ずる人もいるんです[注39]」と表現している。

制度が整備されなければ、権利の規定があったとしても、その行使は実質的に不可能である。このように、特別部会の議論の中には、可能な限り早期の弁護人の援助の必要性を検討すべき素材は十分にあったし、そもそも諮問がされた経緯からしても、被疑者国選弁護制度の拡大を最低限として、その実質をどのように確保するか、どのような制度が必要となるかが議論されるべきであった。もともと、弁護活動の実質化は、誤判問題への取り組みをひとつの契機とし、最高裁白鳥決定後の一連の再審開始決定、これによる救済、救済を契機とする誤判原因論の視点からの弁護活動が展開されるという流れのなかで、発展してきた。[注40]特別部会が立ち上げられた契機も、誤判につながりかねない捜査上の問題点が多く指摘されたことにあった。被疑者国選弁護制度の範囲の拡大にとどまらない、これと有機的に関連する実質的な弁護権の保障を実現する制度の提案が、特別部会に期待された役割であった。しかし、その期待に、十分応える成果があがったとまでは評価し難い。

## 4　結びに代えて

新しい時代の刑事司法はどのようにあるべきか。それは、「公正」であるべきである。このこと自体には何らの疑いもない。しかし、実質的に被疑者段階の手続を、実質的に「公正」な手続にするための道のりはいまだ遠いと言わざるを得ない。

もちろん、被疑者国選弁護制度の範囲が拡大される方向性が示されたことそれ自体は、本来あるべき方向に一歩進んだということを意味する。逮捕段階での告知義務についても、現状よりもよりよい方向性に踏み出したという評価ができる。しかし、今回の特別部会の諮問がどのような事実経過を受けてなされたものかを考えるにつけ、さらに進んだ、被疑者の実質的な権利保障という観点での議論、そして、全体的な制度設計ができなかったのだろうかという思いは残る。

被疑者弁護の残された課題については、今後、さらなる取組みによって、解決していかなければなるまい。

注１　第６回会議配布資料21。
注２　後藤昭委員、第６回議事録一六頁。
注３　第７回会議配布資料22「第２回・第６回会議における意見要旨」。
注４　同上、一〇頁。
注５　後藤昭委員、第10回会議議事録二二頁。
注６　青木和子委員、第12回会議議事録一六頁。
注７　井上正仁委員、第12回会議議事録二二頁。
注８　島根悟幹事、上冨敏伸幹事、第12回会議議事録二三頁。
注９　神津里季生委員、第12回会議議事録三三頁、島根悟幹事、第12回会議議事録三四頁。
注10　上冨敏伸幹事、第15回会議議事録四六頁。
注11　井上正仁委員、第15回会議議事録四七頁。

注12　宮崎誠委員が、たたき台に対する反対意見第18回会議議事録三三頁をして、「必要に応じてさらに当部会で検討を加える」事項とされた。
注13　神洋明幹事は、予算を特別にとりあげる点についての疑問を提示している、第18回会議議事録一三頁、安岡崇志委員も同様、三二頁。
注14　反対意見としての安岡崇志委員発言三二頁。将来的検討課題とされていたものが、検討しないとの意味かとの指摘を経て、「別途検討されるべき」との表現となった、19回会議議事録二頁、岩尾信行幹事の修正に関する説明。
注15　第２作業分科会第３回会議議事録二四頁。
注16　同上、二五頁。
注17　同上、二五頁。
注18　第２作業分科会第９回会議議事録五頁。
注19　作業分科会における検討⑵、第21回会議配布資料63。
注20　安岡崇志委員は、政治的な利害や政府機関内の利害から離れた専門的な見地から望ましい制度、政策を提示するというのが部会の役割であると指摘する、第22回会議議事録六頁。
注21　安岡崇志委員が再度本部会議で指摘、同上。
注22　第22回会議議事録三頁、安岡崇志委員発言、上冨敏伸幹事は、勾留の数を減らすこととリンクさせた議論は作業分科会では行われていないと述べた、同七頁。
注23　第24回会議議事録、安岡崇志委員発言、一七〜一八頁。
注24　小野正典委員提出資料「逮捕段階における弁護人（弁護士）の援助の充実化について」第23回会議参考資料一四七頁。小野正典委員発言第24回会議議事録一四頁、当番弁護士制度を敷衍した新たな制度については、その理論的根拠についての説明が必要と意見が述べられた、川出敏裕幹事発言一九〜二〇頁。
注25　第24回会議議事録一九頁。
注26　事務当局試案、第26回会議配布資料65、一五頁。
注27　「新たな刑事司法制度の構築についての調査審議の結果【案】」一一頁。

注28　弁護人の立会いを認めるイタリア、フランス、アメリカ、韓国の各制度、内容については期日外視察の視察概要「イタリア共和国視察結果（概要）」八頁、「フランス共和国視察結果（概要）」一〇～一二頁、「新時代の刑事司法特別部会における期日外視察の概要（アメリカ合衆国ワシントンＤＣ）」一〇頁、「新時代の刑事司法特別部会における期日外視察の概要（大韓民国）」九～一二頁参照。

注29　後藤昭『捜査法の論理』（岩波書店、二〇〇一年）一五八頁参照。

注30　「時代に即した新たな刑事司法制度の基本構想」一一頁。

注31　神洋明幹事発言、第19回会議議事録一五頁。

注32　第２作業分科会（第８回）議事録一二頁。

注33　酒巻匡「公的被疑者弁護制度について」ジュリスト一一七〇号（二〇〇〇年）九三頁。

注34　憲法的刑事手続研究会編『憲法的刑事手続』（日本評論社、一九九七年）四〇四頁、学説によって根拠条文はさまざまであるが、学説の整理について岡田悦典『被疑者弁護権の研究』（日本評論社、二〇〇一年）三一四頁参照。

注35　岡田・同上書三一四～三一五頁。

注36　第８回会議議事録二二～二三頁。

注37　第10回会議で神洋明幹事が、この発言を再度確認している。

注38　山口健一「第22章　日本における国選弁護制度のあり方について」後藤昭ほか編『実務体系　現代の刑事弁護１　弁護人の役割』（第一法規、二〇一三年）三八七頁。

注39　第14回会議議事録四六頁。

注40　大出良知＝上田國廣「刑事弁護の新しい世紀」日本弁護士会連合会編『21世紀弁護士論』（有斐閣、二〇〇〇年）二九二～二九三頁参照。

（たかひら・きえ）

# 第４章 犯罪被害者等及び証人の支援・保護の方策

水谷規男　大阪大学教授



## 1　はじめに

法制審議会―新時代の刑事司法制度特別部会（以下「特別部会」とする）に対する諮問事項[注1]では、捜査・公判の在り方の見直しと被疑者取調べの録音・録画が主たる検討事項とされていた。そこには被害者保護に関する具体的な項目は含まれていない。しかし、特別部会には、被害者団体から委員が選ばれ[注2]、特別部会によって被害者を含む証人保護制度を拡大する提案がなされようとしている。

そこで本稿では、特別部会の提案する新たな証人保護制度等が特別部会の構想の中でいかなる位置づけを与えられているのか、そして新たな制度が真に被害者のニーズに見合ったものになっているかどうか、さらにその導入が刑事手続にどのような影響を与える可能性があるかを検討することとしたい。

## 2　被害者、証人保護に関する特別部会の議論の経緯

特別部会における被害者、証人保護に関する議論は、以下のようなものであった。

各委員から特別部会における検討課題が示された第2回会議（二〇一一年七月二八日）において、被害者団体の代表である委員から被害者遺族からのアンケート結果が示され、特別部会における検討課題として、刑事司法による二次被害の防止、被害者に対する情報提供の充実、被害者を傷つける弁護活動の制約、被疑者・被告人が真実を話さないことへの制裁、最新科学を駆使した捜査手法の法制化、被害者のいる犯罪では取調べを可視化しないことを求める意見が出されていた。[注3] 第5回会議（二〇一一年一月一八日）では、被害者遺族からのヒアリングが行われ、[注4] ①被害者の視点を意識した制度設計、②真相が解明できる捜査手段の整備、③犯人が真実を供述する制度、④私人訴追制度、⑤被害者支援の拡大の五点を求める意見が出された。[注5] 第2回会議とこのヒアリングで示された意見は、取調べの可視化には消極的で、通信傍受やおとり捜査などの捜査手段の拡大には賛成し、被告人の虚偽供述に対する制裁を肯定するなど、特別部会における警察・検察サイドの委員の意見との高い共通性がある。[注6]

以上を受けた第一巡目の議論では、第12回会議（二〇一二年七月三一日）で被害者保護の問題が取り上げられた。そこでは、被害者の捜査段階での供述を録音・録画して公判で利用する制度、裁判所外の場所とのビデオリンクによる証人尋問を可能にする制度、証人の氏名等の秘匿、被害者に対する情報提供や弁護士による援助の拡大、性犯罪の

非親告罪化などを検討するよう求める意見が出された。[注7] この段階では、被害者の立場に配慮した様々な意見が出されていることが分かる。第一巡目の議論を受けたとりまとめに向けた議論（二〇一二年一二月五日、第16回会議）では、ビデオリンク方式による証人尋問の拡充、捜査段階での供述の録音・録画媒体の公判での活用、証人に関する情報の保護、証人の安全保護が検討項目とされた。[注8] 被害者に対する情報提供や弁護士による援助、性犯罪の問題は、この段階で検討対象から外れている。ここで注目されるのは、被害者や捜査官の立場からだけではなく、弁護士の委員から児童虐待や性犯罪の被害者について司法面接の方法を取り入れて、[注9] 早い段階で供述を確保しておくべきだとする意見が見られたことである。

ところが、二〇一三年一月に公表された「基本構想」では、被害者、証人の保護の問題は、ビデオリンク方式による証人尋問の拡充、被害者等の捜査段階の供述の録音・録画媒体の主尋問に対する証言に代えた利用、証人に関する情報の保護、証人の安全の保護の四項目に絞られる。[注10] これは、基本構想が証人保護の問題を「供述調書への過度の依存を改め、より充実した公判審理を実現するための方策」として位置付けているためであろう。

基本構想を元に、証人保護に関しては第2分科会で制度化に向けた議論が行われた。しかし、分科会には一般有識者の委員は入っておらず、分科会の議論を受けた部会の議論（二〇一三年一一月一三日、第22回会議）で被害者の立場からの意見が出されている。[注11] この意見は、ビデオリンクによる証人尋問や捜査段階の供述の録音・録画媒体の利用については対象者を広く認めるべきとし、証人に関する情報の保護には賛成する一方で、被疑者国選弁護の拡充には反対、証拠開示の拡大は、証拠隠滅や偽証につながるから反対、というものであった。ここにも、被疑者・被告人に対して敵対的な姿勢を取り、被疑者・被告人の権利保障よりも被害者の利益を図るべきであるとする被害者側の姿勢が現れている。

分科会の議論は、「作業分科会における検討結果（制度設計に関するたたき台）」として取りまとめられた（二〇一四年二月一四日、第23回会議）[注12]。この段階では、基本構想にあった四項目が検討対象であった。ところが、二〇一四年四月三〇日（第26回会議）に示された「事務当局試案」[注13]では、「捜査段階の供述の録音・録画媒体の公判での活用」と「証人の安全の保護」がなくなり、「ビデオリンク方式による証人尋問の拡充」、「証人の氏名及び住居の開示に係る措置」、「公開の法廷における証人の氏名等の秘匿」の三項目（「証人に関する情報の保護」が二つに分割されているため、実質的には二項目）に絞られている。これは、「捜査段階の供述の録音・録画媒体の公判での活用」は、反対尋問のために証人として出廷しなければならないとすれば、負担軽減や二次被害の防止につながらないとの意見があり、「証人の安全の保護」は、氏名や住居の変更を制度的に認めるには、民事、行政に関わる問題を検討しなければならず、特別部会では扱えないとの指摘があったためであろう。しかし、これによって、新たな制度は被害者保護のための制度というよりもむしろ証人等となる者の保護のための制度に換骨奪胎されたと見るべきであろう。

以上のような「事務当局試案」に至る経緯を見ると、特別部会では結局、現在の刑事司法制度の枠組みの中で実務的に実現可能な制度を「被害者」に限定せずに認める方向に収斂していったことが分かる。事務当局試案で取り上げられた三つの項目は、いずれも現在ある被害者保護、証人保護のための諸制度（刑訴法二九二条の二の意見陳述制度）、刑訴法三一六条の三三以下の被害者参加人制度、証人保護制度（刑訴法一五七条の二の付添、一五七条の三の遮蔽、一五七条の四のビデオリンク、刑訴法二九〇条の二、二九九条の三の被害者特定事項の秘匿）を根本的に改変するものではないのである。

## ３　特別部会「事務当局試案」における証人保護制度

以上の経緯で作成された「事務当局試案」における証人保護制度は、具体的には次のようなものである。[注14]

## １　事務当局試案７―１「ビデオリンク方式による証人尋問の拡充」

犯罪の性質、証人の年齢、心身の状態、被告人との関係その他の事情により、①被告人が在廷する裁判所の同一構内に出頭するときは精神の平穏を著しく害されるおそれがあると認められる者②同一構内に出頭するとしたならば、自己若しくはその親族の身体若しくは財産に害を被り又はこれらの者が畏怖し若しくは困惑する行為がなされるおそれがあると認められる者③遠隔地に居住し、その年齢、職業、健康状態その他の事情により、同一構内に出頭することが著しく困難であると認められる者、について証人尋問を行う際に、裁判所が検察官及び被告人又は弁護人の意見を聴いたうえで、別の場所に証人を在席させ、映像と音声の送受信により相手の状態を相互に認識しながら通話をすることができる方法によって尋問する。

現行のビデオリンクによる証人尋問（刑訴法一五七条の四）は、証人が「同一構内」の別室に居る場合に限定されている。また、この方式による尋問が予定されているのは、性犯罪の被害者、児童福祉法違反事件の被害者児童、訴訟関係人が在席する場所で供述するときは「圧迫を受け精神の平穏を著しく害されるおそれがある」者である。

これを拡充する理由として挙げられたのは、被告人が在廷する裁判所に出向くこと自体が被害者にとって二次被害の要因となるとか、組織犯罪の事件では、同一構内とのビデオリンクでは、傍聴に来た組織の関係者から尾行されるなどして報復を受けるおそれがある、ということであった。また、民事訴訟法の「映像等の送受信による通話の方法による尋問」[注15]が「同一構内」に限定していないこと[注16]も指摘されていた。

しかしまず、この制度は被害者が証人になる場合だけを想定したものではない。[注17]上記②の類型については、組織犯罪の場合に組織の幹部の事件で組織の下位の構成員が証人となる場合が想定されており、上記③の類型については、出頭が困難な証人一般を対象としていると考えざるを得ない。[注18]また特別部会の議論の中で弁護人の立場からは、証人がその場に出てきて証言することによって事実認定に資する、というのが憲法三七条二項の法意ではないか、という指摘がされている。[注19] この観点から、②の「畏怖・困惑する行為がなされるおそれ」という要件が漠然としており、広すぎるとの批判があり、[注20] 証人の保護と被告人の反対尋問権の保障とが衝突することは否定できない。「同一構内」かどうかよりも、ビデオリンクによる証人尋問の対象者の範囲が拡大されることが本質的な問題である。

## 2　事務当局試案7―2「証人の氏名及び住居の開示に係る措置」

検察官は、①証人（鑑定人、通訳人、翻訳人を含む）やその親族に危害が加えられ、または畏怖・困惑させる行為が行われるおそれがあるときは、刑訴法二九九条一項により証人の氏名・住所を知らせるべき場合に、氏名・住居を（被告人には知らせてはならない旨の条件を付して）弁護人のみに知らせ、あるいは防御に実質的な不利益を生じるおそれがある場合を除き、弁護人にも氏名・住居を知らせないで、氏名に代わる呼称と住居に代わる連絡先を知らせる措置をとること、②刑訴法二九九条一項により証拠書類又は証拠物を閲覧させる機会を与える場合に、その中に証人請求する予定の者または供述録取書等の供述者の氏名・住所が記載されているときに、同上の危害、畏怖・困惑行為が行われるおそれがあるときは、（被告人には知らせてはならない旨の条件を付して）弁護人のみに閲覧の機会を与え、あるいは防御に実質的な不利益を生じるおそれがある場合を除き、弁護人にも氏名・住所を知らせず、氏名に代わる呼称と住居に代わる連絡先を知らせる措置をとることができる。

裁判所は、検察官が上記①、②の条件を付した措置をした場合について、被告人または弁護人の請求により、決定で当該措置を取り消すことができ、検察官が氏名に代わる呼称と住居に代わる連絡先を知らせる措置をとった場合においては、被告人または弁護人の請求により、決定で氏名・住居を知る機会を与えるか、被告人には知らせてはならない旨の条件を付して弁護人にのみ知らせることができる。これらの裁判所の決定に対しては、即時抗告を認める。

上記の検察官の措置、それに対する裁判所の決定に関する規定は、公判前整理手続における検察官請求証拠の開示（刑訴法三一六条の一四）、類型証拠の開示（刑訴法三一六条の一五）、主張関連証拠の開示（刑訴法三一六条の二〇）に準用する。

裁判所における書類及び証拠物の閲覧・謄写に関しても、検察官が上記①、②の措置をした場合には、閲覧・謄写の制限をすることができる。

弁護人が上記の被告人に知らせてはならない旨の条件に違反した場合には、検察官が付した条件違反に関しては検察官が、裁判所が決定で付した条件違反に関しては裁判所が、当該弁護士が所属する弁護士会または日本弁護士連合会に適当な処置をとるべきことを請求することができる。請求を受けた弁護士会または日本弁護士連合会は、請求をした者に請求に対してとった処置を通知する。

現行制度では、証拠開示に関する証人・被害者の個人特定事項の秘匿措置は刑訴法二九九条の二、二九九条の三に規定されている。公判前整理手続における証拠開示についてもこれらの規定が準用されている（三一六条の二三）。これらの規定により、証人・被害者の個人特定事項を（被告人を含む）関係人に秘匿することが可能である。[注21]また、被告人・弁護人は、開示を受けた証拠の目的外使用を禁止されている（二八一条の四、二八一条の五）。

これに対して、事務当局試案が提案する「証人の氏名及び住居の開示に係る措置」は、保護の対象を証人だけでなく、鑑定人、通訳人、翻訳人にも拡大し、弁護人にも氏名・住居を知らせない（その場合には氏名に代わる呼称と住居に代わる連絡先を知らせる）というところまで秘匿措置を拡大しようとするものである。これについて、二〇一四年二月の「作業分科会における検討結果」では、検察官の取り得る措置としてＡ案（上記と同じ）とＢ案（弁護人には開示するが被告人には知らせない旨の条件を付することにとどめる）が併記されていた。[注22]しかし、特別部会の第24

回会議でＢ案を支持する意見が出されていたにもかかわらず、[注23] 結局Ｂ案を含む段階的措置を認めたのがＡ案であるという理由で、[注24] 上記のような提案にまとめられたのである。

しかし、Ｂ案ではなぜ不十分なのかについて、特別部会で出された論拠は説得的とは言い難い。まず、弁護人を通じて被告人に証人や被害者の個人特定事項が知られてしまい、弊害が生じたという実例は示されていない。被害者の立場からは「弁護人から被告人やその関係者にも情報が漏れてしまうのではないかという不安感」がぬぐえないとの指摘があり、他の委員もＢ案では組織犯罪の場合などで対応できない場合がある、と指摘していた。しかし、それは結局、可能性のレベルに留まっている。また、Ａ案を支持する意見として、防御に不利益が生じる場合は、弁護人には知らせるのだから問題はないとする指摘があったが、これに対してＡ案で限定要件になっている「防御に実質的な不利益を生じるおそれ」を検察官、裁判官が判断できるのか、という根本的な疑問さえ示されていたのである。[注25]

証拠開示の段階では、開示された証拠に個人情報が含まれていたとしても、それが公開されるわけではない。また、現在でも開示を受けた証拠について目的外使用を禁じる規定（二八一条の四、二八一条の五）がある。目的外使用を禁じる規定により、すでに従前から行われてきた活動に対して萎縮効果が現れているとの指摘がある。これに個人特定事項について現在以上の制限がかかることになれば、弁護人から開示を受けた証拠を被告人に差し入れて検討してもらうといった、当然に必要な防御活動さえ行われなくなるおそれがある。[注26]

## ３　事務当局試案７―３「公開の法廷における証人の氏名等の秘匿制度」

裁判所は、証人（鑑定人、通訳人を含む）、供述録取書等の供述者（通訳人、翻訳人を含む）から申出があるときは、個人を特定させる事項が公開の法廷で明らかにされることによって、①その者若しくはその親族の身体若しくは財産に害を加え又はこれらの者を畏怖させ若しくは困惑させる行為がなされるおそれがあると認められる場合、または②その者の名誉又は社会生活の平穏が著しく害されるおそれがあると認められる場合には、個人を特定させる事項を公開の法廷で明らかにしない旨の決定をすることができる。裁判所が上記の決定をした事件について、個人を特定させる事項を公開の法廷で明らかにしないことが相当でないと認めるに至ったときは、裁判所はその決定を取り消さなければならない。

上記の決定があった事件の起訴状の公訴事実に個人を特定させる事項が含まれるときは、起訴状の朗読は、個人を特定させる事項を明らかにしない方法で行う。

上記の決定があった場合において、犯罪の証明に重大な支障を生ずるおそれがある場合又は被告人の防御に実質的な不利益を生ずるおそれがある場合を除き、個人を特定させる事項についての尋問（被告人質問を含む）または陳述を制限する。

上記の決定があった場合には、証拠書類の朗読も個人を特定させる事項を明らかにしない方法で行う。

現行制度では、刑訴法二九〇条の二に被害者等特定事項の非公開の規定がある。ビデオリンクの場合と同様、現行規定は性犯罪の被害者、児童福祉法違反事件の被害者児童、被害者特定事項の公開により「名誉又は社会生活の平穏が著しく害されるおそれ」がある被害者等について、裁判所の決定によって、公開の法廷で被害者特定事項を明らかにしないことを認めるものである。事務当局試案の提案は、秘匿の範囲を特定の範囲の被害者等から大幅に拡大し、秘匿の具体的な方法を示しているところに特徴がある。

秘匿の対象者には、7—2の証拠開示等の場合と同様、証人だけでなく、鑑定人、通訳人、翻訳人が含まれている。被害者や証人と異なり、鑑定人、通訳人、翻訳人は裁判手続の協力者であって、単なる私人ではない。専門的知識や語学の知識を用いて、中立的な立場で職責を果たすのが鑑定人、通訳人、翻訳人である。その氏名等を公開の法廷で明らかにしないことにどのような意味があるのか、そもそも理解しがたい。被告人やその関係者による加害行為や畏怖・困惑行為が想定されている7―2の証拠開示の場合と異なり、公開の法廷で明らかにしないことの意味は、傍聴人あるいは一般公衆に個人特定事項が分からないようにすることにある。被害者や被告人に敵対的な証人であれば、名前を明かして公開の法廷で供述すること自体への抵抗感があることや、自分が被害を受けた事実が一般には知られないことに意味があることは理解できる。しかし、鑑定人、通訳人、翻訳人にこのような配慮は不要であろう。[注27]つまり結局のところ、現行の刑訴法二九〇条の二による被害者等特定事項の非公開ではなぜ不十分なのかが理解しがたいのである。

## 4　被害者保護と刑事司法の基本構造

以上の証人等の保護に関する事務当局試案の内容は、ビデオリンクによる証人尋問の「同一構内」以外への場所的な拡大[注28]を除くと、立法事実に乏しいか、あらたな制度によって達成されるメリットに比して、被告人側の防御活動に対する制約が大きいと考えられるものである。特別部会に期待されたのが、従前の取調べに依存した捜査がもたらした冤罪を防ぐ制度を構築することであったことに鑑みると、被害者保護の問題は、被害者のニーズを満たすという観点と冤罪防止の観点が調和し得るのかどうか、という根本的な議論からスタートするべきであったと考える。事務当局試案は、そのような議論を欠いたまま提示されたものと言わざるを得ない。

ところで、特別部会の議論の最初の段階では、被害者側から「犯罪被害者等が刑事司法に裏切られたと思わないで、刑事司法に関わって自分なりの役割を果たし、人としての尊厳を取り戻すことができる刑事司法に改革する」ための抜本的な制度改正が求められていた。また被害者遺族からのヒアリングにおいては、「刑事司法は被害者のためにもある」という理念に即した制度改正が求められていた。[注29]そこで援用されていたのが二〇〇四年の犯罪被害者等基本法であり、具体的には被害者等の刑事手続参加の拡充であった。このような被害者の思いそのものは、きちんと受け止める必要がある。しかし、すでに見たように、特別部会の議論やその結果出された事務当局試案は、このような被害者側のニーズを正面から受け止めたものとはなっていない。議論は被害者保護から証人保護のための制度へと収斂していき、被害者側の意見もそれを被害者保護の視点から可能な限り拡大すべきだとするものに変わっていったのである。

他方で、被害者側の意見は、他の論点では捜査機関への信頼を表明しつつ、被疑者・被告人や弁護人に対しては不信感と敵対性を露わにするものになっている。警察や検察による情報提供の不足や被害者の意向を反映しない職権行使を批判していたはずの被害者の意見が警察・検察官僚の意見と同化してしまう。それだけでなく、被害者側の意見は特別部会の機会を利用して権限を拡張しようとする警察、検察の立場を後押しするものにさえなっている。

このような被害者側の意見は、捜査や裁判に「真相の解明」を求める姿勢から出されている。ここで主張される「真相の解明」は、結局は「犯人をより重く処罰すること」を意味しているから、それを実現できる捜査権限の拡大と被疑者・被告人の権利の制限が必要である、ということになってしまうのである。しかし、刑事司法手続は、個人（被疑者・被告人）に国家が刑罰権を発動しようとする場である。そこでは、「国家からの自由」として各種の権利保障が不可欠であり、特別部会に求められていたのも、第一義的にはこの観点からの権利保障の確立だったはずである。

被害者側のニーズを取り入れつつ、適正な国家刑罰権行使を実現することは、たしかに容易ではない。しかし、被害者代表を委員に入れて議論を始めた以上は、特別部会はこの困難な課題に取り組むべきであった。被害者遺族アンケートやヒアリング[注30]から読み取ることができる捜査機関や検察官に対する不信感にどう応えるか、あるいは被害者の二次被害防止と被告人側の防御権行使を両立させる制度は、いかにして可能か、被害者側の応報感情がそのまま刑事手続に流入しないようにするために被害者保護制度をどう再構築するか、そういう観点からの議論の再出発が必要であろう。

ここ十数年ほどの間に次々と立法が行われた被害者関連の制度は、被害者団体の立法を求める運動に応えて作られてきたものである。[注31] しかし「新時代にふさわしい刑事司法制度」を志向するのであれば、被害者に認められる権利とは何であるのかについて、今一度立ち止まって考えてみる必要がある。[注32]

## 5　おわりに

本稿脱稿時点では、事務当局試案の証人保護制度について、今後どのような議論が展開され、具体的にどのような法案が作られるのかを予測することは難しい。[注33] しかし、これからの議論に上述したような被害者保護、証人保護と被疑者・被告人の権利保障の確立とを両立させる制度構築への根本的な転換を期待することもまた難しいであろう。それならば、今後示されるであろう証人等の保護制度の提案に対しては、被疑者・被告人の権利保障と抵触するおそれがある（少なくとも特別部会においてそのおそれが指摘されている）部分について、立法化の中止を求め、新たな議論の場の設定を求めていくことが必要である。

注１　諮問第92号。「近年の刑事手続をめぐる諸事情に鑑み、時代に即した新たな刑事司法制度を構築するため、取調べ及び供述調書に過度に依存した捜査・公判の在り方の見直しや、被疑者の取調べ状況を録音・録画の方法によ

り記録する制度の導入など、刑事の実体法及び手続法の整備の在り方について、ご意見を承りたい。」というものであった。

注2　法制審議会の部会の委員に被害者団体の代表を入れる扱いは、被害者保護二法（二〇〇〇年）のとき以来、数度にわたっている。特別部会には、被害者代表である大久保恵美子委員のほかに冤罪被害者である村木厚子厚生労働省事務次官を含む一般有識者の委員が六人いるので、被害者代表が参加していることにさほどの違和感はない。しかし、諮問事項からして、被害者のニーズを取り上げようとする意図が部会の構成に現れているとは言い難い。

注3　http://www.moj.go.jp/content/000077709.pdf　注意したいのは、この被害者遺族のアンケート結果によると、「刑事手続上の負担」の項目で、「あてはまる」と「ややあてはまる」という回答が多い（七割を超えている）のは、「刑事手続について分からず不安だった」と「警察や検察庁での事情聴取が苦痛だった」であり、「裁判で証言をすることが負担だった」、「裁判で証言する機会がなかった」については三割台で、多くはないことである。

注4　第5回会議議事録（http://www.moj.go.jp/content/000084089.pdf）三一〜三六頁。

注5　ヒアリングを受けた假谷氏のペーパー（http://www.moj.go.jp/content/000083476.pdf）参照。

注6　私人訴追制度を導入すべきだとする意見は、検察官が不起訴（起訴猶予）とした事件では真相が解明されないことがあるという文脈で出されており、この点には被害者側の意見と捜査・訴追側の意見の対立がある。

注7　第12回会議議事録（http://www.moj.go.jp/content/000102078.pdf）二四〜三〇頁。

注8　第16回会議配布資料「証人及び被害者の保護等のための施策について」（http://www.moj.go.jp/content/000104738.pdf）、第16回会議議事録（http://www.moj.go.jp/content/000105854.pdf）一九〜二五頁。

注9　司法面接（forensic interview）について、日弁連は二〇一一年八月に「子どもの司法面接制度の導入を求める意見書」を公表していた（http://www.nichibenren.or.jp/library/ja/opinion/report/data/110819_6.pdf）。司法面接の方法による供述採取は、現在の参考人の取調べが記憶の汚染を生みやすく、複数回の聴取による負担（被害者の場合それ自体が二次被害になる）をもたらすことに鑑みると、子どもや性犯罪被害者に限定せずに検討されてよいと思われる。

注10　http://www.moj.go.jp/content/000106628.pdf

注11　http://www.moj.go.jp/content/000116067.pdf

注12　http://www.moj.go.jp/content/000119687.pdf

注13　http://www.moj.go.jp/content/000122699.pdf

注14　事務当局試案の概要説明（第26回会議議事録（http://www.moj.go.jp/content/000123772.pdf）九〜一一頁）。

注15　民事訴訟法二〇四条。要件は「証人が遠隔の地に居住するとき」（一号）、証人が「圧迫を受け精神の平穏を著しく害されるおそれがあると認める場合であって、相当と認めるとき」（二号）である。

注16　民事訴訟規則一二三条一項は「当事者を受訴裁判所に出頭させ、証人を当該尋問に必要な装置の設置された他の裁判所に出頭させてする」と規定する。

注17　分科会では、刑事施設等に収容されている者について、「心情の安定」や「矯正教育の効果を害さない」ためにビデオリンクを認めるべきであるとする意見が出されていた。しかし、刑事施設とのビデオリンクについては、裁判所の立場からも弁護人の立場からも反対の意見が出されている（第２分科会第10回会議議事録（http://www.moj.go.jp/content/000119969.pdf）一一〜一三頁）。

注18　証人が法廷に出頭することが困難な場合には、裁判所外での所在尋問（刑訴法一五八条）が可能である。ビデオリンクの拡大をするのであれば、これとの関係をどう整理するかも問題となる。

注19　第16回会議議事録（前掲注８）二六〜二七頁の小坂井久幹事の発言。

注20　第２作業分科会第10回議事録（前掲注17）一三頁の神洋明幹事の発言。

注21　ただし、防御のために必要であるときは、被告人に秘匿措置をとることはできないこととされている（とくに二九九条の三但書）。

注22　http://www.moj.go.jp/content/000119687.pdf

注23　http://www.moj.go.jp/content/000122321.pdf　特に周防正行委員は、「A案のように弁護人に氏名、住居を知らせないという、そういう状態で本当にそれは裁判と言えるものになるのだろうかという疑念がどうしても起きてしまいます」と疑問を呈している（三一頁）。

注24　第26回会議議事録（前掲注14）一〇頁。

注25　第24回会議議事録（前掲注23）三〇頁の小野正典委員の発言。
注26　B案のレベルであれば、書類を差し入れる際に個人特定事項のみをマスキングすることで対応できる。しかし、仮名などしか分からなければ、弁護人が開示を受けた証拠の意味を的確に把握することが困難となり、被告人に知られないよう気遣うあまり、開示を受けた証拠の検討を求めなくなる可能性がある。
注27　防御の観点や裁判の公正の観点からは、鑑定人等の専門知識や中立性に問題がないかどうかが検証できるよう、個人情報が知らされることに意味がある場合があるはずである。
注28　対象者ではなく、リンクする場所を拡大することは、民事訴訟法でも認められていることであり、対面しないで行う尋問のやりにくさ、という問題が残るだけだからである。
注29　前掲注３、前掲注４参照。
注30　前掲注３参照。
注31　これを「ポピュリズム」として批判する論者も少なくない。たとえば、宮澤節生「ポピュリズム刑事政策の到来と批判的立場への課題」菊田幸一他編『社会のなかの刑事司法と犯罪者』（日本評論社、二〇〇七年）五七九頁以下、西村春夫「被害者の刑事裁判参加制度とポピュリズム政治」法学セミナー六四五号（二〇〇八年九月）二六頁以下。
注32　拙稿「犯罪被害者の人間の尊厳と刑事手続」福田雅章先生古稀祝賀論文集『刑事法における人権の諸相』（成文堂、二〇一〇年）三頁以下。拙稿では、被害者に認められるべき権利として、損害回復を受ける権利、情報提供を受ける権利、手続二分を前提とした量刑手続以降の手続参加の権利、さらには、刑罰権実現の場ではなく、被害者と被疑者・被告人の関係性の再構築を目的とする新たな手続（修復的司法）における主体的な手続参加の権利を提示した。
注33　本稿脱稿後の二〇一四年六月二三日開催の第28回会議で「事務当局試案〔改訂版〕」（http://www.moj.go.jp/content/000124478.pdf）が示され、さらに七月九日開催の第30回会議において「最終的な取りまとめ」が示されたが、証人保護の部分には改訂はない

（みずたに・のりお）

第5章
# 自白事件を簡易迅速に処理するための方策

新屋達之　大宮法科大学院大学教授



## 1　はじめに

二〇一四年四月三〇日に法制審議会―新時代の刑事司法制度特別部会に提出された「事務当局試案」（以下、「試案」と略す）は、「自白事件を簡易迅速に処理するための方策」として、一定の事由の存在を理由に即決裁判手続の申立てが撤回されて公訴が取り消された場合、再起訴要件を緩和するとの方針を打ち出した。

自白事件の簡易迅速な処理手段としては、これ以外にも、有罪答弁制度導入論があった（たとえば、第13回会議の論点整理文書である「自白事件を簡易迅速に処理するための制度について」のA案）が、ほとんど支持されなかった。同意や有罪陳述の撤回制限についても、簡易手続がかえって利用されない（第17回会議議事録PDF版二六頁〔酒巻匡委員〕）、自白の維持義務を被告人に負わせることの可否や制度設計・法的効果を検討する必要がある（同三三頁〔川出敏裕幹事〕）といった問題点が表明されていたが、「時代に即した新たな刑事司法制度の基本構想（修正版）」（二〇一三年一月。以下、基本構想と略す）とその後の作業分科会における基本的な制度設計の段階では、現在の即決裁判手続の科刑制限の緩和、即決裁判手続とは異なる新たな簡易手続の創設、その簡易手続における同意の撤回の制限も考えられていた。[注1]

ところが、試案取りまとめの直前の第26回会議（二〇一四年三月七日）においては、新たな簡易手続の有効性への疑義（議事録二四頁〔小野正典委員〕）、制度の必要性や実施に伴う困難（議事録二六頁以下〔角田正紀委員〕）といった批判が目立ち、導入を積極的に求める意見が見られなかった一方、再起訴要件の緩和については、疑義を呈する意見も少なくなかった（議事録二四頁〔小野委員〕、同二六頁〔角田委員〕、同二七頁〔後藤昭委員〕）とはいえ、「『公訴取消後の再起訴制限の緩和』だけでも実現していただければというふうに思っております」（議事録二五頁〔上野友慈委員〕）という強い導入論があった。

このような経過から、試案では再起訴制限の緩和のみが課題とされたのであろう。

以下では、現実に立法課題として動いている再起訴制限の緩和に問題を絞って論じることとするが、[注2]この制度もまた、理論上も事実上も重大な問題をはらむものというべきである。

## 2　制度設計の概要と理由

1　試案によると、再起訴制限の緩和が検討されているのは、即決裁判手続に関して公訴取消しがなされた場合である。具体的には、捜査段階において、①被疑者（刑訴法三五〇条の二第二項）ないしその弁護人による即決裁判手続に対する同意ないし意見留保（三五〇条の二第四項）の撤回、起訴後、判決までに②被告人または弁護人による同意の撤回（三五〇条の一一第一項一号）、③被告人が訴因につき有罪である旨の陳述と相反しあるいは実質的に異なる供述をした場合（三五〇条の一一第一項二号）、④裁判所による即決裁判手続不相当の判断のいずれかの事由を理由として検察官の公訴取消しがあると、その後の再起訴は、「犯罪事実につきあらたに重要な証拠を発見」した場合（刑訴三四〇条）でなくとも許されるというものである。

現段階（二〇一四年五月）で判明している立法構想はここまでで、公訴取消し後の再捜査（特に身体拘束や取調べ）などの重要な関連問題がいかに扱われるのかはなお定かでない。

同意の撤回があれば必ず公訴を取り消して再出発するという趣旨まではなく、公訴取消しを行うか否かの裁量はなお検察官に留保されているのであろうが、主に被疑者・被告人側の事情を理由に即決裁判手続の公訴が取り消された場合、再起訴を事実上フリーパスとするというものである。

2　このような提案は、刑事司法における資源配分の必要性から、自白事件と否認事件の峻別が必要であるところ、その手段として導入された即決裁判手続がさほど利用されていないとの指摘に端を発したものである。自白事件における捜査の省力化問題は、政府の司法改革推進本部内の裁判員制度・刑事検討会でも話題となっていたが[注3]、今回の部会では、第11回会議における川出幹事の発言を契機とするようである（議事録二八頁）。

すなわち、「即決裁判で処理される事件でも、捜査自体は通常どおりしっかりやっておかなくては駄目で、捜査の負担が軽減されないということがあるという御指摘がありました。それは、要するに、検察官としては、捜査段階で、これは即決裁判で処理することが妥当な事件であると考えたとしても、即決裁判の申立てをした後に、被告人が否認に転じることになった場合のことを考えて、結局は、それでも有罪にできるような捜査をしておく必要があるということなのだろうと思います」。

そこで、「例えば、被告人が有罪答弁をするという前提で、検察官が申立てをした後に、被告人が有罪答弁をしなかった、あるいは、途中でそれを撤回したという場合に、捜査に戻れるような手続を考えておく必要があると思います。現在の刑事訴訟法の下では、そのような場合は、公訴の取消しということになると思いますが、その場合の再起訴の要件が厳しくなっていますので、そのような制約をなくす必要があるでしょうし、また、捜査に戻すとして、身柄拘束をどうするかという点の検討も必要になってくるかもしれません。そうした点も含めて、捜査に戻れる制度というのをセットで考えておく必要があるのではないかと思います」というのである。

### 3

提案は、審議過程での発言などからみると、以下のような発想に由来する。

すなわち、即決裁判手続に乗るであろう自白事件では、当初の捜査段階における諸活動をある程度省略・簡易化し、その上で即決裁判手続を請求する。例えば、被疑者や参考人の取調べの回数や時間、調書の分量などを減量する、裏付け捜査を簡略化する、実況見分などもある程度簡略化する、といった方法などを考えているものと思われる。そして、被疑者・被告人が即決裁判手続によることの同意を維持すれば、その簡略化された分だけ捜査が減量化できるというのである（もっとも、そのこと故に起訴基準を変えることまで含意していないようである）。同意の撤回などがあった場合、当初の捜査段階での証拠状態のままでは有罪の確保が困難となる可能性があるため、公訴をいったん取り消し、再捜査によって通常の事件の証拠状態まで証拠収集を行い、その上で再起訴しようというものである。

公訴取消しを行う理由のひとつは、起訴後の被告人に対する取調べや強制処分の実施が、被告人の当事者としての地位と整合し得るかに疑義がある点に求められている。

## ３　再起訴制限緩和への疑問⑴

**１**　しかし、第一に、再起訴制限の緩和も含め、自白事件の簡易迅速化を要するとの立法事実の存在自体が不透明である。この点で、新たな制度導入の必要性自体が疑わしいといえる。

すなわち、審議の過程では、裁判員制度の導入による関係者の負担増について、具体的データが示されたわけでない。この点で、感覚的議論に終始していたとの指摘さえある。また、刑事事件の数も減少傾向にあり、むしろ負担は減っているのでないか、という疑問があるのである。[注4]

一方、即決裁判手続については、この手続によっても捜査の迅速化は図られないので検察官が選択しないこと、この手続によることの利害が検察官・被告人の間で一致しないこと、が利用の低調な根拠であり、また、事実誤認上訴の制限にも疑問が残るとの指摘がある。[注5]このうち、捜査の迅速化の点については、これを根拠に再起訴制限の緩和が打ち出されたのであるが、あとの二点は即決裁判手続の制度自体に内在する問題点であり、必ずしも新たな簡易手続の枠組みと直結するものでない。

**２**　第二に、たとえ立法事実が存在する、あるいは将来に向けて事前に策を講ずることが許されるとしても、捜査の省力化と再起訴制限の緩和がなぜ、またどのように繋がるのか、審議の過程を見ても必ずしもはっきりしない。けだし、犯罪事実の存在といった基本的捜査活動を簡易化することはできないであろうし、裏付け捜査などの簡略化・省力化が可能となるためには、当該捜査を行うべき時点で同意がなされることがほぼ確実に判明していなければならないはずである。しかし、即決裁判手続によることが確実となるのは早くとも送検後であろうから、[注6]裏付け捜査などもどこまで簡略化できるかは不明である。

他方、身体拘束や取調べを思い切って減量してみるというのであれば、これはひとつの考えではある。しかし、公訴取消し後の再捜査でこれらを蒸し返すことになると、次に触れる捜査の糺問化といった問題と直面する。だが、そもそもこれまでの捜査が肥満し過ぎていたことが問題でないのか。

**3** より根源的な第三の疑問として、再起訴制限の緩和は捜査の糺問化を助長するのでないかとの問題がある(第17回会議議事録三一頁及び第22回会議議事録四六頁〔いずれも後藤委員〕参照)。すなわち、公訴取消しと再捜査・再起訴が行われるのは、多くの場合、情状事実についてでなく罪体立証を固めるためであろう。また、再捜査といっても、再起訴を予定してのそれであるから、被疑者・被告人の否認の事実をもとに事件や従前の捜査過程を再検証するというよりも、有罪立証を可能とするための証拠収集である。けだし、被疑者取調べが弁解聴取の場でなく、自白獲得のための手段であることについては、それを是とする立場であれ否とする見地であれ、実態認識としては一致している。基本構想も、取調べへの「過度の依存」は戒めるものの基本的にはこのような取調べ観を変えるものでない。それ故に、再捜査といっても、同意を撤回した被疑者等に対する取調べによる自白維持や有罪立証のための証拠収集のみにウエイトがかかることが容易に想像されるのである。特に再逮捕した上での取調べが許されるとすれば、身体拘束期間の規制との関係も問題となる。

実態を是認する立場からすればそれでよいとしても、批判的見地からみれば、このような事態がきわめて耐え難いことはいうまでもない。特に深刻なのは、数自体は少ないであろうが、いくら軽微事件とはいえ犯人性が争点となる場合で、再捜査・再起訴に名を借りた取調べ圧力の強化や、[注7]有利な証拠潰しの発生、身体拘束時間の制約の「合法的」

潜脱が懸念される。仮に再捜査・再起訴ということを考えるのであれば、そのような事態が発生しうることに備えて、充分な弁護権保障の担保が同時に存在しなければならない。しかし、そのような思考が特別部会の大勢に存在するかは、疑問である。

### 4　再起訴制限緩和への疑問(2)

**1**　もうひとつの根源的な疑問として、特別部会はもとより関連論稿でも余り触れられていないが、再起訴制限の緩和自体が、二重の危険の精神との関係で許容しうるのかという、刑事手続のあり方と大きく関わる問題が存在するように思われる。刑訴法三四〇条の解釈論とも関わるので、同条の趣旨をも踏まえて考えてみる。

**2**　旧刑訴法までは、予審免訴後に新事実・新証拠の発見などがあった場合には再起訴が許されるとされていたが(旧刑訴法三一七条一号)、公訴取消し後の再起訴は許されないとされてきた（旧刑訴法三六四条三号）[注8]。これに対し、現行刑訴法では、予審免訴後の再起訴はなくなったものの、図らずしもこれと入れ替わる形で三四〇条が制定され、重要な証拠の発見を理由とする再起訴が明文で許容されるようになった。

三四〇条の趣旨は、「現実には起訴前における被疑者の身体の拘束が時間的に短縮され、一方被疑者が供述をしないことが多くなって、捜査に時間を要することになることが予想されるのに、当分の間、捜査の迅速化が望めないので、完全な捜査を終わった後起訴することが困難となる。従って公判手続中に公訴の維持がむずかしくなり、そのまま放置すれば無罪の判決となる。そうなれば仮にあらたな証拠を発見しても、再起訴が禁ぜられることになるから、重大な犯人、殊に悪質な犯人をみすみす逸する可能性も少くない。そこで、かような場合に公訴を取り消して、その

後あらたに重要な証拠を発見した場合に再起訴を許す途を開いたのである」という点にある。[注9]

これは、（一定限度での）捜査の弾劾化に伴う証拠収集の不便や予審免訴後の再起訴の廃止の代償として再起訴を容認することで実体的真実発見の利益を求めつつ、二重の危険という権利保障との調整を図る趣旨である。前者の観点から、従来は許されなかった公訴取消し後の再起訴を許容し、後者の観点（特に二重の危険の観点）から、「重要な証拠の発見」があった場合に再起訴を限定したという二重の性格を持つのが本条だといえる。確かに、捜査の弾劾化により証拠収集に不便をきたすというのであれば、このような調整論もありえないわけでなかろう。しかし、現行法とて捜査の弾劾化を徹底して推し進めたものでない上、弾劾的捜査観の拒絶と取調べ中心主義が法運用の現実である。[注10]基本構想や試案も、その根本に手を入れるものでない。

利益調整という性格を持つとはいえ、本条が、被告人の地位を不安定化する制度であることは明らかである。そこで、本条の制定当初から立法論的に疑問があるとの見解は少なくない。中世の仮放免を思わせる規定とさえ評され、その削除論が現在でも根強い、いわばいわくつきの規定であった。のみならず、違憲の疑いを指摘する論者も存在している。[注11]そして、このような疑問の根源は、本条が再起訴をまがりなりにも許容するという点にあることはいうまでもない。

**3**　このように、制限付きであっても公訴取消し後の再起訴を認めることには、重大な疑義が表明されてきたのである。

三四〇条をめぐるこれまで批判の中心が、証拠固めの時間稼ぎのために公訴を取消すという、検察官のいわば権利濫用的な公訴取消しにあったことは事実である。他方、今回の提案は、被疑者・被告人側の同意撤回の場合の公訴取消しへの対応という点では、検察官側に全責任があるとは限らないことも事実であろう。しかし、このことを踏まえても、問題の核心が公訴取消し・再起訴に伴う被告人の地位の不安定化という点にある以上、比較的軽微な事件で、かつ被疑者・被告人側の事情に起因するとはいえ、制限を外して公訴取消しを理由とする再起訴を自由化するというのは、この疑義を増幅させるものであっても減少ないし消滅させるものでない。しかも、先にもふれたように、公訴取消しと再捜査・再起訴が問題となるケースの多くは、情状問題でなく実体問題であると考えられるから、権利濫用的な公訴取消しの場合と本質が変わるわけでない。

特に、捜査の弾劾化に手をつけないままであれば、わずかに残されていた調整の観点も破綻をきたす。

**4**　それでも、同意の撤回が、氏名冒用や身代わりであったとか、もっぱら訴訟遅延目的であったとかというように、被疑者・被告人側の問題行動に由来する事情からなされ、それが頻繁だというのであれば、再起訴制限の緩和もまだ正当化できるかもしれない。だが、特別部会では、そもそものような検証がなされていない。

加えて、同意の撤回自体、被告人側の訴訟上の信義則違反によるもののみでなく、捜査・訴追側の責に起因する場合が存在することも否定はできない。捜査側の偽計・利益誘導による自白をもとに無実の被疑者・被告人が即決裁判手続に同意したが、後にそれを撤回したといった場合などは、たとえ少数であっても重大な問題を内在している。また、被疑者が事実を認めたことにより本来必要な捜査が省略された結果、無罪方向での事実が解明されないといった場合もある。[注12] これらの場合、捜査手続のくびきを逃れて、あるいは公訴提起により訴追側主張を理解して初めて自らの主張を展開することができるのであるから、同意の撤回にまつわる危険負担は捜査・訴追側にある。必要な捜査の省略も、捜査・訴追側の責任であることはいうまでもない。そして、同意の撤回の契機がこのような捜査・訴追側の許されざる作為・不作為に由来するのであれば、同意の撤回に対して公訴取消し・再起訴という手段を認めるのは、やはり禁じ手という他ない。

## 5　むすびにかえて

自白事件を簡易迅速に処理し、浮いた資源を重大事件に回す。これ自体は正当な主張であり、これに反対する者はない。しかし、その場合であっても、刑事手続の基本原則を踏まえたものでなければならないことはもちろん、手続のもたらすであろう負の部分についても見極めておくことが必要である。

だが、特別部会においては、もっぱら捜査・訴追機関の便宜の観点からことが論じられており、刑事手続の原則との整合性や起こりうる問題点を踏まえた議論はほとんどなされなかったか、黙殺されたに等しいといわざるを得ない。このような中で、中世の仮放免を彷彿とさせるとまで評されている公訴取消し後の再起訴を自由化するというのは、たとえ一部の軽微な事件についてであるとはいえ、到底正当化しがたいように思われる。二〇一三年の国連拷問禁止委員会では、「日本の刑事手続の実態は中世」という発言まで登場したが、法制度まで「先祖帰り」すべきでない。

注１　以下、議事録の引用については、法務省ＨＰのＰＤＦ版の頁数を示す。

注２　試案で課題から外れた即決裁判手続の科刑制限の緩和や同意撤回の制限についての問題点については、福島至「被告人の権利保障に軸足をおいた議論を」法と民主主義四七七号（二〇一三年）四二頁、水谷規男「争いのない事件の手続」季刊刑事弁護七五号（二〇一三年）三九頁、『新時代の刑事司法制度』に対する刑事法学者の意見」季刊刑事弁護七六号（二〇一三年）一八〇頁参照。

注３　特に、その第23回会合（二〇〇三年七月二九日）では、「否認したら、また捜査に戻って勾留が始まるというふうにできないか」（髙井康行委員）、「即決裁判によることが相当でないと判断された場合には、再度の公訴提起が行われることを前提に、公訴提起に向けての所要の捜査ができるような仕組みにしていただく必要がある」（樋口

健史委員）といった意見が出されている。
注４　福島・前掲注２論文四四頁、「『新時代の刑事司法制度』に対する刑事法学者の意見」季刊刑事弁護七六号（二〇一三年）一九三頁。
注５　水谷・前掲注２論文四一頁。
注６　検察官が、被疑者から即決裁判手続によることの同意について確認書面を得る必要があるためである（刑訴法三五〇条の二第二項、第三項参照）。
注７　ちなみに、注３の裁判員制度・刑事検討会においては、公訴取消しは、被告人に対する取調べに支障が生じないようにするための手段であることが述べられている（髙井委員）。これは、起訴後の被告人取調べに批判が強いことから、公訴取消しで身分を被告人から被疑者に戻し、問題を回避するとの趣旨に出るものだろう。しかし、再起訴が予定されていれば、形式的には被疑者取調べだと言っても、実質的には被告人取調べと変わらないのであろう。
注８　河上和雄「公訴の取消」熊谷弘他編『公判法大系Ⅰ』（日本評論社、一九七四年）三二八頁以下参照。
注９　横井大三『新刑事訴訟法逐条解説』第三輯（司法警察研究会公安発行所、一九四九年）一三七頁以下。立法趣旨を見る限り、ここで公訴取消事由として想定されているのは、起訴猶予の延長（すなわち刑事政策的理由）としての公訴取消しでなく、有罪・無罪の実体判断に関わる事由である。またそれ故に、公訴取消し後の再起訴についても、実体判決の場合に準じて、二重の危険の観点を考慮する必要が出てくることとなる。田宮裕『一事不再理の原則』（有斐閣、一九七八年）九三頁参照。
注10　また、それ故に、幸か不幸か仮放免的実態が生じなかったわけである。
注11　違憲説ないし違憲可能性説として田宮・前掲注９書九三頁、白取祐司『刑事訴訟法』（第七版、日本評論社、二〇一二年）二一七頁。ごく近時の削除論として、『大コンメンタール刑事訴訟法第二版』第八巻（青林書院、二〇一一年）三三一頁〔田口守一〕。
注12　福島至「略式手続と事実誤認」光藤景皎編『事実誤認と救済』（成文堂、一九九七年）が検討対象とした略式命令確定後の再審事例の中には、捜査機関が狂言強盗の嫌疑を実際の強盗被害者にかけた事例（Ｒ事例）、必要な捜査がなされなかったと思われる事例（Ｉ、Ｓの各事例）、取調べへのわずらわしさから事実を認めた事例（Ｊ事

例）があり、これらは、略式手続であるが故に発生した誤判だと評価されている。公判が開かれる即決裁判手続の場合とは事情を異にする面もあるが、簡易手続であることが裏目に出て、無実でありながら事実を争わない事例が存在することを示している。なお、志布志事件無罪判決（鹿児島地判二〇〇七年二月二三日判タ一二三一号二八三頁）は、「本件のように、法定刑が比較的低く、有罪になっても、罰金刑かせいぜい執行猶予付きの懲役刑になる可能性が高いと見込まれる場合、身柄拘束を受ける被疑者・被告人にとって、刑責を負うかどうかよりも、身柄拘束がいつまで続くのかの方が、はるかに切実な問題となるのは至極当然である」と述べている。

《補記》

脱稿後、特別部会27回会議（六月一二日）では、試案に関する検討が行なわれ、試案に対して修正が加えられ、その結果が七月九日の最終答申となった。再起訴要件の緩和については、当初の試案が挙げた本文掲記の①ないし④のいずれかの事由に基づいて即決裁判手続の取消し決定があった事件で、「第二九二条本文の規定による証拠調べが行われることなく公訴が取り消された場合」とされた。

校正時点では議事録が判明していないため、いかなる理由からかかる修正がなされたのかを知ることはできないが、公訴取消し・再起訴が実体形成の開始後にも許されるとすることに対し、理論上・実際上の懸念や疑問が提起されたためであろう。

しかし、問題は、捜査・訴追側の事情で一度取り消した公訴をむしかえせるという点であり、そもそもこのような立法を行うこと自体に疑義がある。加えて、仮にこのような立法が許されるとしても、今回の修正は再起訴要件の緩和を証拠調べ請求前の公訴取消しに限っている点で、立法趣旨とされた捜査の減量という効果はそれほど期待できないのではなかろうか。むしろ、これを蟻の一穴として将来の拡大に含みを残すことが意図のようにさえ思われるのである。

（しんや・たつゆき）

# 第6章
# 「被告人の虚偽供述に対する制裁」案（及びその変遷）について

光藤景皎　大阪市立大学名誉教授・弁護士



## 1　はじめに

法制審議会―新時代の刑事司法制度特別部会（以下、「特別部会」という）は、二〇一三年一月二九日の第19回会議で、それまでの審議をもとに「時代に即した新たな刑事司法制度の基本構想」をまとめた。そこでは、「被告人の虚偽供述に対する制裁」の制度を設けることにつき具体的な検討を行っていくとされていた。その後、作業分科会での検討作業を経て、二〇一四年二月一四日の第23回会議に、「作業分科会における検討結果（制度設計に関するたたき台）」が提出され、「被告人の虚偽供述に対する制度」の具体案が示された。下記の「資料1」は「基本構想」における説明の文章であり、「資料2」は「たたき台」の制度案である。

### 2　二つの資料を読む

#### 1　資料1　被告人の虚偽供述に対する制裁（基本構想）

「エ　被告人の虚偽供述に対する制裁

現行の被告人質問（刑事訴訟法第三一一条）に関しては、被告人の公判における供述の在り方として、英米法系の諸外国では、被告人がその供述を公判廷における証拠としたいと考えるときは、証人となって偽証罪の制裁の下で証言しなければならないのが通例であり、大陸法系の諸外国では、虚偽供述に対する制裁はないものの、被告人が判断権者である裁判所の主導による厳しい質問を受けるのが通例であるのに対し、我が国の被告人質問においては、被告人が弁護人からの質問に答えて自己の言い分を供述する一方、検察官や裁判官からの質問には黙秘するという対応も可能であり、かつ、その供述の全てが証拠となることとされており、このような言わば中途半端な被告人供述の取扱いが、総じて被告人の公判供述に対する信用性に疑義を生じさせることとなっているのではないかとの指摘や、一般国民の間では、うそをついてはならないのが当たり前であるのに、被告人がうそをついても制裁がないというのでは、刑事司法制度の在り方が国民の意識からかい離したものとなり、国民の信頼を失うものとならないかとの指摘がなされた。

その上で、現行の被告人質問制度を維持して、被告人が公判廷で虚偽の供述をしても何ら処罰を受けないままとするのでは、新たな刑事司法制度がより充実した公判審理を指向するとしても、被告人の捜査段階における供述調書への過度の依存を改めることはできないから、被告人が公判廷で真実を語るべきであるという当たり前のことを担保するため、公判廷における被告人の虚偽供述を処罰する制度を導入するべきとの意見が示された。そして、その具体的な方法としては、現行の被告人質問を維持しつつ、被告人質問でなされた虚偽供述を処罰対象とする罰則を設ける方法も考えられるが、確立している証人尋問手続を活用することによって被告人に証人適格を認め、その供述を証拠とすることを望むときは、被告人が証人として偽証罪の制裁の下で証言する仕組みとすることが望ましいとの意見があった。

このような制度を設けることについては、被告人が幾ら真実の供述をしたとしても、本案について誤って有罪とされた場合には、更に虚偽の供述をしたとして処罰されることとなり、二重に誤った処罰を受けるおそれを生じさせることとならないか、また、そのようなおそれにより被告人の防御活動や真実の供述までもが萎縮させられることとなったり、被告人が公判廷で一切供述しないという事態の増加を招くこととなり得るが、それは我が国における刑事裁判の在り方として好ましくないのではないか、被告人が真実の供述をするべきであるとしても、それを担保するために虚偽供述を処罰するまでの具体的な必要性は認められず、現在も行われているように、明確な虚偽供述をした場合に反省の態度がないとして量刑上不利益に考慮され得ることで足りるのではないかなどの指摘もなされたことから、指摘される懸念をも踏まえ、その採否も含めた具体的な検討を行うこととする」。

## ２　資料２　被告人の虚偽供述に対する制裁（「たたき台」）

「第３　被告人の虚偽供述に対する制裁

考えられる制度の概要

1

(1)　裁判所は、被告人又は弁護人の請求があるときは、被告人を証人として尋問することができるものとする。

(2)　(1)の尋問は、刑訴法三〇四条の規定にかかわらず、まず弁護人がするものとする。

(3)　裁判長、陪席の裁判官、検察官、共同被告人またはその弁護人は、(2)の尋問の後、被告人を尋問することができるものとする。この場合において、陪席の裁判官、検察官、共同被告人又はその弁護人の尋問は、裁判長に告げてしなければならないものとする。

(4)　被告人又は弁護人の請求により、被告人が作成した供述書又は被告人の供述を録取した書面で被告人の署名若しくは押印のあるものが取り調べられたときは、裁判長、陪席の裁判官、検察官、共同被告人又はその弁護人は、被告人を証人として尋問することができるものとする。この場合において、その書面に記載された供述は、公判期日における証言としてされたものとする。

2

(1)　1の尋問については、刑訴法第三一一条第一項（被告人の包括的黙秘権）の規定は、これを適用しないものとする。

(2)　1の尋問については、証人尋問に関する規定のうち、刑訴法第一五〇条（出頭義務違反と過料等）、第一五一条（出頭義務違反と刑罰）、第一五七条第一項及び第三項（被告人の立会権及び尋問権）、第一五七条の二（付添い）、第一五七条の三（遮へい）、第一五七条の四（ビデオリンク）、第一六四条（証人の旅費等請求権）、第二八一条の二（公判期日外の証人尋問における被告人の退席）、第二九九条第一項（証人の氏名・住居を知る機会の付与）並びに第三〇四条の二（被告人の退廷）の規定は、これを適用しないものとする。

3

(1)　刑訴法第三一一条第二項及び第三項（被告人質問）の規定は、削除するものとする。

(2)　冒頭手続における被告人の陳述（刑訴法第二九一条第三項）、証拠調べが終わった後の被告人の陳述（同法第二九三条第二項）その他公判期日における被告人の陳述であって1の尋問手続以外の手続でしたものは、証拠とはならないものとする。

4　現行の被害者参加人等による被告人への質問（刑訴法第三一六条の三七）と同様の範囲・要件で被害者参加人等による被告人への尋問を許すものとする」。

**3**　これを読んだとき、被告人が公判廷で供述するとき真実義務ありとし、それが違反に対して制裁を科すという試みをかつて読んだことがあると思った。

記憶をたどって思いおこしたのは、ドイツ国家社会主義のもとでの学者の論文であるが、これについては、松倉治代助教授の丁寧な紹介がある（松倉治代「刑事手続における Nemo tenetur 原則(1)——ドイツにおける展開を中心として」立命館法学第三三六号〔二〇一一年〕一七四頁）。

それによると、ヘンケル（Henkel）は通説が、被疑者・被告人は嘘をつく権利は有していないが、法的な真実義務も課されないとしていたのに対し、刑事手続において被疑者・被告人に対して真実義務を課することを支持した。真実義務は真犯人だけが負い、真犯人に贖罪させることによる法秩序の実現の問題である。真実義務は道徳上の義務であるだけでなく、民族共同体が真犯人に対してその行為の責任を負うことを期待することを意味する。それゆえヘンケルは、真実義務を被疑者・被告人の人格の破壊ではなく、むしろ「人格の価値の承認」であると解した。ただし、被疑者・被告人が真実義務違反に対して虚言罰で威嚇されることは、過去の経験上望ましくない。また、自白獲得のため強制や脅迫を用いることも違法である。それゆえ刑事手続における被疑者・被告人の虚偽は、刑罰加重という形で考慮されると主張した（Henkel, Die Gestalt des Künftigen Gedanken zur Strafverfahrens DJZ 1935

Heft9 S.535-538. 松倉・前掲三三六号一七四頁）。

このヘンケルが苦い経験とした虚言罰は、どういうものであったか、みておく必要があろう。

## ３　虚言罰とは

### 拷問の廃止

人間の理性に反するものとして一七四〇年六月三日プロイセンのフリードリヒ大王は、勅令により、それまで三〇〇年続いた拷問を廃止する。拷問の廃止は、糺問訴訟の構造の中から強制手段のみを抽出して廃棄したのであって、自白の意義については、これまでと変わらなかった。糺問訴訟の構造はそのまま保持された。「有罪判決をするためには、被告人の自白か又は二人以上の信用のおける証人の一致した供述がなければならない」という法定証拠法則は維持されたままであった。

拷問は、物理的暴力行使を伴う唯一の手段ではなかったので、被告人の供述が矛盾に満ちている場合や、頑なに黙秘をつらぬく場合にこの供述の採取をし易くする制度として、不服従罰や虚言罰が置かれた。

例えば、一八〇五年一二月一一日公布のプロイセン刑事訴訟法はその二九二条において、「頑固で狡猾な犯人が、あつかましい嘘と……頑固な否認又は完全な黙秘によって、うけるに相当の刑罰を逃げることができないように」身体的折檻を定めた。一八二四年七月二七日のヴュルテンベルク刑訴法二八条以下にも同様の規定がみられる（虚言罰等の歴史については、松倉・前掲三三六号一九六頁以下が詳しい）。

情況証拠は一般に有資格証拠（vollen Beweis）と認められなかったし、自由心証主義はまだ通用していなかった。

拷問が徐々に消えてゆくのにつれて、別の強制手段へ逃避せざるをえないと考える人も出てきた。被告人の態度が、審問目的の達成を、例えば、供述の拒絶、虚言、反駁により妨げるところでは、不服従罰や虚言罰が設けられた、といわれる（Höra, Wahrheitspflicht und Schweigebefugnis des Beschuldigten(1970) S.19）。

拷問が、その手続自体に関係づけられそして被告人の供述を強制する手段とみられたのに対し、虚言罰は刑罰と同様、何か過去のこと及び罪過の結果に対する制裁であった。その際、否認又は供述拒絶にたいしても言い渡される刑が、被告人をして裁判所が得たいと思っている供述をするよう強制せざるを得ないことを黙過しがちであった。この意味で虚言罰を拷問の代替物と呼ぶのは、正しいとフェーラ（Höra）は言う。

これに対し、自由心証主義と、弾劾主義の導入とともに、被告人の供述の自由が徐々に実現されていった。被告人の訴訟主体としての地位の承認とともに、虚言罰や不服従罰は姿を消していった。供述強制の基礎といった規定がやがてすべて廃止されていった。最初は一八三一年にバーデンにおいて、遅くても一八四九年プロイセンにおいて。

このように、不服従罰や虚言罰の廃止に伴って、訴訟法上黙秘権が成立してくるのである。黙秘権は最初は、被告人に対し訴追されているその犯罪事実を告げ、それについて意見を陳述するか否かを尋ね、それに答えるかどうかは自由であるという権利として成立する。やがて、この権利を裁判所等が被告人に告知することが重要であることが自覚され、やがて詳細で明確な黙秘権告知の規定が設けられる（ドイツ刑訴法一三六条a参照）。

このような歴史の思い出が、国家社会主義的な刑訴法の改革にあたり、ヘンケルが「被告人の虚偽供述に対する制裁」をとり上げることには賛成しなかった理由と思われる。

## 4　「被告人への証人適格付与」を通しての被告人の虚偽供述への制裁の創設、並びに被告人質問の廃止

被告人に訴訟法上の真実義務を認め、これに違反があった場合に直接これを処罰する規定をおけば、それは虚言罰を復活させるものであり、被告人の黙秘権侵害の制度となることは明らかだろう。

しかし、被告人に黙秘権の放棄を認め、訴訟法上の真実義務のある立場に置けば、この問題を回避することができるのではないか。

おそらく、こう考えて案が出来たのではなかろうか。

被告人の証人適格を認め、それを介して供述の真実性を確保しようとする制度はすでに英・米にあり、それが違憲とされたこともない。あとは立法問題と考えたのであろう。

### 1　被告人の証人適格をめぐるこれまでの議論

被告人を強制的に証人として尋問することは許されないが、任意に証人となる場合は証人適格を否定すべき理由はないとする説もある（高田卓爾『刑事訴訟法』〔第二版、青林書院新社、一九八四年〕一六九頁）。

被告人が被告人の地位のまま供述したのではその供述の証明力が弱いので、より強い証明力が認められるよう、証人適格を与えた方がよいのではないか、といわれた。そしてこの点で、賛成説もあった（高田博士はわが国への即座の導入には賛成されていなかった）。

これに対し、不賛成説が唱えられたが、その中で、松尾浩也博士のものが、もっとも行き届いた意見とみられていた（松尾浩也＝田宮裕『刑事訴訟法の基礎知識』〔有斐閣、一九六六年〕一四三〜一四四頁）。

ここでそれを紹介しておこう。

「立法論として証人適格を認めることは、慎重な考慮に値する問題である。しかし、結論としては認めない方がよいと思われる。その理由として第1に、我が国とイギリスないしアメリカでは、歴史的な事情を異にしており、我が国の被告人は、現状において自由な発言の機会を与えられている。イギリス、アメリカではかつてこれを欠いていたから、被告人に証人適格を認める改正は、第1次的に被告人の地位を改善する意義をもったのである。我が国では、もし改正するとすれば、被告人の地位を悪化する方が目立つことになろう。その点は、被告人に証人台を強制するのではないのだからといってみてもやはり同じである。第2に、証人台に立った場合、検察官の反対尋問は、おそらく強力なものであろう。なぜなら、我が国の現状では、起訴前の捜査は徹底しており、とくに被疑者の取調は入念になされているからである。証人台に立たなかった場合、我が国の事実認定者は陪審ではないのであるからコメント禁止というようなクッションを設ける余地がなく、そのまま裁判官の心証となるだろう。いずれにしても、被告人に有利な材料ではない。そして現在とくに被告人に不利益な改正を試みる理由は見当たらない。第3に、改正の方向をアメリカ式にするか、イギリス式にもってゆくかが問題である。前者は証人として宣誓しない限り、供述できないとするのであるから急激な改革にすぎ、適当でなかろう。後者については、前述したように、当のイギリスで批判を生じていることを注意する必要がある。これを要するに、現在ないし近い将来において、被告人に証人適格を与えるため法律改正をすることは、適当でないという結論になる」と。

二〇一三年はこれが執筆された一九六六年からみて近い将来ではないかもしれないが、第3で「急激な改革」とされた案が、現在提案されたのである。

## 2　被告人の証人適格の創設と被告人質問の廃止

「たたき台」は上記のように被告人に証人適格を認め、「1⑴裁判所は、被告人又は弁護人の請求があるときは、被告人を証人として尋問することができるものとする」としたのにあわせて、さらに「3⑴刑訴法三一一条第二項及び第三項（被告人質問）の規定は、削除するものとする」という案文を掲げた。

この点は、酒巻匡委員の特別部会第2作業分科会第5回会議での解説（一三頁以下）が分かりやすい。即ち、酒巻委員「……証拠として自己に利益な内容の供述を公判に顕出する場合は、基本形は証人になると、そういう大枠は作る必要があると思います。……そうでない場合はどうするかというと、これは憲法上の権利である黙秘権を行使する。一切黙っているかしゃべるか、どちらかになる。しゃべるのだったら、偽証罪の制裁の下で証人としてしゃべっていただく。

この証人尋問は、検察官とか裁判所が強制するわけではありませんので、当然、被告人の請求にかからせるということになる。そういう制度をとったときに、無宣誓供述をそのまま、現行の三一一条を維持していると訳の分からないことになりますから、これはきれいにやめる」と（一三頁）。

## 3　「たたき台」に対する意見

これらに対して、裁判官委員からなされた意見は案のようにした場合どうやって自白事件等において量刑資料等を得ることができるかという厳しいものであった。

髙橋康明幹事「……アメリカなどでは被告人に証人適格が認められているんですけれども、これは、公判では、否認事件の罪体について事実認定を行う際に、被告人が供述する方法としてどうするかというレベルの問題だと思うんですが、現行の日本の刑事裁判を前提とすると、裁判員裁判を含めて、自白事件においても、量刑の判断について公判での資料収集が非常に重要なのかなと思います。酒巻委員のおっしゃるとおり、腹をくくって刑事裁判は姿を変えるんだというふうに国民的な合意ができれば、それはそれで一つの大変革になると思うのですが、一方で、今までは公判での量刑判断にとっては、被告人の供述というのも重要な要素になっていたので、これがもし証人尋問という形となると、弁護人からの証人尋問請求がない以上、裁判所としては、被告人から証拠という位置付けで話を聞けなくなるということになるわけで、そういう制度に変革することが本当に良いのかというのは、これは大きな話として慎重に検討しなければいけないのかなと思います。

それからもう一つ、自白事件で仮に被告人について証人尋問請求がないとする場合、被告人の供述として残るのは捜査段階の供述ということになりますので、場合によっては三二二条による請求があったら、そちらの書面を採用するというような形にならざるを得ないという場面が出てくると思います。今の実務では自白事件の場合は、なるべく公判にいる被告人から供述してもらいましょうという運用をしており、それで足りれば捜査段階の調書は不要ということで、検察官が撤回されたり裁判所が却下するというように公判廷での被告人の供述を中心に審理を行うという運用を行っているんですが、もし制度ががらっと変わるとなると、公判でなかなか供述が被告人から出てこない場合、捜査段階の供述がメインになってしまうというように、また調書依存という逆転現象が起きてしまうのではないか、今目指している公判中心の審理と逆行してしまわないか、そういう懸念も感じております」と（一八頁）。

上記では、弁護人が被告人の証人尋問請求をしなければ、裁判所が被告人の口から供述を聞くことができなくなるということが懸念されているが、被告人の証人適格を介しての証人尋問の採用と被告人質問の廃止により、そもそも被告人から供述をとりにくく量刑に資する資料をうることが一般に困難になることが懸念されているのである。

例えば門野博元判事は「……思うに、これまで、日本の刑事法廷ではほとんどの被告人が被告人質問に応じ、それがむしろ常態化していることに照らせば、そして、被告人として法廷に立たされた者の一般的な心情、更にはわざわざ証人として立つことの不安やわずらわしさを考えれば、おそらく証人として証言する者が被告人質問に答える者より減少することは否定しがたいように思われる」といわれている（門野博「公判廷に顕出される証拠が真正なものであることを担保するための方策等」刑事法ジャーナルvol.37、四四頁）。これは、平素法廷に立つ裁判官や弁護人の多くと共通の考えではなかろうか。

したがって、「争いのない自白事件において、被告人が宣誓した証人として立たなければ、量刑に関する事実についてまで供述できないというのはいかにも不自然であり、諸外国の制度に比しても異例というべきであろう」（同四三頁）という門野氏の評価に共感を覚える。

## 5　被告人に真実義務は認められうるか

### 1　公判中心主義に反する事態

前掲４でみたように、被告人に証人適格を認め且つ証人台に立った場合にしか、自己に有利な供述を提出できないという提案に対しては、実務体験にもとづいて、そうすると被告人の口頭供述を公判でもつことが現状よりも著しく困難となることが予想され、公判中心主義にかえって反する事態が生じるおそれがあるとの意見が出された。

そういう中で特別部会第26回会議（二〇一四年六月三〇日）に配布された事務当局試案では、表題が「８　公判に顕出される証拠が真正なものであることを担保するための方策等」とされ、その「五　被告人の虚偽供述等の禁止」

に、次の規定が掲げられている。すなわち、

「１　刑事訴訟法第三百十一条に次の内容を加えるものとする。

被告人は、虚偽の事実の供述をしてはならない。

２　裁判長が、刑事訴訟法第二百九十一条第三項又は第三百十六条の九第三項の規定による告知をするときは、併せて虚偽の事実の陳述をしてはならない旨を告知しなければならないものとする」と。

## ２　黙秘権との関係

憲法三八条一項は、自己に不利益な事項の供述拒否権としての黙秘権を認めたのに対し、刑訴法三一一条一項はこれを被告人につき一歩進めて、利益であると不利益であるとを問わず一切の事項について黙秘する権利を認めたと解されてきた（田宮裕『注釈刑事訴訟法』〔有斐閣、一九八〇年〕三四五頁）。

刑訴法二九一条は、公判の冒頭手続においての裁判長の被告人に対する告知の規定だが、その二項は、「裁判長は、起訴状の朗読が終つた後、被告人に対し、終始沈黙し、又は個々の質問に対し陳述を拒むことができる旨……を告げた上、被告人及び弁護人に対し、被告事件について陳述する機会を与えなければならない」としている。これをうけて刑訴規則一九七条一項は「裁判長は、起訴状の朗読が終つた後、被告人に対し、終始沈黙し又個々の質問に対し陳述を拒むことができる旨の外、陳述をすることもできる旨及び陳述をすれば自己に不利益な証拠ともなり又利益な証拠ともなるべき旨を告げなければならない」と規定している。

これをみると、被告人が黙秘権行使にあたってその行使を供述内容等にかからせてそれを調査・吟味し、その行使を困難にすることのなきよう十全の注意が払われていることが分かる。供述内容の被告人にとっての利益・不利益を問わず被告人は、供述し又は供述を拒否することもできる。

この黙秘権告知の規定に、事務当局試案のいう「被告人は、虚偽の事実の供述をしてはならない」という文言が、規定の趣旨・効果を減じることなく、整合するものかどうか。

刑訴法は被告人の供述するか否か（ob）及びどのように供述するか（wie）の自由を内容とすることによって黙秘権を確立した。そのうちどのように供述するかの自由に制約を加えることが、果たして法の趣旨の消失につながらないであろうか。

## 3　被告人に真実義務はあるか

もしないとしたら、被告人に真実義務を認める立法をすることは妥当か。

この問題については、ドイツで以前から議論の積み重ねがあるので、それについて紹介しておこう。

被告人には真実を語るべき訴訟上の義務はない（BGHSt 3, 149, 152）。いずれにせよ被告人のうそ（Luege）は、それによって刑法一四五条（犯罪行為の虚偽告発）、一六四条（虚偽告発）、一八五条（侮辱）の構成要件が充足される場合を除いては、制裁はない。

真実への倫理的義務の存することは広く認められている。

問題は、真実を供述する法的義務があるかである。具体的規定がないので、倫理的一般義務の法的義務への転換の努力が払われたが成功していない、といわれる。

例えば①被告人の犯罪の嫌疑ならびに犯罪への贖罪の彼の義務に対する地位が彼の真実義務を理由づけるという見解がある（Walder）。

しかし、このようなやり方は、ヨーロッパ人権条約の「無罪の推定」（Unschuldvermutuug）によって打ち砕かれざるをえない（被告人の当事者たる地位からも同様に導き出される）。

②供述する用意のある被告人には真実義務が認められるという見解（Höra: Wahrheits-pflicht und Schweigebefugnis（1970）S.71）がある。被告人が供述する限りで彼は他の証拠方法と共通の性質をもつと考えられるのである。しかし、供述しようとする意思があるという立場に立ったからといって、それによって被告人の置かれている葛藤状態が解消されるとは言えないだろう。公判廷での検察官などの個々の質問ごとに、それに答えるか（ob）どのように答えるか（wie）の自由があって、その葛藤状態に対応する解消方法が初めて用意されると言えるだろう。

また、被告人が意識して虚偽を述べるかそれとも彼が述べることができることを述べないのかの間の区別も困難である。被告人は、供述を「完全になす義務」を負うてはいない。これを負わせることになる真実義務を課することも疑問と言うべきである（なお、Rogall, Der Beschuldigte als Beweismittel gegen sich selbst（1976）S.53 参照）。ロキシンは、被告人の真実義務を認めることを無益なことと言っている。というのは被告人の虚偽に対する訴訟法上の制裁はもはや存在しないで、虚偽（Lugenen）はせいぜい量刑上の結果を招くだけだから、と言っている。そして「ナチの時代においてすら、人々は真実義務をめぐる議論の無益さを認めた、そしてその導入を放棄した」と述べている（Roxin, Strafverfahrensrecht 22. Aufl（1991）S.161）。

## 4　被告人の真実義務の導入をめぐる歴史

ロキシンは、現在の法状態からみて、制裁付きの「被告人の真実義務」はもはや考えられないので、「被告人の真実義務」を認めることの可否を論じても、それは大変な無駄だと言った。

「被告人の真実義務ならびにその告知」の創設が提案されたとき、そう言えるだろうか。

ナチスの時代それが差し迫ったとき学者はどう反応したかについて、すでに前述３で触れているが、若干の補足をしておこう。

ギュルトナー（Franz Güürtner）編の『将来のドイツ刑事手続』（Das Kommende Strarverfahren(1936)）の中で検事総長ラウツ（Lauz）は次のように記している。すなわち、「たしかに、その違反（被告人の真実義務違反――注）の場合に、制裁と結びつけられた明示的義務付けは十分な理由をもって正当化されえよう。それにも拘らず当委員会は当該提案について、かかる規定には実践的意義が殆ど認められないという理由から却下されるべきものと考える」と。

ともかくナチの時代には、制裁付、制裁無しを含め、被告人の真実義務の規定はおかれなかった。だが、制裁付でなければ、その規定の効果はないとみてよいだろうか。

①どのように供述するか（wie）の自由に、今までなかった制約を課することを認めるのであるから、それは黙秘権問題の解釈・適用にも影響を及ぼすことは否定しがたい。ボッシュ教授は次の如く言っている。すなわち被告人のかかえる葛藤は、彼が事件について供述しようと思うかどうか自由であることによって十分考慮が払われているのではなくして、彼が全尋問の間、どのように供述するかの自由を保持することによって考慮が払われいるのである（Bosch, Aspekt des nemo-tenetur-Prinzips……(1997)S.190）と。

②前述3で引用したようにヘンケルは制裁付「被告人の真実義務」の導入に、虚言罰を想起して、賛成ではない旨述べたことはすでに紹介した。

だが次いで次の如く述べているのは注目せねばならない。すなわち、「刑事訴訟における弁護人の将来の地位について、……ここで疑いもなく基本的修復が必要である。……国家社会主義的刑訴改革の努力は、刑事弁護をより高い水準にもってゆきそして弁護人が、事実、『刑事司法の機関』とみられることができるための要件をつくることに向けられていなければならない」と（ドイツ全刑法雑誌五四巻〔一九三五年〕四二頁）。

同じ号の雑誌でジーバーツ（Karl Sievert s）は、「どの程度、被告人自身が真実発見に寄与する義務を負うかも、なお問題である。彼の弁護人が一つの司法機関であって、一面的に被告人の利益を擁護することは許されないことは、すでに、これ迄に理論上承認されている」と（同一四頁）。

これらは国家社会主義期の文献であるが、「被告人の真実義務」が、その法律上の宣言を通して、刑事弁護のあり様にも深刻な影響を及ぼすことを懸念させる。

《補記》

この論文の校正中、特別部会の立法作業には、いくらかの進展があった。

第29回会議（二〇一四年六月三〇日）配布資料69（新たな刑事司法制度の構築についての調査審議の結果【案】）によると、「8　公判廷に顕出される証拠が真正なものであることを担保するための方策等」が下記の通り変更されている。

「8　公判廷に顕出される証拠が真正なものであることを担保するための方策等

一　証人不出頭等の罪の法定刑

召喚を受けた証人の不出頭及び証人の宣誓・証言の拒絶の各罪の法定刑を、一年以下の懲役又は三〇万円以下の罰金とする。

二　証人の勾引要件

1　証人が、正当な理由がなく、召喚に応じないとき、又は応じないおそれがあるときは、これを勾引することができるものとする。

2　裁判所は、裁判所の規則で定める相当の猶予期間を置いて、証人を裁判所に召喚することができるものとする。

三　犯人蔵匿等、証拠隠滅等、証人等威迫の罪の法定刑

1　犯人蔵匿等及び証拠隠滅等の各罪の法定刑を、三年以下の懲役又は三〇万円以下の罰金とする。

2　証人等威迫の罪の法定刑を、二年以下の懲役又は三〇万円以下の罰金とする。

四　組織的な犯罪に係る犯人蔵匿等の罪の法定刑

組織的な犯罪に係る犯人蔵匿等の罪の法定刑を、五年以下の懲役又は五〇万円以下の罰金とする。」

なお、「被告人の証人適格」の問題や「被告人の真実義務及びその告知」の立法化は、一応見送られたようである。私としてはそれでよかったと思っている。

（みつどう・かげあき）

# 第3部

# 「新時代の刑事司法制度」と日本社会

# 刑事訴訟法「改悪」の現代史的位相

小田中聰樹　東北大学名誉教授



## はじめに

私がここで書こうとするのは、現在日本が重大な岐路に立っていることである。

例えば、安倍内閣の下での憲法改悪の動き然り、特定秘密保護法立法化の動き然り、国家安全保障法立法化然り、刑事訴訟法改悪の動き然り。これらは何れも日本の将来に戦争とファシズムへとひたひたと忍び寄る時代を生み出すであろう――これこそ現在の日本が置かれた状況なのである。

しかし、私達は、この動き、この状況を阻止しなければならない。将来を生きる人々のためにも私達は全身全霊を挙げてこの動き、この状況を阻止しなければ、後世に悔いを残すことになるだろう。

以下、この観点から論じてみたい。

## 1　特定秘密保護法について

特定秘密保護法は、二〇一三年一二月六日可決・成立した。本案については拙著『国防保安法の歴史的考察と特定秘密保護法の現代的意義』（東北大学出版会、二〇一四年）で詳しく検討しているので、特定秘密保護法成立後の国内外の反応・評価がどのようなものであったかを略述したい。

**1**　まず国内的には、全国革新懇が同法の撤廃を呼びかけた。又、沖縄県民も二〇一三年一二月六日緊急集会を開き撤廃を訴えた。そして安保破棄中央委員会（一二月九日）、新聞労連も反対の態度を表明し（同年一二月九日）、「特定秘密保護法に反対する学者の会」も三五〇〇人を超える人々がこの暴挙に対し反対声明を出した(同年一二月七日)。また世論調査でも、撤廃又は修正を求める人が八二パーセントである（同年一二月八、九日共同通信世論調査）。また共同通信が同年一二月二二、二三日に行った世論調査でも集団的自衛権行使反対が五三・一パーセント、特定秘密保護法で報道機関に自主規制を求める考え方に反対が六三・八パーセントである。同年七月一、二日共同通信社の世論調査でも集団的自衛権行使容認の閣議決定に反対が五四・四パーセントである。これはほんの一例にすぎない。今や撤廃を求める声は燎原の火の如く全国津々浦々にまで湧き起こっているのである。

**2** 対外的には、中国と韓国、そしてアメリカ国内でも批判的論調がみられる。例えば米国務省報道官は「秘密情報の保全は同盟国間の協力に決定的役割を果たす」としながらも「日米同盟の基礎となるのは普遍的価値、表現の自由、報道の自由に対する共通の取組みだ」と記者会見で述べたという（二〇一三年一二月六日）。

以上の発言から読み取れることは、アメリカは日本の秘密保護法を決して単純に歓迎していない。それどころか日本の行き過ぎに警戒感を抱いていることである。そしてアメリカのオープンソサエティ財団も、「国家の安全保障と国防に関する国民の知る権利を厳しく制限する点で国際基準にほど遠い」とする声明を発表した。またドイツでも南ドイツ新聞は「新たな法律はそうでなくても秘密主義だった政府の姿勢をさらに拡大し内部告発者を威嚇することになるだろう」と論評したのである。

以上の例からも明らかなことは、日本の特定秘密保護法は国外でも警戒感を与えていることである。

**3** さらに問題なのは、特定秘密保護法が設置するとしているチェック機関が内閣直属の保安監視委員会、独立公文書監視官、情報保全監察室、情報保全諮問会議とされていることである。しかし、その何れの機関も内閣の裁量人事で構成される機関であり、内閣からの独立、第三者的公平を期待することはできない。

要するに特定秘密保護法とは、約言すれば、政府が特定秘密と一方的に指定しその特定秘密を洩らした者に重罰を科することにある。

そしてこの法律によって出現する国家・社会とは、基本的人権なき国家であり、軍事秘密国家であり、ファシズム国家であり、抑圧国家であり、弱肉強食の不平等社会であり、正に暗黒国家、暗黒社会である。

しかし、このような国家・社会は、対内的にも対外的にも各分野で矛盾を露呈し自滅の道を歩むであろう。そうだとすればその廃虚の上に新しい国家・社会を築こうとする芽が芽生え、平和国家、自由人権国家、福祉・平等社会に再生しようとする様々な運動が湧き起こるであろう。そしてその運動の担い手は、若い人々からも続出するであろう。このことこそ、戦前、戦中、そして戦後の歴史の尊い教訓である。

**4** そして特定秘密保護法が、防衛、外交、特定有害活動、テロリズムに関係する人物についての適性評価を行うこととしているため、その人物の全ゆる情報収集を許し、同法が違反者に対し故意・過失・未遂、独立教唆、教唆、共謀、煽動などに重い刑罰を科するとしている。

そして支配的権力層にとって刑罰を実現するために刑事手続法の「改悪」が必要となってくる。

## 2 国家安全保障基本法案について

国家安全保障基本法案（以下、法案という）は、まだ立法化されていないが、何れは安倍内閣は立法化を試みるであろう。そこで以下、その原案について若干の検討を行うことにする。

**1** 第一に、本法案の目的とは次のようなものである。我が国の独立と平和を守り国の安全を保つだけでなく、「国際社会の平和と安定を図る」としている。しかもその目的を達成するために「実効性の高い統合的な防衛力を効率的に整備するとともに、統合運用を基本とする柔軟かつ即応性の高い運用に努めること」「国際連合憲章に定められた自衛権の行使については、必要最小限とすること」としている。

この条項を約言すれば、実効性の高い（つまり強い）統合的軍事力を効率的に用い、「国益」なるものを「確保」することである。つまり強力な「軍事力」によって国を守るということである。

そして本法案は、「自衛権の行使については、必要最小限度」としている（二条四項）。しかしこの条項は、「我が国、あるいは我が国と密接な関係にある他国に対する、外部からの武力攻撃が発生した事態」であれば「自衛権を行使できる」としている（一〇条四号）。「必要最小限度」といい、「我が国と密接な関係にある他国」といい曖昧であり、限定の意味を持ち得ず、これが実際に意味していることは「集団的自衛権」を認めたことである。本法案の真の核心は、このように集団的自衛権、実はアメリカと共に他国との戦争への参戦を公然と認めたことにある。

もし本法案が可決成立すれば、憲法「改悪」を俟たずして集団的自衛権が事実上認められたことになるであろう。これは正しく平和憲法を抹殺する法案である。

**2**　他にも本法案には恐るべき点が多々ある。例えば教育、科学技術、建設、運輸、通信その他全ゆる内政分野に「安全保障」の名の下に、軍事政策的目的の政策や施策が持ち込まれるであろう。

さらに本案は責務規定を置き、国民に対し「国の安全保障施策に協力し、我が国の安全保障の確保に寄与し、もって平和で安定した国際社会の実現に努めるものとする」（四条）としている。

この責務規定の真の狙いは、政府の恣意的軍事行動や国民抑圧に対する国民の批判を封じ、強権的手法で国民を抑圧し戦争に協力、服従させ、その違反者に刑罰を科して弾圧することであり、まさに国民に軍事協力への盲従を強いるものである。そしてその軍事政策は、内閣の定める「安全保障計画」によって実行に移されていくであろう。

## 3　安全保障計画について

次にいま安倍内閣が推進しようとしている安全保障計画の主要な問題点をみることにする。

**1**　まず、二〇一三年一二月一七日政府が閣議で策定した国家安全保障戦略の概要を記すことにする。

①国家安全保障の基本理念

「積極的平和主義」の立場からわが国の安全、アジア太平洋地域の平和と安定を実現し国際社会の平和と安定繁栄の確保にこれ迄以上に積極的に寄与する。

②わが国を取り巻く安全環境と国家安全保障上の課題

㈵中国・インドなど新興国の抬頭による国家間のパワーバランスの変化。㈶米国は世界最大の総合的国力を持つ。㈧大量破壊兵器、弾道ミサイルなどの移転・拡散、性能向上に係る問題や北朝鮮・イランによる核ミサイル問題は我が国や国際社会にとって大きな脅威。㈡国際テロの拡散・多様化。㈭北朝鮮による弾道ミサイル開発や兵器の小型化の試みはわが国を含む地域の安全保障に対する脅威を質的に深刻化。㈫中国は東シナ海、南シナ海などの海空域で既存の国際秩序と相容れない独自の主張に基づく力による現状の変更とみられる対応、尖閣諸島付近の領海侵入・領空侵犯や独自の防空識別圏の設定など。

③わが国の取るべき国家安保上の戦略的アプローチ。核兵器の脅威に対し核抑止力を中心とする米国の拡大防止は不可欠。ホルムズ海峡などシーレーン沿岸国等の海上保安能力向上の支援。サイバー防護・対応能力の強化。国際テロ対策の強化。武器輸出三原則に代わる原則を定める。多面的日米同盟の実現。在日米軍再編の着実な実施（普天間飛行場の移設）。中国には戦略的互恵関係構築の実施。周辺のＰＫＯや集団的安全保障措置などに積極的に寄与。諸

外国やその国民に対する敬意を表しわが国と郷土を愛する心を養う。

**2** 以上の本案の特徴と狙いは、日米軍事同盟強化と軍事一体化であり、中国、韓国、中東諸国などを仮想敵国とする対外進攻の積極化である。そして国民に対し戦争動員に盲従させることである。

## 4 新防衛大綱について

二〇一三年一二月一七日、政府は新防衛大綱に盛り込む内容の基本概念を固めた。以下、その概要をみることにする。

### 1 防衛の基本方針

①各種活動を下支えする防衛力の「質」「量」を必要かつ十分に確保。②統合機動防衛力の構築。③日米安保体制はわが国の安全保障の機軸。④「日米防衛協力のための指針（いわゆるガイドライン）」の見直しと日米防衛協力をさらに強化。⑤在日米軍再編を着実に進める。⑥中国の海空域などの活動の急速な活潑化には冷静かつ毅然と対応。⑦国際平和協力を積極的に実施。⑧その他「防衛力の在り方」にも、無人機の常時継続的監視機能の拡充。統合輸送能力の強化。航空機や艦艇、ミサイルなどによる攻撃への対処能力強化。本格的な水陸両用の作戦能力の整備。北朝鮮に対する弾道ミサイル対応能力の総合的向上。

**2** 以上が新防衛大綱の要旨であるが、この新要綱に対する批判として第一に挙げるべきは、日米軍事同盟を一層強化し、軍事力を強化し、国民に愛国心を注入し、集団的自衛権を認め、軍事的攻撃力を強化することである。第二に、中国、北朝鮮などアジア諸国を仮想敵国としていることである。正に新大綱はアジア侵略のプランなのである。

**3** そして二〇一二年度（一二年四月より一三年三月まで）に自衛隊と米軍の実施した共同演習は、少なくとも四四回、のべ八五四四日にわたって行われていると報じられている。この事実ほど日米軍事一体化を象徴するものはないであろう。

新防衛大綱のめざす日米軍事一体化、日米軍事同盟強化は、今や現実の事態なのである。正に恐るべきことであり、今や日本の権力的支配層（とくに安倍内閣）は平和国家の理念と憲法的原理とを放棄し、軍事秘密国家への道を歩もうとしているのが現実なのである。

## 5 小括

**1** しかし以上に述べたことは、そのまま進行するとは思えない。

何よりも平和憲法は、大多数の国民の支持により規範力と実効性を失っていないことが着目されるべきである。また、憲法運動が「九条の会」など様々な形態をとり、思想・信条の相違を乗り超え、保守・革新を問わず、大幅に広がり強化されていることである。さらに外国の日本に対する警戒心も強いことである。

これらの矛盾は、それぞれ相俟って日本が軍事秘密大国になることを阻止する要因として機能するであろう。そして軍事秘密大国を目指す勢力は、やがて分裂・分解し自滅の道を辿るであろう。

**2** そうはいっても権力的支配層の力を侮ることは間違いである。権力的支配層がいま刑事訴訟法「改悪」を企図していることは、以上の文脈で考える場合に極めて重大な事態といわなければならない。そこでこのような問題意識を持って刑事訴訟法「改悪」の概要と批判的検討を加えることにする。

## 6　刑事訴訟法の「改悪」の最近の動き

前に述べたように特定秘密保護法は、刑事訴訟法の「改悪」を必然的に求めるのであり、そのため現に刑事訴訟法の「改悪」の企てが現実化しようとしている。

そこで、その「改悪」の内容の概略と要点を先ず記し、その後にその案の批判的検討を行うことにする。

### 1　事務当局試案の項目

法制審議会―新時代の刑事司法制度特別部会は、第26回会議（二〇一四年四月三〇日）において、「事務当局試案」（以下、「試案」と略称）として、次のような項目を打ち出している。

①　取調べの録音・録画制度

②　○犯罪事実の解明による刑の減軽制度
○捜査・公判協力型協議・合意制度
○刑事免責制度

③　通信傍受の合理化・効率化

④　身柄拘束に関する判断の在り方についての規定

⑤　○被疑者国選弁護制度の拡充
○弁護人の選任に係る事項の教示

⑥　○証拠の一覧表の交付制度
○公判前整理手続の請求権

⑦　○類型的証拠開示の対象拡大
○ビデオリンク方式による証人尋問の拡充
○証人の氏名及び住居の開示に係る措置
○公開の法廷における証人の氏名等の秘匿
⑧　公判廷に顕出される証拠が真正なものであることを担保するための方策等
⑨　自白事件を簡易迅速に処理するための方策

以上一六項目が「試案」の項目である。
そこで以下、「項目」ごとに問題点を検討することとする。

## 2　取調べの録音・録画

まず取調べの録音・録画についてである。
①「試案」は、被疑者・被告人が「不利益な事実の承認」の供述をした場合、それが任意になされたことを証明するため、検察官が取調べの開始から終了までを録音・録画したものを裁判所に請求しなければならないとした。

これは恰も「捜査の可視化」を図っているようにみえる。しかし、この可視化は見せかけである。なぜなら、例外が広範囲に認められているからである。例えば「試案」一の5は、四つの場合を例外としている。㋑記録に必要な機器の故障その他のやむを得ない事情により、記録をすることが困難であるとき。㋺被疑者が記録を拒んだことその他の被疑者が十分な供述をすることができないと認めるとき。㋩犯罪の性質、関係者の言動、被疑者がその構成員である団体の性格その他の事情に照らし、被疑者の供述及びその状況が明らかにされた場合には被疑者若しくは親族の身体若しくは財産に害を加え又はこれらの者を畏怖させ若しくは困惑させる行為がなされるおそれがあることにより、記録をしたならば十分な供述をすることができないと認めるとき。㈡以上の他、当該事件が指定暴力団員による犯罪に係るものであると認めるとき。

②以上の例外の中心思想は、被疑者・被告人に「十分な供述」をさせることに録音・録画は妨げになるという考えである。しかも例外的場合に当るか否かを判断するのは、検察官である。そう考えれば、録音・録画をするか、その請求をするかは検察官の胸三寸で決まるのであり、いわゆる「捜査の可視化」なるものが「まがい物」であることは明らかであろう。

被疑者・被告人の黙秘権の重要性に鑑みれば、そもそも録音・録画に例外を認めるべきではない。そして何より必要なのは取調べに対する弁護人の立会いであり、立会いを欠いた「可視化」は「まがい物」以外の何ものでもないのである。

### 3　刑の減免制度の創設及び捜査・公判協力型協議・合意制度

次に「試案」が犯罪事実の解明による刑の減免制度の創設及び捜査・公判協力型協議・合意制度を提案していることについての問題点を指摘することにする。

①まず刑の減免制度とは如何なるものか。「試案」によれば、罪を犯した者が自己の犯罪について、捜査機関に知られていない事実であって当該自己の犯罪の証明のため重要なものを供述してその犯罪事実を明らかにしたときは、その刑を減軽することができる、とするものである。

この制度が実際に果たす役割は、警察、検察が被疑者・被告人から「刑の減軽」を餌にして自白を獲得する巧妙な手段となるであろうということであり、しかも虚偽自白をさせる有力な武器となるであろうことは過去の幾多の実例が示していることである。

②次に「試案」の提示する捜査・公判協力型協議・合議制度の問題点をみることにしよう。

この制度は、検察官は、被疑者・被告人と弁護人の同意の下、被疑者又は被告人が他人の犯罪事実について知識を有すると認められる場合、当該他人の犯罪行為を明らかにするため、さまざまな事情（例えば被疑者・被告人が行うことができる行為の内容、被疑者・被告人による犯罪及び当該他人による犯罪の軽重及び情状など）を考慮して必要と認めるときは、被疑者・被告人との間で合意をすることができる。その合意とは何か。被疑者・被告人は取調べに際して当該他人の犯罪事実を明らかにするため真実の供述をすること。証拠物を提出すること。検察官は、公訴を提起しないこと。特定の訴因・罰条により公訴を提起し維持すること。公訴を取り消すこと。特定の訴因・罰条の追加・撤回・変更を請求すること。即決裁判又は略式裁判の申立をすること。特定の刑を科すべき旨の陳述をすること。以上が合意の内容である。

つまり約言すれば、検察官が、被疑者・被告人に他人の犯罪を供述させることにより不起訴又は軽い求刑を「約束」する制度である。

そしてこの制度の対象となる事件は一応限定されているようにみえるが、問題の本質は、捜査機関に対し被疑者・被告人という弱い立場に立つ者が取調べに際し、自己の刑事責任を免れ又は軽くしようとして他人を罪に陥れる危険のあることである。この弊害を防ぐ手立ては皆無であり、このことは過去の幾多の事件の示す教訓である。そしてこの制度は、適正手続と黙秘権を規定する憲法違反の制度というべきである。

③次に「試案」は刑事免責制度を提示している。この制度はいかなるものか、その概要は以下の通りである。

検察官は、証人尋問を請求するに当りその尋問すべき事項に証人が刑事訴追を受け、又は有罪判決を受けるおそれのある事項が含まれている場合であって、犯罪の軽重・情状・証言の重要性等その他の事情を考慮して必要と認めるときは、裁判所に対し、当該証人尋問を次の条件により行うことを請求することができるものとすること。その証人尋問において尋問に応じてした供述及びこれに由来する証拠は、宣誓拒否罪・偽証罪に係る事件において用いる場合を除き、証人の刑事責任においてこれら証人に不利益な証拠とすることができないこと。その証人尋問においては自己が刑事訴追を受け、又は有罪判決を受けるおそれのある証言を拒むことができないこと。その請求を受けたときは、裁判所は当該証人に尋問すべき事項に証人が刑事訴追を受け、又は有罪判決を受けるおそれのある事項が含まれないと明らかに認められる場合を除き、以上の条件により行う旨の決定＝即ち免責決定をするものとする。そして免責決定は証人尋問開始後もできる。

以上が刑事免責制度の概略である。

刑事免責制度の根本的問題点は、証人が真実供述義務を課されることである。しかも本制度の証人は被疑者・被告人であり、黙秘権を憲法上享有する存在である。その被疑者・被告人に、自己の事件の不利益証拠に使用しないというエサで真実供述義務を課し真実を証言しなければ偽証罪で処罰するのはアンフェアな姑息なことだといわざるを得ない。

## 4　通信傍受の合理化・効率化

次に「試案」は、「通信傍受の合理化・効率化」を提言している。

①その要点の第一は、通信傍受（いわゆる盗聴）の範囲を大幅に拡大したことである。従前は大麻取締法（栽培・輸入等、所持、譲渡等）、覚せい剤取締法（輸入等、所持、譲渡等、原料輸入、原料製造、原料所持、原料譲渡、営利目的所持・譲渡等）、出入国管理法違反（集団密航、不法入国等、輸送・収受等）、麻薬及び向精神薬取締法違反（ジアセチルモルヒネ等の輸入等・所持等、ジアセチルモルヒネ以外の麻薬の輸入等・譲渡・所持等、向精神薬の輸入等・譲渡等）、武器製造法違反（銃砲の無許可製造、銃砲弾の無許可製造、銃砲・銃砲弾以外の武器の無許可製造）、あへ

ん法違反（けしの栽培、あへん等の譲渡・所持等）、銃砲刀剣類所持等取締法違反（けん銃の発射・輸入・所持・譲渡等、けん銃実包の輸入・所持・譲渡等、けん銃部品の輸入・所持・譲渡等）、国際的な協力の下に規制薬物に係る不正行為を助長する行為等の防止を図るための麻薬及び向精神薬取締法の特例等に関する法律違反（業として行う不法輸入罪等）、組織的犯罪の処罰及び犯罪収益の規制等に関する法律違反（組織的殺人・同未遂）。以上が従前の通信傍受対象犯罪であった。

②ところが「試案」は、対象犯罪を拡大したのである。現住建造物等放火（含未遂）、殺人（含未遂）、傷害、傷害致死、逮捕、監禁、逮捕等致死、未成年者略取・誘拐、営利目的等略取・誘拐、身の代金目的略取等、所在国外移送目的略取・誘拐、人身売買、被略取者等所在国外移送、被略取者引渡等、以上の未遂、窃盗、強盗、強盗致死傷、以上の未遂、詐欺、電子計算機使用詐欺、恐喝、以上の未遂、爆発物使用・同未遂、出資の受入れ・預り金及び金利等の取締りに関する法律違反（詳細省略）、児童買春・児童ポルノに係る行為等の処罰及び児童の保護等に関する法律違反（児童ポルノ等の不特定又は多数の者に対する提供等、不特定又は多数の者に対する提供等の目的による児童ポルノの製造等）。以上が新設対象犯罪である。

③このような通信傍受対象犯罪の拡大の意味するものと現実的影響は何か。先ず拡大された対象犯罪は、およそ一般市民犯罪ともいうべきものである。そしてこのように一般市民犯罪に通信傍受（盗聴）が行われるならば、一般市民は、犯罪者に限らず捜査当局が犯罪者とみなしさえすれば、通信傍受（盗聴）が行われるであろう。通信の秘密、通信の自由はなきに等しい状態の生じることは過去の事例に照らし確実である。

④しかも今回の「試案」では、特別の機能を有する再生・記録装置（特定装置）を用いる通信傍受（盗聴）が認められている。

この「特定装置」とは、傍受の実施場所である通信事業者等の施設に検察官及び司法警察員が不在の間に行われる通信について、通信事業者等が暗号化した上で一時記録用の記録媒体に一旦記録し、その後検察官又は司法警察員が傍受実施場所に所在する際に、通信事業者等がその記録媒体の記録内容を復号化して再生し、検察官又は司法警察員が同一範囲内で傍受をし、通信事業者はその再生が終了したときは直ちに記録媒体の記録内容を全て消去する。その際、記録媒体に記録するについては通信事業者の立会いを要しない。暗号化・復号化に必要な鍵は傍受令状を発行した裁判官が所属する裁判所職員が作成し、これを通信事業者に提供する、というものである。

これは通信傍受（盗聴）をオートマティックにするものであり、事実上通信傍受（盗聴）の捜査権限を通信事業者に与えるに等しいのである。その結果、捜査機関と通信事業者との癒着関係が生ずるであろう。この状態は一般市民にとって不幸な事態である。

私達は、通信の秘密、適正手続、思想・良心の自由、人間性を侵しかねない通信傍受（盗聴）そのものに対し、全面撤廃の声を上げるべきときである。

## 5　証拠開示（一覧表開示）

①「試案」によれば、公判整理手続において証明予定の証拠について証拠請求を行う際に被告人・弁護人から請求があったときは、速やかに被告人・弁護人に対し、検察官保管の証拠の一覧表を交付しなければならず、その後も証拠を新たに保管するに至ったときにも速やかに一覧表を交付しなければならない。その一覧表には、証拠物の品名・数量、供述録取書の標目、作成年月日、供述者氏名、証拠書類の標目、作成年月日、作成者氏名を記載しなければならない。

②問題点の第一は、最も基本的なことは、本来検察官は一覧表でなく保管証拠の全面開示をすべきことである。なぜなら一覧表では被告人に有利な証拠が検察官により秘匿されていることを見抜くのは困難であるからである。

第二に、一覧表提出に大きな例外が認められていることも問題である。その例外とは、「人の身体・財産に害を加え又は人を畏怖させ若しくは困惑させる行為がなされるおそれ」、「人の名誉又は社会生活の平穏が著しく害されるおそれ」、「犯罪の証明又は犯罪の捜査に支障が生ずるおそれ」。以上のおそれがあると認めるときは記載しないことができるとするものである。

その「おそれ」の認定権は検察官が握り、しかも犯罪の証明と捜査に支障が生ずる場合が例外とされている。この例外が実際に意味するのは、被疑者・被告人にとって有利な証拠が検察官の一存で一覧表から除外されることであり、全面開示の理念に程遠い「まやかし」規定といわざるを得ない。

## 6　公判前整理手続の請求権

①「試案」によれば、公判前整理手続及び公判期日間整理手続を、検察官、被告人・弁護人の請求によって行う他に、裁判所が「職権」で行うことを認めている。

②もともと公判前整理手続なるものは、公判審理を継続的、計画的、迅速に行うためのものとして新設されたものである。しかしこの公判前整理手続は、公判手続を形骸化するのみならず、被告人は出頭の権利を奪われ、予断排除の原則及び裁判公開の原則にも反する代物である。なぜなら公判裁判所が公判前・期日間整理手続を行うことができるとされていることからみて、この公判前・公判期日間の段階で公判裁判所が事実上心証を形成することを防ぎようがないからである。

③このようにして公判手続の形骸化をもたらす公判期日前（間）整理手続なるものが被告人の防御権を空洞化するものであるが、それに加え「職権」による公判期日前（間）整理手続が新設されることは、さらに公判の空洞化、被告人防御権の空洞化を拡大するであろうこと必至である。

その結果、憲法の定める公判中心主義が侵害され、逆行的「改悪」というべきである。

## 7　ビデオリンク方式による証人尋問の拡充

①「試案」は、罪種を限定することなしに一般的にビデオリンク方式の証人尋問を認めている。もっとも犯罪の性質、証人の年齢・心身状態、被告人との関係、その他の事情により、同一構内に出頭するとき精神の平穏を著しく害されるおそれがあると認められる者、同一構内に出頭すれば自己・親族の身体・財産に害を被りこれらの者が畏怖し困惑する行為がなされるおそれがあると認められる者、遠隔地に居住し年齢、職業、健康状態その他の事情により同一構内に出頭することが著しく困難であると認められる者、というように範囲が限られている。

②しかし、ビデオリンク方式は、原理的には直接・口頭主義に反するものである。何故ならビデオリンク尋問では、証人の表情・雰囲気・人格像、尋問内容、口述内容がビデオでは的確に捉えられるとは限らないからであり、弁護人の側からみても証人の表情、人格像を抜きにした尋問では正しい証言を得ることは勿論、証言を正しく評価することはできないからである。このことは、いかに熟達した弁護人といえども能くなし得ざるところである。この理は裁判官、検察官にも妥当するであろう。

## 8　証人の氏名・住居の開示に係る措置

①「試案」は、㋑検察官が証人、鑑定人、通訳人、翻訳人の氏名・住居を弁護人に対し、その氏名・住居を知る機会を与えた上で、これを被告人に知らせてはならない旨の条件を付することができる。㋺さらに検察官は、加害、畏怖、困惑の行為を防止するため必要があるときは証人の氏名・住居を知る機会を与えないことができるものとする。

②この「試案」の問題点を指摘すれば、以下のとおりである。

㋑の場合、証人の氏名が被告人が知らされず弁護人のみが知り得たとしても、弁護人はその証人から適切な証言を得られるかは疑問である。また後者㋺の「試案」の規定の意味することは、検察官が必要と認めるときは、証人等の氏名等を被告人のみならず弁護人にも証人等の氏名等を知る機会を与えないことができるとしているのである（もっともこの場合、氏名に代えて呼称を、住居に代えて連絡先を知る機会を与えなければならないとしている）。これは恐るべき秘密主義である。弁護人は弁護の必要上、また被告人も防御・自己弁護のため、証人の名前を知らずして果たして有効な防御・自己弁護ができるであろうか。

③そして「試案」は、裁判所に対し検察官の右の措置を取り消す決定権限を与え、及び被告人又は弁護人の請求により氏名・住居を被告人に知る機会を与えることを命じる権限を裁判所に与えている。しかし同時にこの場合「試案」は、弁護人に対し当該措置に係る者の氏名・住居を被告人に知らせてはならない旨の条件をつけることをも認めている。そして「試案」は、条件違反に対し、当該弁護士所属の弁護士会又は日本弁護士連合会に通知し、適当な処置をとる請求を行う権限を検察官に与えているのである。

このことは、「試案」が正に被告人・弁護人の防御・弁護権を無視する糺問的な「検察官司法」の思想に基づいていることを示す一事例である。

## 9　公判廷に顕出される証拠が真正なものであることを担保する方策等

①「試案」は、四つの方策を提示している。

第一は、証人不出頭、証人宣誓・証言拒否の各罪の法定刑を一年以下の懲役又は三十万円以下の罰金としたことである。

第二は、証人に対する勾引権を認めたことである。

第三は、犯人蔵匿、証拠隠滅、証人威迫の罪の法定刑を三年以上の懲役又は三十万円以下の罰金とし、証人威迫の罪を二年以下の懲役又は三十万円以下の罰金としたことである。

第四は、組織的犯罪に係る犯人蔵匿の罪の法定刑を五年以下の懲役又は五十万円以下の罰金としたことである。

以上は何れも法定刑を引き上げたことにより捜査権限を強化したものである。

②第五については項を改めて論じたい。

「試案」は、第五に被告人の虚偽供述等の禁止を掲げている。

その内容は次の通りである。

㋑被告人は、虚偽の事実の供述をしてはならない。

㋺公判期日及び公判前期日（間）整理手続において黙秘権告知をするときは、併せて虚偽の事実の陳述をしてはならない旨を告知しなければならないものとする旨の規定を刑事訴訟法三一一条に付け加える、としている。

これは、無条件に黙秘権を全面的に否定したものであり、正しく現行刑事訴訟法の根幹をなす被告人、ひいては被疑者の黙秘権を剥奪する驚くべきものであり、明らかに違憲である。

のみならず、もし「試案」が仮に立法化された暁には、戦後刑事訴訟法の根幹が揺らぎ当事者主義が崩壊するであろうことを記しておくことにする。

## 最後に——刑事訴訟法「改悪」の現代史的位相

**1**　現行刑事訴訟法は、多分に不十分な点を含みつつも現行憲法を支柱とした憲法的刑事訴訟法であり、その基本理念は当事者主義であると考える。そしてその憲法的刑事訴訟法に実体すなわち魂を入れたのは、弁護士であり、裁判闘争であり、救援活動と世論であり、被告人であったと思う。

そしてこれ迄も幾度か刑事訴訟法「改悪」が行われてきた。その最たるものは、公判前整理手続の導入であり、被害者参加制度の導入であり、通信傍受法であり、裁判員法などであった。しかし、これらの「改悪」は、弁護人、被疑者・被告人、学者、ジャーナリスト、救援会などの真摯な努力と闘争とによって、その悪弊を除去し、憲法的刑事訴訟法は生きて被疑者・被告人の権利を守ってきたのである。このことは、再審で多くの無罪判決が出されたことが実証している。

**2**

しかし、今回目論まれている「試案」による刑事訴訟法「改悪」案は、これ迄の「改悪」と異なる現代史的位相を持つと思う。その現代史的位相とは何か。それは、憲法「改悪」、特定秘密保護法、国家安全基本法、新防衛計画大綱などの立案・立法の動きが緊迫性の強まっている状況、またはその実現の状況の中での刑事訴訟法「改悪」であることである。そして、刑事訴訟法「改悪」は実体法改悪（例えば共謀罪立法）へと連動するであろう。その意味で今回の刑事訴訟法「改悪試案」は、現行刑事訴訟法の根底を覆す戦後最悪の「改悪」である。

**3**

にも拘らず、今回の刑事訴訟法「改悪試案」は多くの矛盾を抱えていることを見破らなければならないと思う。それはまず第一に憲法との矛盾である。今回の「改悪試案」が憲法三一条以下の条文に照らして考察するときその違憲性は疑う余地を許さないほどの「改悪」であることは、前述の通りである。

第二に国民との矛盾である。黙秘権、弁護権、反対尋問権、裁判公開、公判中心主義などは国民の中に定着しているのである。

このような憲法との矛盾、国民との矛盾は、必ずや支配層間の矛盾を生み出し、諸外国との矛盾を生み出すであろう。

では、私達は今回の刑事訴訟法「改悪」の動きにどう対処すべきか。

まず第一に必要なことは、今回の刑事訴訟法「改悪」の根源が何度も繰り返すように、憲法「改悪」、特定秘密保護法、国家安全保障基本法案、新防衛大綱などにより日米軍事同盟強化、基本的人権抑圧国家作り、弱肉強食の福祉なき社会作りの一環であり、しかもその重要な環であることを肝に銘じることである。

第二に、刑事訴訟法「改悪」反対運動を、憲法「改悪」反対闘争と、より高い次元の福祉社会を求める運動と連帯して闘うことが必要である。

そして最後に強調したいことは、刑事訴訟法「改悪」を阻止する闘いは、すなわち平和と民主主義と人権と福祉を護る闘いの重要な環であるということである。

（二〇一四年五月九日擱筆）

《補記》

「試案」（二〇一四年四月三〇日）に基づき、上述の原稿を書いたが、その後二〇一四年七月九日、法制審議会特別部会は、第30回会議において最終的なとりまとめ「新たな刑事司法制度の構築についての調査審議の結果（案）」（最終案）を公表した。その最終案は、「試案」に手直しを施したものであるが、異なる点もあるので、その要点を書き記すことにする。

①取調べの録音・録画の対象事件が裁判員制度対象事件と検察官独自捜査事件とされたことである。このことは前述のような例外事由が広範囲に認められていることと併せ考えれば、取調べの「可視化」とは逆向きの役割を果たすこと必至である。

②裁量保釈の判断にあたっての考慮事情を明記するとしていることである。しかし、具体的には何らの案も示され

ていない。

③被疑者国選弁護における公費支出の合理性・適正性のより担保するための措置を講ずることが必要であるとしている。これはおそらく国選弁護の報酬・費用の削減を狙ったものであろう。

④前述の「試案」にあった「被告人の虚偽供述等の禁止」の事項が削除されたことである。これは当然の措置であることは説明の要もないほど明らかである。

（二〇一四年七月二〇日補記）

（おだなか・としき）

# 終章
# われわれの刑事司法はどこに向かうべきなのか

三島　聡　大阪市立大学教授



## 1　はじめに——原点から逸脱した特別部会の改革提案

序章の川崎論文も指摘しているように、法制審議会—新時代の刑事司法制度特別部会（以下「特別部会」）でまとめられた「新たな刑事司法制度の構築についての調査審議の結果【案】」（以下「調査審議の結果案」）は、冤罪防止や被疑者・被告人の防御権の保障に資する項目を含みつつも、取調べ依存の調書裁判をできるかぎり維持したまま、捜査・訴追権限を強化し、被疑者・被告人の防御権を今以上に制約することを是認する改革案である。「一〇人の犯罪者を放免させても無実の一人を罰するな」という法格言になぞらえていえば、無実の者一人を救うことも大切だが、そのために処罰可能な一〇人の犯罪者を取り逃がすような事態は避けるべきだ、それにくわえて従来の手続で捕捉・処罰することができなかった一五人、二〇人の犯罪者を処罰することもまた重要なことだ、というのがこの改革案の基本的な発想である。

だが、このような発想は、今回の改革の原点を見失っているといわざるをえない。今回の刑事司法改革の契機となったのは、厚生労働省郵便不正利用事件（いわゆる村木事件）および同事件の主任検察官による証拠隠滅事件、その上司たる特別捜査部の部長・副部長による犯人隠避事件である。この一連の事件が発生したことで検察組織のあり方や捜査・公判活動のあり方が厳しく問われることとなり、二〇一〇年一一月に検察官の在り方検討会議（以下「検討会議」）が設けられた。そして、翌二〇一一年三月、検討会議において、取調べ可視化を含む刑事司法制度改革の検討する場を設けるよう提言がなされたのをうけて、同年五月に法制審議会に諮問がなされ、翌六月特別部会が設置されたのである。

以上の経緯からすれば、今回の刑事司法改革では、村木事件を含む一連の事件に内在する種々の問題をえぐり出し、同じような冤罪が二度と起こらないよう、しっかりとした対策をとることが求められるはずである。それゆえ、改革の中核に据えられるべきは、現行制度の運用では有罪とされかねない無実の者の救済（手続からの解放）である。「一〇人の犯罪者を放免させても無実の一人を罰するな」という法格言が示唆するように、無実の者の救済と犯罪者の処罰確保とは往々にして矛盾するものであるから、犯罪者の処罰確保のための改革は、無実の者の救済のための改革とは本来切り離して審議されるべきである。すなわち、まずは無実の者の救済策が講じられ、十分な効果があったことが確認されたあとにはじめて、必要に応じて、その人権制約性の有無・程度などを含めて検討されるべきである。

## 2　中核に据えられるべき「具体的」課題は何だったのか

無実の者の救済を今回の改革の中核に位置づけたばあい、その具体的な課題はどのようなものか。村木厚子が、検討会議のヒヤリング（第6回）および特別部会において、自身の事件について語った内容（以下「村木発言」）をもとに、この点を確認しておこう。

①取調官は、被疑者が供述したとおりに供述調書に記載するわけではなく、取調官自身が想定した供述内容をもとに調書を作成する。

この事件に関して上司や部下の悪口というのを検事さんには一度も言いませんでしたが、私が、上司のせいです、部下のせいですということを散々言った調書が、出来上がったまま持ってこられまして、私はこういうことは一言も言っておりませんのでサインはできませんと言って、相当やり合って、全部変えていただきました。変えていただいて、私がサインをしようと鉛筆を持たんばかりのときに検事さんは、最初のものと随分違ってしまったので上司のオーケーを取ってくると言って、その調書を持って出ていかれました。[注1]

②内容虚偽の参考人の供述調書が大量に作成される。

私が関与をしたという直接の記述がある調書だけで三、四十通あったのではないかというふうに思います。……裁判で裁判長がよく言っておられた、具体性、迫真性があるという調書なんだろうと思います。調書と調書の間は非常に整合性がとれていて、それゆえに自分が記憶喪失になったのではないかと思ったんです。

……

今回の調書はほとんど、取り調べられた人の口から出ていない言葉が相当調書に落とされていたというふうに確信をしております。[注2]

③被疑者と取調官との間に圧倒的な力の差があり、一人で対峙するのは困難。

取調べというのは、リングにアマチュアのボクサーとプロのボクサーが上がって試合をする、レフェリーもいないしセコンドも付いていないというふうな思いがいたしました。……せめてセコンドが付いていただけるということだけでも、随分まともな形になるのではないかというふうに思いますので、弁護人の立会いは大変重要だと思います。[注3]

④現行の証拠開示制度ではなお不十分。

検察、警察がどういう証拠を持っているのか分からない中で証拠開示の請求をしていくというのは……暗闇の中で手探りをしているような感じが強かったというふうな印象を持っております。……証拠開示というのが、あんなに経験と能力と、それから、更には豊かな想像力がないと必要なものが出てこないという、こういう作業だというのには非常に驚きでした。……さらに……検察側はフロッピーディスクという非常に重要な証拠を証拠請求しませんでしたし、早々に返却をしてしまって、結局、弁護側からの証拠開示請求を仮にしたとしても、開示がされないという状況になっていました。……不利な証拠を隠すということが容易にできる制度に、今はやはりなっている、ある証拠もなかったことにできるのではないかと思っています。[注4]

⑤身体拘束が自白の強い誘引になるような運用がおこなわれている。

実際に自分が身柄拘束というのを受けてみると、これは非常に重い罰なんですね。正直、裁判すら始まっていないのに、何でこういう罰を今自分は受けているんだろうというのが当時の実感です。体調管理も難しいし、精神面で安定を保つのも難しいし、裁判の準備にとって非常に不利になるという恐怖感を感じました。これは正に過度なペナルティーだと思っています。……私以外は皆さん罪を認めておられたので、ほかの人は全員保釈をされて私だけが保釈をされないというのは、やはり否認しているから保釈されないということだったんだろうと思います。一方で、実際に証明書を偽造した係長さんが、取調べでは事実に反する調書にサインをして保釈をされているんですが、とにかく勾留がこれ以上続くのが恐いから、本当にいけないことだけどそういう調書にサインをしたと、その間の苦悩を切々と被疑者ノートにつづっておられるんですね。……実際、勾留が虚偽の自白や供述を得る道具として使われている事実があるということは明らかだと思います。[注5]

⑥二号書面の運用は公判中心主義に適合しない。

実際の裁判所の判断はどうだったかというと、結局、何もなければ検事さんの取調べは適正に行われているというのが前提で、弁護側が適正でない取調べがあったとか、あるいは、誘導があったとか、そういうことをきちんと立証できたときに初めて適切でなかったということで採用はされなかった。要するに、挙証責任が弁護側に課せられていて、何人も検事さんが法廷に立たれましたけれども、検事さんがきちんとやりましたと言うと認められてしまうというのが現状でした。それからもう一つのポイントは、公判において、証人がきちんとした供述を取調べの段階よりしにくい状況にあるかどうかということですが、私の裁判のときは、職場の仲間である、あるいは、かつての上司である私が被告人だから、その面前で面と向かっては本当のことを言いにくいと。こういうことだけで、もはや検事さんの取調べの方が特信性があるのだという判断を基本的にされてしまいました。正にやはり原則と例外がひっくり返っている、そういう状況だったと思います。[注6]

村木が指摘するこれらの問題は、たまたま当該事件に生じた例外的な事象ではなく、他の冤罪事件にもよくみられるものである。そのことは、検察の在り方検討会議の委員・事務局の間でも共有されていたはずである。というのは、同検討会議では、枚方清掃工場談合無罪事件や名古屋市道路清掃談合無罪事件の元被告人にたいするヒヤリングが実施され、彼らは村木事件とほぼ同様の問題が生じていた旨述べていたからである。[注7]そして、検討会議の委員・事務局担当者のうちの七名が特別部会の委員・幹事となり、また、無実の被疑者四名中二名が取調べにおいて虚偽自白させられたPC遠隔冤罪事件が特別部会発足後に発生した。

以上の経緯からみても、右の六点についての改革は、特別部会において中核的な課題と位置づけられてしかるべきだったといえよう。

これら六点を、二〇一三年一月に特別部会が「時代に即した新たな刑事司法制度の基本構想」（以下「基本構想」）で示した具体的な改革課題に対応させれば、その九項目のうちの「取調べの録音・録画制度」「被疑者・被告人の身柄拘束の在り方」「弁護人による援助の充実化」「証拠開示制度」、および、特別部会の検討対象から除外するとされた「被疑者の取調べへの弁護人の立会い」「二号書面制度の在り方」に該当する。さらに、村木発言に直接の言及がなく、基本構想でもまったく触れられていないが、特別部会初期に一部の委員から示唆されていた「代用監獄の廃止」も、具体的な改革項目にあげられてしかるべきであろう。[注8] 代用監獄に収容されることのなかった村木の発言に直接の言及がないのはむしろ当然だが、警察捜査事件を含めた刑事司法全体について無実の者の救済を図るためには、村木発言の①③⑤にてらし、「代用監獄の廃止」も取り組むべき課題に含められなければならない。

## 3　なぜ原点から逸れ「迷走」してしまったのか

### 1

だが、特別部会では、右の諸課題は、まっさきに実現を図るべき中核的な事項とは位置づけられてこなかった。「代用監獄の廃止」はもちろんのこと、「被疑者の取調べへの弁護人の立会い」「二号書面制度の在り方」も、「基本構想」の段階で具体的な検討対象から除外され、また、それ以外のものも、犯罪者の処罰確保・司法の合理化等のための他の課題と同列に並べられ、内容的にも薄められてきた。特別部会として、何のための改革なのかについて共通の認識が得られないまま、制度改正にむけた審議が延々と続けられてきたのである。

では、なぜそのような「迷走」が生じたのであろうか。

捜査・訴追機関にとってみれば、前記の中核的改革課題は自分たちの「既得権」を侵すものであるから、その実現に強い抵抗感があるのはまちがいない。警察・検察の委員・幹事がこれらの課題に非常に消極的なのは、容易に理解できるところである。

だが、特別部会の議論が「迷走」した理由はこのような「組織エゴ」にとどまるものではない。裁判官や多くの研究者の委員・幹事においても、中核に据えられるべき諸課題について消極的姿勢をとることが多かったのであり、「迷走」の主要因は、むしろ、弁護士を除く実務家や多くの研究者の委員・幹事が、実務の現状に肯定的で、抜本的改革の必要を感じていないことに求められる。

**2**　このことを明確に示しているのが、在宅と身体拘束の中間的な処分をめぐる議論である。

もともと中間処分は、弁護士の委員・幹事が強く実現を求めてきたものである。彼らは、これまで身体拘束の判断があまりにも緩やかになされてきたという認識のもと、中間処分の創設によって、従来ならば身体を拘束される被疑者・被告人をできるかぎり中間処分にとどめ、身体拘束される対象を限定しようとした。

中間処分創設の提案は、一方で多くの有識者委員や一部の研究者委員の基本的な賛同を得たが、他方で警察・検察・裁判官・多数の研究者の委員・幹事から強い批判にさらされた。

たとえば、中間処分は、現行の勾留の理由（嫌疑）と必要（逃亡の危険性、罪証隠滅の危険性）が認められるばあいに、一定の遵守事項を定めて、被疑者・被告人にたいして、在宅のまま生活することを認める制度として構想されてきたが、「裁判官としては、やはり身柄拘束をするということは非常に大事なことであるということを考えて慎重に事件を処理している」、「被疑者・被告人の勾留や保釈をめぐる運用は厳格かつ適切になされていると理解して（いる）。……適切な対処がなされた中間的な処分というものが果たしてあり得るのか」、「犯罪の嫌疑があって、逃げるおそれと証拠隠滅のおそれがある人だけども、おうちに帰ってよいよというのは一体どういう制度なのでしょうか。……身体拘束の要件が全部そろっていて、しかし、身体拘束しないというのは何なのか説明できるかどうかが、まず第一の問題ではないか」[注9]など、制度の根幹に関わる厳しい批判が展開された。また、作業分科会で具体的な制度を構想する段階にはいってからも、「そもそも被疑者段階で逃走のおそれや罪証隠滅のおそれというものを認定しているにもかかわらず、命令でそこの部分を担保できるというためには、やはり相当その担保措置が、今の勾留と同レベルで担保されることが必要ではないか」、「勾留の理由があることを前提として、こういった中間処分を組むのであれば……補充性の要件を設けて勾留と中間処分の原則と例外を逆転してしまうというのは、やはり行き過ぎではないのか」、「基本的には勾留と同じ対象者をターゲットにするということになるならば、罪証隠滅・逃亡を防止する手段として、新しい『中間処分』は勾留よりは機能的には落ちるわけですから、それでも賄い切れるものというものに限定されることに必然的になっていくのではないか」[注10]といった実務の現状を所与の前提とした疑問点等が、弁護士を除く実務家や多くの研究者の委員・幹事から繰り返し指摘されてきた。

中間処分に関する審理を通じて、身体拘束をめぐる実務の現状に肯定的な委員・幹事は、中間処分の導入に消極的な姿勢をとり、他方、実務の現状に批判的な委員・幹事はこの導入に積極的な姿勢をとった。この両者の対立は、最後まで解消されることはなく、結局、特別部会第26回会議に提示された「事務当局試案」において、中間処分の提案はまるごと削除されることになった。そして、それがそのまま「調査審議の結果案」に受け継がれた。身体拘束に関する実務の運用はおおむね良好だとの評価が、中間処分創設の動きを鈍らせ、ついには頓挫させるにいたったのである。[注11]

3　このように実務の現状肯定的な評価が中核的改革課題の実現を鈍らせたのは、なにも中間処分のばあいにとどまらない。取調べの録音・録画の審議の「迷走」も多大な影響を与えてきた。

特別部会および作業分科会において、取調べの録音・録画の主要な争点の一つとなったのは、録音・録画義務の例外をどの程度認めるかという点である。多くの有識者、弁護士委員・幹事、一部の研究者委員などは、（録音・録画機器の故障のほか）せいぜい被疑者自身が録音・録画を拒否しまたはこれを望まないばあいに限定すべきだと主張した。[注12]これにたいして、警察・検察の委員・幹事は捜査への支障を懸念して捜査機関の裁量判断で録音・録画しないでよい余地を認めるべきだと主張し、特別部会事務局も、作業分科会における検討以降、一貫して、録音・録画したならば被疑者が十分な供述をすることができないと捜査機関が判断するときに、録音・録画なしで取調べができるとする案を提示してきた。そしてさらに、第26回会議で事務局が示した「事務当局試案」では、従来の例外事由に、「当該事件が暴力団員による不当な行為の防止等に関する法律第三条の規定により都道府県公安委員会の指定を受けた暴力団の構成員による犯罪に係るものであると認めるとき」を付加した（1、一5㈣）。この新たな例外は、取調べにたいする被疑者の具体的な言動等と無関係に、暴力団の構成員による犯罪に関するものだというだけで、取調べの当初から完全に録音・録画を排除することができるというものである。

録音・録画義務を負う捜査機関が、録音・録画のもとでは被疑者が十分な供述ができないとみずから判断すればその義務を免れるという案が策定・提示されるのは、そこに現状の取調べにはさしたる問題がないという認識を前提としているためと考えられる。密室のなかの取調べに、被疑者の供述の自由を侵害しその供述に歪みをもたらす危険があると認識しているならば、捜査機関側の判断で録音・録画なしですますことなどできないはずだからである。さらに、暴力団員の犯罪について、個別事情による具体的な支障を問うまでもなく一切録音・録画なしでよいという提案にいたっては、録音・録画なしでも適正な取調べをおこないうるという想定がなければ出てきようがない。

ここでも、現状肯定的な見方が、取調べの可視化の意義・必要性を減殺させ、捜査の利益との比較衡量から、その例外を広く許容させるものとなっている。

## 4　実務運用はおおむね良好で「抜本的」改革は不要なのか

**1**　だが、今回の改革の出発点となった村木事件およびその関連事件に照らしたとき、実務の現状を肯定的に評価することがはたして妥当であろうか。そしてその評価を前提に、冤罪防止のための改革を「穏健」なものにとどめておくことが適切なのであろうか。

**2**　まず、中間処分について考えよう。

法は、無実の者の多くが身体拘束されることがないよう配慮しつつも、状況により無実の者が身体拘束されることを当然に想定している。それがなぜ許容されるかといえば、公判審理を支障なく実施し事実を適正に認定するためには、その具体的事情によっては、無実の者の身体拘束もいたしかたないと考えられているからである。いいかえれば、適正な公判審理・事実認定のためだからこそ、無実の者の身体拘束も認められるのであって、身体拘束によって、適正な公判審理・事実認定が損なわれるような事態まで許容されるわけではない。

そこで村木事件を振り返ってみると、前述の村木発言⑤にあるように、本事件は、身体拘束の実務運用が、自白の強い誘引になっていることを強く示唆している。裁判官は主観的に身体拘束の要件の判断を慎重に判断しているつもりでも、客観的にみて身体拘束が自白の強い誘引となり虚偽供述を生みだしかねないとすれば、身体拘束はたんに害をもたらすものでしかないのではないかと疑わざるをえない。このような状況のもとで公判審理・事実認定の適正さを確保しようとすれば、逆に身体拘束を極力回避することが求められるはずである。

ひるがって考えるに、裁判官の身体拘束要件の判断には、被疑者が実際にこうむる不利益が制度的に的確に反映されておらず、そのことが、裁判官の適正に判断しているとの認識と被疑者側の実際の多大な不利益との齟齬を生みだす要因ではないかと思われる。すなわち、身体拘束の際に判断するのは、嫌疑や逃亡・罪証隠滅の危険の有無・程度、拘禁それじたいにともなう不利益の程度である。取調べにともなう不利益性は、制度的に考慮の対象とはなっていない。だが、身体拘束された被疑者には取調べ受忍義務が事実上課せられる。被疑者は、捜査官の思うがままの取調べを、身体拘束期間を通じて、弁護人の立会いもなくひとりで受け続けなければならない。その苦痛や負担は、とくに否認事件（一部否認を含む）のばあいには重大なものになり、村木事件の厚生労働省の係長の例にみられるように、虚偽供述を生みだしかねないのである。[注13]身体拘束に関する裁判官側の姿勢や認識をもとにその運用を評価するのは、非常に危険である。

以上からみて、身体拘束に関する実務の現状を肯定的にとらえることはできない。早急にその運用は改められるべきである。

この問題の根本的な解決のためには、取調べへの受忍義務を否定した運用に大きく変更する必要があるが、それ以外にも、被疑者の供述の自由を確保できるよう種々の方法で取調べの適正化を図るとともに、身体拘束の判断を厳格化し、できるだけ非拘禁的な対応にとどめるべきである。そして、その非拘禁的対応に際して、対象者全員を在宅にすることが困難だとすれば、中間処分を設けることは十分に検討に値するといえよう。特別部会では、中間処分の提案が「事務当局試案」から削除され、それが「調査審議の結果案」に引き継がれ、身体拘束のあり方を変革する方向性が失われてしまったが、現在の運用のままでよいはずがない。

3　つぎに、取調べの録音・録画義務の例外について検討しよう。

村木事件では、被疑者取調べにつき、以下の問題点が指摘されている。取調官は、被疑者が供述したとおりに供述調書に記載するわけではなく、取調官自身が想定した供述内容をもとに調書を作成すること（村木発言①）、そして被疑者と取調官との間に圧倒的な力の差があり、一人で対峙するのは困難なこと（同③）である。

これらの点は、枚方清掃工場談合無罪事件等にもみられ、被疑者が自由に供述できずに捜査官の誘導にのってしまったり、被疑者が供述したのと異なる内容・ニュアンスの供述調書が多数作成されたりすることが、他の一般の事件でも十分おこりうることを強く示唆している。いいかえれば、現状のままでは、被疑者の供述の自由が保障されず、虚偽の調書が作成され、誤判を生ずる危険が高いことを物語っているのである。

このことを踏まえるならば、被疑者取調べのあり方は、抜本的に改められなければならない。そして、取調べの録音・録画は、その抜本改革の一環として位置づけられるべきであり、自白の任意性・信用性を立証するたんなる手段と理解されるべきではない。この点からして、録音・録画の例外は、極力限定的であるべきであり、かつ、取り調べる側の裁量的判断をできるかぎり排除したものでなければならない。

それゆえ、「〔記録媒体による〕記録をしたならば被疑者が十分な供述をすることができないと認めるとき」といった例外事由は認めるべきでないし、ましてや、暴力団員の事件についての包括的な録音・録画除外は、許すわけにはいかない。暴力団の事件ならば可視化なしでも取調べの適正さが確保できるとは到底いえず、包括的な例外は、捜査の利益を優先し取調べの適正の要請をまったく無視している点で、きわめて重大な問題を孕んでいる。

## 5　おわりに――村木事件を忘れず、その教訓を確実に活かすべし

検察の在り方検討会議において、委員であった作家の吉永みち子はつぎのように述べている。

なぜ可視化が求められているのかということを考えると、やはり密室において何が行われていたのかということをみんなが知ってしまったという、そうじゃないかなということからはっきりと分かってしまったということ。その危険性が、大変に国民にとって大きいものであるということを認識したということが一つある。……今、時代の流れなども考えると、やはりこの全面可視化という方向は避けられない。これがやはり重要なんじゃないかな。一部可視化ということであれば、その部分では、えん罪の危険というものに対して、安心感が持てないというふうことになるかと思います。[注14]

これは取調べの録音・録画について述べたものだが、他の中核的課題全体について同様のことがいえるように思われる。

すなわち、村木事件を含む一連の事件を通じて、前述の2で示したさまざまな問題が刑事司法にあることを「みんなが知ってしまった」。身体拘束の運用、証拠開示の不十分さ、取調べに弁護人の立会いが認められていないこと、二号書面の運用などがあわさり、誤判・冤罪にいたる「危険性が、大変に国民にとって大きいものであることを認識した」といえるのではないか。

このような「みんなが知ってしまった」きわめて重大な問題に、真摯に向き合い、その効果的な解決方法を示すのが、刑事司法に携わる者の責務であろう。

この点につき、刑事司法の専門家委員・幹事が、右の問題をさしたるものとは受けとめず、中核的改革課題を検討対象からはずしたり内容的に薄めたりすること、その一方で、警察・検察の権限の拡大・強化策を打ち出すことは、右の責務を放棄するに等しい。

村木が無罪判決を得たのが二〇一〇年九月。それから四年が経つ。「みんなが知ってしまった」はずの重大な問題は、時の経過とともに「みんなに忘れ去られてしまう」危険が高い。本事件の教訓を今回の刑事司法改革に活かし、同種の冤罪事件が生じないような方策をぜひとも実現しなければならない。

今あらためて前述2であげた本事件の問題点を受けとめ、取調べの可視化の徹底化、身体拘束の縮減、取調べへの弁護人の立会い、三二一条一項二号の廃止、全面証拠開示、国選弁護の大幅拡充、代用監獄の廃止といった誤判・冤罪防止策の実現に力を注ぐこと、それがまさに求められている。[注15]

注1　検討会議第6回会議議事録（以下「検討会議○回」の形で引用）（二〇一一年）二五頁。
注2　検討会議6回二六、三〇頁。
注3　検討会議6回三〇頁。
注4　特別部会第15回会議議事録（以下、「特別部会○回」の形で引用）（二〇一二年）三四～三五頁。
注5　特別部会12回（二〇一二年）一八～一九頁。
注6　特別部会16回（二〇一二年）一八頁。この点については、石塚章夫「厚労省元局長無罪事件を元裁判官の立場から考える」自正六二巻一〇号（二〇一一年）二一～二二頁、吉井匡「判批」法時八四巻一号（二〇一二年）一二六～一二九頁も参照。
注7　検討会議6回（二〇一一年）一四～二三頁、9回（同年）一～八頁。
注8　特別部会2回（二〇一一年）四頁〔青木和子〕、一三頁〔周防正行〕。
注9　特別部会17回（二〇一二年）三七頁〔龍岡資晃〕、三八頁〔大野宗〕、20回（二〇一三年）四三頁〔酒巻匡〕。第一ないし第二の引用と同趣旨の発言として、特別部会第1作業分科会（第6回）（以下「第1分科会○回」の形で引用）（二〇一三年）三一頁〔坂口拓也〕、特別部会25回（二〇一四年）二〇～二一頁〔髙橋康明、椎橋隆幸〕などがある。

注10　第1分科会1回（二〇一三年）二〇頁〔島根悟〕、一二頁〔岩尾信行〕、6回（同年）二九頁〔岩尾〕。第一の引用と同趣旨の発言として特別部会20回（二〇一三年）四六頁〔髙綱直良〕、21回（同年）四〇頁〔椎橋〕、第三の引用と同趣旨の発言として特別部会25回（二〇一四年）二三頁〔上野正史〕など。

注11　「調査審議の結果案」一〇〜一一頁でも、「被疑者・被告人の身柄拘束に関しては、現在の運用についての認識が大きく相違し、共通の認識を得るには至らなかった」と総括されている。

注12　彼らは、取調べの録音・録画により被疑者等に危害が加えられるおそれがあると捜査機関が判断したばあいでも、被疑者自身が録音・録画を求めれば、録音・録画は依然としておこなわなければならないとする。もっとも、各自の意見にはニュアンスの違いもみられる。たとえば、ⓐ一般に、被疑者が録音・録画ともに拒否する意思を表示したばあい、録画のみならず録音も不要となるのか（後藤昭は肯定、小坂井久と周防正行は否定）、ⓑ録音・録画によって被疑者等に危害が加えられるおそれがあると捜査機関が判断したばあい、それにもかかわらず録音・録画をしなければならないのは、被疑者がこれを積極的に求めたときにかぎられるのか、それとも、より広く、被疑者がこれを拒否しないかぎり、捜査機関は録音・録画を実施しなければならないのか（小坂井久は前者、後藤は後者。また、神津里季生は前者のようであり、村木厚子や安岡崇志は後者のよう）といった点である。

注13　当該係長の被疑者ノートおよび同人による取調べ状況の説明については、村木厚子『私は負けない』（中央公論新社、二〇一三年）一五〇〜一七二、二二五〜二五三頁参照。なお、本文で述べたところから、中間処分に、取調べ受忍義務を前提とした、取調べのための出頭義務を付加することは、重大な問題を孕む。出頭義務にともなう被疑者の具体的な不利益の度合いは、捜査官の自由な裁量に委ねられ、令状発付権限を有する裁判官には令状審査においてこれを斟酌しようもなく、また、制禦しようもない。中間処分本来の人権制約の程度が身体拘束にくらべて小さいだけに、右の出頭義務にともなう不利益（の拡大可能性）は突出している。このような不利益を斟酌することも制禦することもできない裁判官の令状審査を、令状主義の名のもとにはたして正当化できるのか、大いに疑問である。

注14　検討会議11回（二〇一一年）三二頁。

注15　二〇一四年七月二三日に示された国連規約人権委員会の日本の人権状況に関する最終見解でも、代用監獄を廃

止し、または、起訴前の身体拘束の可及的回避・逮捕段階からの国選弁護の保障・取調べへの弁護人の立会い・取調べ時間の制限や取調べの全面的な録画についての法制化などを実現することが勧告されており、これらの諸改革は国際社会からも強く要請されているところである。See UN Human Rights Committee, 'Concluding Observations on the Sixth Periodic Report of Japan' (23 July 2014) UN Doc CCPR/C/JPN/CO/6, para 18.

（みしま・さとし）

方法でこれを行うものとする。この場合においては、検察官は、被告人に起訴状を示さなければならないものとする。

三　尋問等の制限

裁判長は、一１の決定があった場合において、訴訟関係人のする尋問又は陳述が証人等特定事項にわたるときは、これを制限することにより、犯罪の証明に重大な支障を生ずるおそれがある場合又は被告人の防御に実質的な不利益を生ずるおそれがある場合を除き、当該尋問又は陳述を制限することができるものとする。訴訟関係人の被告人に対する供述を求める行為についても、同様とするものとする。

四　証拠書類の朗読方法の特例

一１の決定があったときは、刑事訴訟法第305条第１項又は第２項の規定による証拠書類の朗読は、証人等特定事項を明らかにしない方法でこれを行うものとする。

## 8　公判廷に顕出される証拠が真正なものであることを担保するための方策等

一　証人不出頭等の罪の法定刑

召喚を受けた証人の不出頭及び証人の宣誓・証言の拒絶の各罪の法定刑を、1年以下の懲役又は30万円以下の罰金とする。

二　証人の勾引要件

1　証人が、正当な理由がなく、召喚に応じないとき、又は応じないおそれがあるときは、これを勾引することができるものとする。

2　裁判所は、裁判所の規則で定める相当の猶予期間を置いて、証人を裁判所に召喚することができるものとする。

三　犯人蔵匿等、証拠隠滅等、証人等威迫の罪の法定刑

1　犯人蔵匿等及び証拠隠滅等の各罪の法定刑を、3年以下の懲役又は30万円以下の罰金とする。

2　証人等威迫の罪の法定刑を、2年以下の懲役又は30万円以下の罰金とする。

四　組織的な犯罪に係る犯人蔵匿等の罪の法定刑

組織的な犯罪に係る犯人蔵匿等の罪の法定刑を、5年以下の懲役又は50万円以下の罰金とする。

## 9　自白事件の簡易迅速な処理のための方策

一　公訴取消し後の再起訴制限の緩和

即決裁判手続の申立てを却下する決定（刑事訴訟法第350条の8第3号又は第4号に掲げる場合に該当することによるものを除く。）があった事件について、当該決定後、同法第292条本文の規定による証拠調べが行われることなく公訴が取り消された場合において、公訴の取消しによる公訴棄却の決定が確定したときは、同法第340条の規定にかかわらず、同一事件について更に公訴を提起することができるものとする。同法第350条の11第1項第1号、第2号又は第4号のいずれかに該当すること（同号については、被告人が起訴状に記載された訴因について有罪である旨の陳述と相反するか又は実質的に異なった供述をしたことにより同号に該当する場合に限る。）となったことにより同法第350条の8の決定が取り消された事件について、当該取消しの決定後、同法第292条本文の規定による証拠調べが行われることなく公訴が取り消された場合において、公訴の取消しによる公訴棄却の決定が確定したときも、同様とするものとする。

に関する書類又は証拠物に記載されている当該措置に係る者の氏名又は住居の閲覧又は謄写をさせた上、これらを被告人に知らせてはならない旨の条件を付することができるものとする。ただし、被告人の防御に実質的な不利益を生ずるおそれがあるときは、この限りでないものとする。

㈡　刑事訴訟法第 40 条第 1 項の規定にかかわらず、裁判所は、検察官がとった一1㈡若しくは2㈡（三においてこれらを準用する場合を含む。）の措置に係る者若しくはその親族の身体若しくは財産に害を加え又はこれらの者を畏怖させ若しくは困惑させる行為がなされるおそれがある場合において、検察官及び被告人又は弁護人の意見を聴き、相当と認めるときは、訴訟に関する書類若しくは証拠物に記載されている当該措置に係る者の氏名若しくは住居の閲覧若しくは謄写をさせず、又はこれらの閲覧若しくは謄写をさせた上、これらを被告人に知らせてはならない旨の条件を付することができるものとする。ただし、被告人の防御に実質的な不利益を生ずるおそれがあるときは、この限りでないものとする。

2　刑事訴訟法第 49 条の規定にかかわらず、裁判所は、検察官がとった一1又は2（三においてこれらを準用する場合を含む。）の措置に係る者若しくはその親族の身体若しくは財産に害を加え又はこれらの者を畏怖させ若しくは困惑させる行為がなされるおそれがある場合において、検察官及び被告人の意見を聴き、相当と認めるときは、公判調書に記載されている当該措置に係る者の氏名又は住居の閲覧をさせないことができるものとする。ただし、被告人の防御に実質的な不利益を生ずるおそれがあるときは、この限りでないものとする。

五　条件違反に対する処置請求

1　検察官は、一1㈠又は2㈠（三においてこれらを準用する場合を含む。）により付した条件に弁護人が違反したときは、弁護士である弁護人については当該弁護士の所属する弁護士会又は日本弁護士連合会に通知し、適当な処置をとるべきことを請求することができるものとする。

2　裁判所は、二1㈡（三において準用する場合を含む。）又は四1により付した条件に弁護人が違反したときは、弁護士である弁護人については当該弁護士の所属する弁護士会又は日本弁護士連合会に通知し、適当な処置をとるべきことを請求することができるものとする。

3　1又は2の請求を受けた者は、そのとった処置をその請求をした者に通知しなければならないものとする。

⑶　公開の法廷における証人の氏名等の秘匿措置の導入

一　証人等特定事項の秘匿決定等

1　裁判所は、次に掲げる場合において、証人等（証人、鑑定人、通訳人若しくは翻訳人又は供述録取書等の供述者をいう。以下同じ。）から申出があるときは、検察官及び被告人又は弁護人の意見を聴き、相当と認めるときは、証人等特定事項（氏名及び住所その他の当該証人等を特定させることとなる事項をいう。以下同じ。）を公開の法廷で明らかにしない旨の決定をすることができるものとする。

㈠　証人等特定事項が公開の法廷で明らかにされることにより証人等若しくはその親族の身体若しくは財産に害を加え又はこれらの者を畏怖させ若しくは困惑させる行為がなされるおそれがあると認められる場合

㈡　証人等特定事項が公開の法廷で明らかにされることにより証人等の名誉又は社会生活の平穏が著しく害されるおそれがあると認められる場合

2　裁判所は、1の決定をした事件について、証人等特定事項を公開の法廷で明らかにしないことが相当でないと認めるに至ったときは、決定で、1 の決定を取り消さなければならないものとする。

二　起訴状の朗読方法の特例

一1の決定があった事件の公訴事実に証人等特定事項が含まれるときは、刑事訴訟法第 291 条第1項の起訴状の朗読は、証人等特定事項を明らかにしない

を閲覧する機会を与えるべき場合において、証拠書類若しくは証拠物に氏名若しくは住居が記載されている者であって検察官が証人等として尋問を請求するもの若しくは供述録取書等の供述者（以下これらの者を2において「検察官請求予定証人等」という。）若しくは検察官請求予定証人等の親族の身体若しくは財産に害を加え又はこれらの者を畏怖させ若しくは困惑させる行為がなされるおそれがあるときは、弁護人に対し、その検察官請求予定証人等の氏名又は住居を閲覧する機会を与えた上、これを被告人に知らせてはならない旨の条件を付することができるものとする。ただし、被告人の防御に実質的な不利益を生ずるおそれがあるときは、この限りでないものとする。

㈡　検察官は、㈠本文の場合において、㈠本文に規定する行為を防止するために必要があるときは、被告人の防御に実質的な不利益を生ずるおそれがある場合を除き、その検察官請求予定証人等の氏名又は住居を閲覧する機会を与えないことができるものとする。この場合において、氏名にあってはこれに代わる呼称を、住居にあってはこれに代わる連絡先を知る機会を与えなければならないものとする。

3　検察官は、1又は2の措置をとったときは、速やかに、裁判所にその旨を通知しなければならないものとする。

二　裁判所の裁定

1㈠　裁判所は、検察官が一1㈠又は2㈠の措置をとった場合において、当該措置に係る者若しくはその親族の身体若しくは財産に害を加え若しくはこれらの者を畏怖させ若しくは困惑させる行為がなされるおそれがないと認めるとき、又は被告人の防御に実質的な不利益を生ずるおそれがあると認めるときは、被告人又は弁護人の請求により、決定で、当該措置に係る条件を取り消さなければならないものとする。

㈡　裁判所は、検察官が一1㈡又は2㈡の措置をとった場合において、当該措置に係る者若しくはその親族の身体若しくは財産に害を加え若しくはこれらの者を畏怖させ若しくは困惑させる行為がなされるおそれがないと認めるとき、これらの行為を防止するために当該措置をとる必要がないと認めるとき、又は被告人の防御に実質的な不利益を生ずるおそれがあると認めるときは、被告人又は弁護人の請求により、決定で、当該 措置に係る者の氏名又は住居を知る機会を与えることを命じなければならないものとする。この場合において、裁判所は、当該措置に係る者若しくはその親族の身体若しくは財産に害を加え若しくはこれらの者を畏怖させ若しくは困惑させる行為がなされるおそれがあると認めるときは、被告人の防御に実質的な不利益を生ずるおそれがあると認める場合を除き、弁護人に対し、当該措置に係る者の氏名又は住居を被告人に知らせてはならない旨の条件を付することができるものとする。

2　裁判所は、1の請求について決定をするときは、検察官の意見を聴かなければならないものとする。

3　1の請求についてした決定に対しては、即時抗告をすることができるものとする。

三　公判前整理手続等における開示への準用

一及び二は、検察官が刑事訴訟法第316条の14若しくは第316条の15第1項（第316条の21第4項においてこれらの規定を準用する場合を含む。）又は同法第316条の20第1項（第316条の22第5項において準用する場合を含む。）の規定により、証人等の氏名及び住居を知る機会を与え又は証拠書類若しくは証拠物を閲覧する機会（弁護人に対しては、閲覧し、かつ、謄写する機会）を与えるべき場合について、これを準用するものとする。

四　裁判所における訴訟に関する書類及び証拠物の閲覧制限

1㈠　刑事訴訟法第40条第1項の規定にかかわらず、裁判所は、検察官がとった一1㈠若しくは2㈠（三においてこれらを準用する場合を含む。）の措置に係る者若しくはその親族の身体若しくは財産に害を加え又はこれらの者を畏怖させ若しくは困惑させる行為がなされるおそれがある場合において、検察官及び被告人又は弁護人の意見を聴き、相当と認めるときは、弁護人に対し、訴訟

職員が職務上作成することを義務付けられている書面であって、検察官請求証拠である証拠物の押収に関し、その押収者、押収の年月日、押収場所その他押収の状況を記録したもの

三　類型証拠として開示すべき証拠物に係る差押調書又は領置調書

刑事訴訟法第316条の15に次の項を加えるものとする。

検察官は、押収手続の記録に関する準則に基づき、検察官、検察事務官又は司法警察職員が職務上作成することを義務付けられている書面であって、第1項の規定により開示すべき証拠物の押収に関し、その押収者、押収の年月日、押収場所その他押収の状況を記録したものについて、被告人又は弁護人から開示の請求があった場合において、当該証拠物により特定の検察官請求証拠の証明力を判断するために当該開示をすることの必要性の程度並びに当該開示によって生じるおそれのある弊害の内容及び程度を考慮し、相当と認めるときは、速やかに、前条第1号に定める方法による開示をしなければならない。この場合において、検察官は、必要と認めるときは、開示の時期若しくは方法を指定し、又は条件を付することができる。

## 7　犯罪被害者等及び証人を保護するための方策の拡充

### ⑴　ビデオリンク方式による証人尋問の拡充

裁判所は、次に掲げる者を証人として尋問する場合において、相当と認めるときは、検察官及び被告人又は弁護人の意見を聴き、同一構内（裁判官及び訴訟関係人が証人を尋問するために在席する場所と同一の構内をいう。以下同じ。）以外の裁判所の規則で定める場所にその証人を在席させ、映像と音声の送受信により相手の状態を相互に認識しながら通話をすることができる方法によって、尋問することができるものとする。

1　犯罪の性質、証人の年齢、心身の状態、被告人との関係その他の事情により、同一構内に出頭するときは精神の平穏を著しく害されるおそれがあると認められる者

2　同一構内に出頭するとしたならば、自己若しくはその親族の身体若しくは財産に害を被り又はこれらの者が畏怖し若しくは困惑する行為がなされるおそれがあると認められる者

3　遠隔地に居住し、その年齢、職業、健康状態その他の事情により、同一構内に出頭することが著しく困難であると認められる者

### ⑵　証人の氏名・住居の開示に係る措置の導入

一 検察官の措置

1㈠　検察官は、刑事訴訟法第299条第1項の規定により証人等（証人、鑑定人、通訳人又は翻訳人をいう。以下同じ。）の氏名及び住居を知る機会を与えるべき場合において、その証人等若しくはその親族の身体若しくは財産に害を加え又はこれらの者を畏怖させ若しくは困惑させる行為がなされるおそれがあるときは、弁護人に対し、その証人等の氏名又は住居を知る機会を与えた上、これを被告人に知らせてはならない旨の条件を付することができるものとする。ただし、被告人の防御に実質的な不利益を生ずるおそれがあるときは、この限りでないものとする。

㈡　検察官は、㈠本文の場合において、㈠本文に規定する行為を防止するために必要があるときは、被告人の防御に実質的な不利益を生ずるおそれがある場合を除き、その証人等の氏名又は住居を知る機会を与えないことができるものとする。この場合において、氏名にあってはこれに代わる呼称を、住居にあってはこれに代わる連絡先を知る機会を与えなければならないものとする。

2㈠　検察官は、刑事訴訟法第299条第1項の規定により証拠書類又は証拠物

## 6　証拠開示制度の拡充

### ⑴　証拠の一覧表の交付制度の導入

一1　検察官は、刑事訴訟法第316条の14の規定による証拠の開示をした後、被告人又は弁護人から請求があったときは、速やかに、被告人又は弁護人に対し、検察官が保管する証拠の一覧表を交付しなければならないものとする。
　2　検察官は、1により一覧表を交付した後、証拠を新たに保管するに至ったときは、速やかに、被告人又は弁護人に対し、当該新たに保管するに至った証拠の一覧表を交付しなければならないものとする。
二1　一1及び2の一覧表には、次の㈠から㈢までに掲げる証拠の区分に応じ、証拠ごとに、当該㈠から㈢までに定める事項を記載しなければならないものとする。
　　㈠　証拠物　品名及び数量
　　㈡　供述録取書　当該供述録取書の標目、作成の年月日及び供述者の氏名
　　㈢　証拠書類（㈡に掲げるものを除く。）　当該証拠書類の標目、作成の年月日及び作成者の氏名
　2　検察官は、1にかかわらず、1の事項を記載した一覧表を交付することにより、次に掲げるおそれがあると認めるときは、そのおそれを生じさせる事項の記載をしないことができるものとする。
　　㈠　人の身体若しくは財産に害を加え又は人を畏怖させ若しくは困惑させる行為がなされるおそれ
　　㈡　人の名誉又は社会生活の平穏が著しく害されるおそれ
　　㈢　犯罪の証明又は犯罪の捜査に支障が生ずるおそれ

### ⑵　公判前整理手続の請求権の付与

刑事訴訟法第316条の2及び第316条の28の整理手続の規定をそれぞれ次のように改めるものとする。
1　裁判所は、充実した公判の審理を継続的、計画的かつ迅速に行うため必要があると認めるときは、検察官、被告人若しくは弁護人の請求により又は職権で、第1回公判期日前に、決定をもって、事件の争点及び証拠を整理するための公判準備として、事件を公判前整理手続に付することができる。
2　裁判所は、審理の経過に鑑み必要と認めるときは、検察官、被告人若しくは弁護人の請求により又は職権で、第1回公判期日後に、決定をもって、事件の争点及び証拠を整理するための公判準備として、事件を期日間整理手続に付することができる。
3　1若しくは2の決定又は1若しくは2の請求を却下する決定をするには、裁判所の規則の定めるところにより、あらかじめ、検察官及び被告人又は弁護人の意見を聴かなければならない。

### ⑶　類型証拠開示の対象の拡大

一　共犯者の取調べ状況等報告書
　刑事訴訟法第316条の15第1項第8号を次のように改めるものとする。

取調べ状況の記録に関する準則に基づき、検察官、検察事務官又は司法警察職員が職務上作成することを義務付けられている書面であって、身体の拘束を受けている者の取調べに関し、その年月日、時間、場所その他の取調べの状況を記録したもの（被告人又はその共犯として身体を拘束され若しくは公訴を提起された者であって第5号イ若しくはロに掲げるものに係るものに限る。）
二　検察官が取調べを請求した証拠物に係る差押調書又は領置調書
　刑事訴訟法第316条の15第1項による開示の対象となる証拠の類型として次のものを加えるものとする。

　押収手続の記録に関する準則に基づき、検察官、検察事務官又は司法警察

2　1の方法による傍受は、裁判官が、検察官又は司法警察員の申立てにより、相当と認めて、傍受令状に当該方法による傍受をすることができる旨の記載をしたときにすることができるものとする。
3㈠　1の暗号化及び復号化並びに1㈠ハにより暗号化された記録の復号化に必要な鍵（電磁的記録）は、傍受令状を発付した裁判官が所属する裁判所の職員が作成するものとする。
㈡　㈠により作成された鍵のうち、1㈠イの暗号化に必要な鍵は通信事業者等が、1㈠ロ及び1㈡ロの復号化並びに1㈠ハの暗号化に必要な鍵（1㈠ハにより暗号化された記録を検察官又は司法警察員が復号化することができない措置が講じられたもの）は検察官又は司法警察員が、1㈠ハにより暗号化された記録の復号化に必要な鍵は裁判所が、それぞれ保持するものとする。
4　1㈠ハにより特定装置を用いて記録がされた記録媒体は、傍受の実施の終了後、遅滞なく、傍受令状を発付した裁判官が所属する裁判所の裁判官に提出すれば足りるものとする。
三　通信事業者等の施設における通信内容の一時記録を伴う傍受
1　新たな傍受の実施方法として、
㈠　傍受の実施場所である通信事業者等の施設に検察官及び司法警察員が不在の間に行われる通信について、通信事業者等が暗号化した上で一時記録用の記録媒体に一旦記録し、
㈡　その後、検察官又は司法警察員が㈠の場所に所在する際に、通信事業者等が㈠の記録媒体の記録内容を復号化して再生し、検察官又は司法警察員が現行規定による傍受の場合と同一の範囲内で傍受をし、
㈢　通信事業者等は、㈡による再生が終了したときは、直ちに、㈠の記録媒体の記録内容を全て消去する
という方法を導入し、㈠については、通信事業者等による立会い（通信傍受法第12条第1項）を要しないものとする。
2　1の方法による傍受は、裁判官が、検察官又は司法警察員の申立てにより、相当と認めて、傍受令状に当該方法による傍受をすることができる旨の記載をしたときにすることができるものとする。
3　1㈠の暗号化及び1㈡の復号化に必要な鍵は、傍受令状を発付した裁判官が所属する裁判所の職員が作成し、これを通信事業者等に提供するものとする。

### 4　身柄拘束に関する判断の在り方についての規定の新設

裁量保釈の判断に当たっての考慮事情を明記する。

### 5　弁護人による援助の充実化

#### ⑴　被疑者国選弁護制度の拡充

被疑者国選弁護制度の対象となるべき場合を「死刑又は無期若しくは長期3年を超える懲役若しくは禁錮に当たる事件について被疑者に対して勾留状が発せられている場合」（刑事訴訟法第37条の2第1項）から「被疑者に対して勾留状が発せられている場合」に拡大するものとする。

#### ⑵　弁護人の選任に係る事項の教示の拡充

司法警察員、検察官、裁判官又は裁判所は、刑事訴訟法（第272条第1項を除く。）の規定により弁護人を選任することができる旨を告げるに当たっては、同法第78条第1項の規定による弁護人の選任の申出ができる旨を教示しなければならないものとする。

(一) 当該犯罪と同様の態様で犯されるこれと同一又は同種の別表第1又は別表第2に掲げる罪

(二) 当該犯罪の実行を含む一連の犯行の計画に基づいて犯される別表第1又は別表第2に掲げる罪

3 死刑又は無期若しくは長期2年以上の懲役若しくは禁錮に当たる罪が別表第1又は別表第2に掲げる罪と一体のものとしてその実行に必要な準備のために犯され、かつ、引き続き当該別表第1又は別表第2に掲げる罪が犯されると疑うに足りる十分な理由がある場合において、当該犯罪が数人の共謀によるものであると疑うに足りる状況があるとき。ただし、別表第2に掲げる罪にあっては、当該犯罪があらかじめ定められた役割の分担に従って行動する人の結合体により行われると疑うに足りる状況があるときに限る。

別表第2

一1 刑法第108条（現住建造物等放火）の罪又はその未遂罪

2 刑法第199条（殺人）の罪又はその未遂罪

3 刑法第204条（傷害）又は第205条（傷害致死）の罪

4 刑法第220条（逮捕及び監禁）又は第221条（逮捕等致死傷）の罪

5 刑法第224条から第228条まで（未成年者略取及び誘拐、営利目的等略取及び誘拐、身の代金目的略取等、所在国外移送目的略取及び誘拐、人身売買、被略取者等所在国外移送、被略取者引渡し等、未遂罪）の罪

6 刑法第235条（窃盗）、第236条第1項（強盗）若しくは第240条（強盗致死傷）の罪又はこれらの罪の未遂罪

7 刑法第246条第1項（詐欺）、第246条の2（電子計算機使用詐欺）若しくは第249条第1項（恐喝）の罪又はこれらの罪の未遂罪

二 爆発物取締罰則第1条（爆発物の使用）又は第2条（使用の未遂）の罪

三 児童買春、児童ポルノに係る行為等の処罰及び児童の保護等に関する法律第7条第4項（児童ポルノ等の不特定又は多数の者に対する提供等）又は第5項（不特定又は多数の者に対する提供等の目的による児童ポルノの製造等）の罪

二 特別の機能を有する再生・記録装置（以下「特定装置」という。）を用いる傍受

1 (一) 新たな傍受の実施方法として、

イ 傍受の実施をしている間に行われる通信について、通信事業者等が、暗号化した上で、電気通信回線を通じて捜査機関の施設に設置された特定装置に伝送し、

ロ 検察官又は司法警察員が、特定装置を用いて、イにより伝送された通信を即時に復号化して、現行規定による傍受の場合と同一の範囲内で傍受をし、

ハ ロの傍受の際、特定装置の機能により、傍受した通信及び傍受の経過を記録媒体に自動的に記録し、当該記録を即時に暗号化してその改変を防止するという方法を導入し、この方法により傍受を実施するときは、通信事業者等による立会い（通信傍受法第12条第1項）及び記録媒体の封印（通信傍受法第20条第1項）を要しないものとする。

(二) 特定装置を用いるときは、(一)ロに代えて、

イ 検察官及び司法警察員が傍受の実施場所に不在の間に(一)イにより伝送された通信について、特定装置の機能により記録媒体（(一)ハの記録媒体とは別のもの）に一旦記録し、

ロ その後、検察官又は司法警察員が、傍受の実施場所に所在する際に、特定装置を用いてイの記録媒体の記録内容を復号化して再生しつつ、現行規定による傍受の場合と同一の範囲内で傍受をし、

ハ イの記録媒体の記録内容は、その再生終了時に、特定装置の機能により、全て即時かつ自動的に消去する

こともできるものとする。

警察職員に対し、虚偽の供述をし又は偽造若しくは変造の証拠を提出したときは、5年以下の懲役に処するものとする。
2　1の罪を犯した者が、その行為をした他人の刑事事件の裁判が確定する前であって、かつ、その合意に係る自己の刑事事件の裁判が確定する前に自白したときは、その刑を減軽し、又は免除することができるものとする。

### ⑵　刑事免責制度の導入

一　証人を尋問する場合における免責決定
1　検察官は、証人尋問を請求するに当たり、その尋問すべき事項に証人が刑事訴追を受け、又は有罪判決を受けるおそれのある事項が含まれる場合であって、関係する犯罪の軽重及び情状、当該事項についての証言の重要性その他の事情を考慮して必要と認めるときは、裁判所に対し、当該証人尋問を次に掲げる条件により行うことを請求することができるものとする。
㈠　その証人尋問において尋問に応じてした供述及びこれに由来する証拠は、刑事訴訟法第 161 条の罪又は刑法第 169 条の罪に係る事件において用いる場合を除き、証人の刑事事件において、これらを証人に不利益な証拠とすることができないこと。
㈡　その証人尋問においては、刑事訴訟法第 146 条の規定にかかわらず、自己が刑事訴追を受け、又は有罪判決を受けるおそれのある証言を拒むことができないこと。
2　1の請求を受けたときは、裁判所は、当該証人に尋問すべき事項に、証人が刑事訴追を受け、又は有罪判決を受けるおそれのある事項が含まれないと明らかに認められる場合を除き、当該証人尋問を1㈠及び㈡に掲げる条件により行う旨の決定（以下「免責決定」という。）をするものとする。
二　証人尋問の開始後における免責決定
1　検察官は、証人尋問において、証人が刑事訴訟法第 146 条の規定により証言を拒絶した場合であって、関係する犯罪の軽重及び情状、証人が刑事訴追を受け、又は有罪判決を受けるおそれのある事項についての証言の重要性その他の事情を考慮して必要と認めるときは、裁判所に対し、免責決定の請求をすることができるものとする。
2　1の請求を受けたときは、裁判所は、当該証人が刑事訴訟法第 146 条の規定により証言を拒絶していないと明らかに認められる場合を除き、当該証人尋問について免責決定をするものとする。

## 3　通信傍受の合理化・効率化

一　対象犯罪の拡大
犯罪捜査のための通信傍受に関する法律（以下「通信傍受法」という。）第3条第1項各号を次の1から3までのように改め、別表を別表第1とし、同表の次に別表第2を加えるものとする。
1　別表第1又は別表第2に掲げる罪が犯されたと疑うに足りる十分な理由がある場合において、当該犯罪が数人の共謀によるものであると疑うに足りる状況があるとき。ただし、別表第2に掲げる罪にあっては、当該犯罪があらかじめ定められた役割の分担に従って行動する人の結合体により行われたと疑うに足りる状況があるときに限る。
2　別表第1又は別表第2に掲げる罪が犯され、かつ、引き続き次に掲げる罪が犯されると疑うに足りる十分な理由がある場合において、これらの犯罪が数人の共謀によるものであると疑うに足りる状況があるとき。ただし、別表第2に掲げる罪にあっては、当該犯罪があらかじめ定められた役割の分担に従って行動する人の結合体により行われ、又は行われると疑うに足りる状況があるときに限る。

調べた被告人以外の者の供述録取書等が、その者が一1の合意に基づいて作成し又はその者との間の一1の合意に基づいてなされた供述を録取し若しくは記録したものであるときは、検察官は、遅滞なく、一4の書面の取調べを請求しなければならないものとする。この場合において、その合意の当事者が三1(二)によりその合意から離脱する旨の告知をしているときは、検察官は、併せて、三1(二)の書面の取調べを請求しなければならないものとする。

(二) (一)前段の場合において、当該供述録取書等の取調べの請求後又は裁判所の職権による当該供述録取書等の取調べの後に、一1の合意の当事者が三1(二)によりその合意から離脱する旨の告知をしたときは、検察官は、遅滞なく、三1(二)の書面の取調べを請求しなければならないものとする。

(三) 検察官、被告人若しくは弁護人が証人として尋問を請求した者又は裁判所が職権で証人として尋問する者との間でその証人尋問についてした一1の合意があるときは、検察官は、遅滞なく、一4の書面の取調べを請求しなければならないものとする。

(四) (三)により一4の書面の取調べを請求した後に、一1の合意の当事者が三1(二)によりその合意から離脱する旨の告知をしたときは、検察官は、遅滞なく、三1(二)の書面の取調べを請求しなければならないものとする。

三　合意違反の場合の取扱い

1　合意からの離脱

(一) 一1の合意の相手方当事者がその合意に違反したときその他一定の場合には、一1の合意の当事者は、その合意から離脱することができるものとする。

(二) (一)の離脱は、その理由を記載した書面により、相手方に対し、その合意から離脱する旨を告知して行うものとする。

2　検察官が合意に違反した場合における公訴の棄却等

(一) 検察官が一1(二)イからへまでに係る合意（一1(二)ロについては特定の訴因及び罰条により公訴を提起する旨の合意に限る。）に違反して、公訴を提起し、異なる訴因及び罰条により公訴を提起し、公訴を取り消さず、訴因若しくは罰条の追加、撤回若しくは変更を請求することなく公訴を維持し、又は即決裁判手続の申立て若しくは略式命令の請求を同時にすることなく公訴を提起したときは、判決で当該公訴を棄却しなければならないものとする。

(二) 検察官が一1(二)ロに係る合意（特定の訴因及び罰条により公訴を維持する旨の合意に限る。）に違反して訴因又は罰条の追加又は変更を請求したときは、裁判所は、刑事訴訟法第312条第1項の規定にかかわらず、その請求を却下しなければならないものとする。

3　検察官が合意に違反した場合における証拠の使用制限

(一) 検察官が一1の合意に違反したときは、被告人が一5の協議においてした他人の犯罪事実を明らかにするための供述及びその合意に基づいて得られた証拠は、これらを証拠とすることができないものとする。

(二) (一)は、当該証拠を当該被告人又は当該被告人以外の者の刑事事件の証拠とすることについて、その事件の被告人に異議がない場合には、適用しないものとする。

四　合意が成立しなかった場合における証拠の使用制限

一1の合意が成立しなかったときは、被疑者又は被告人が一5の協議においてした他人の犯罪事実を明らかにするための供述は、これを証拠とすることができないものとする。ただし、被疑者又は被告人が一5の協議においてした行為が刑法第103条、第104条若しくは第172条の罪又は組織的な犯罪の処罰及び犯罪収益の規制等に関する法律第7条第1項（第2号に係る部分に限る。）の罪に当たる場合において、それらの罪に係る事件において用いるときは、この限りでないものとする。

五　合意の当事者である被疑者又は被告人による虚偽供述等の処罰

1　一1(一)イ又はハに係る合意をした者が、その合意に係る他人の犯罪事実に関し当該合意に係る行為をすべき場合において、検察官、検察事務官又は司法

る罪

㈡　㈠に掲げるもののほか、租税に関する法律、私的独占の禁止及び公正取引の確保に関する法律、金融商品取引法に規定する罪その他の財政経済関係犯罪として政令で定めるもの

㈢　次に掲げる法律に規定する罪

イ　爆発物取締罰則

ロ　大麻取締法

ハ　覚せい剤取締法

ニ　麻薬及び向精神薬取締法

ホ　武器等製造法

ヘ　あへん法

ト　銃砲刀剣類所持等取締法

チ　国際的な協力の下に規制薬物に係る不正行為を助長する行為等の防止を図るための麻薬及び向精神薬取締法等の特例等に関する法律

㈣　刑法第2編第7章（犯人蔵匿及び証拠隠滅の罪）に規定する罪又は組織的な犯罪の処罰及び犯罪収益の規制等に関する法律第7条（組織的な犯罪に係る犯人蔵匿等）に規定する罪（㈠から㈢までに掲げる罪を本犯の罪とするものに限る。）

3　1の合意には、被疑者若しくは被告人又は検察官において1㈠若しくは㈡に掲げる行為に付随し、又はその目的を達するため必要な行為を行う旨を含めることができるものとする。

4　1の合意は、検察官、被疑者又は被告人及び弁護人が連署した書面により、その内容を明らかにして行うものとする。

5　1の合意をするため必要な協議は、検察官と被疑者又は被告人及び弁護人との間で行うものとする。ただし、被疑者又は被告人及び弁護人に異議がないときは、協議の一部を被疑者若しくは被告人又は弁護人のいずれか一方のみとの間で行うことができるものとする。

6　5の協議において、検察官は、被疑者又は被告人に対し、他人の犯罪事実を明らかにするための供述を求めることができるものとする。この場合においては、刑事訴訟法第198条第2項の規定を準用するものとする。

7　検察官は、刑事訴訟法第242条（同法第245条において準用する場合を含む。）の規定により司法警察員が送付した事件、同法第246条の規定により司法警察員が送致した事件又は司法警察員が現に捜査していると認める事件の被疑者との間で5の協議をしようとするときは、あらかじめ、司法警察員と協議しなければならないものとする。

8　検察官は、1の合意をすることにより明らかにすべき他人の犯罪事実について司法警察員が現に捜査していることその他の事情を考慮して、当該他人の犯罪事実についての捜査のため必要と認めるときは、6により供述を求めることその他の5の協議における必要な行為を司法警察員にさせることができるものとする。この場合において、司法警察員は、検察官の個別の授権の範囲内において、1による合意の内容とする1㈡に掲げる行為に係る検察官の提案を、被疑者又は被告人及び弁護人に提示することができるものとする。

二　合意に係る公判手続の特則

1　被告人との間の合意に関する書面等の取調べ請求の義務

㈠　検察官は、被告事件について、公訴の提起前に被告人との間でした一1の合意があるとき又は公訴の提起後に被告人との間で一1の合意が成立したときは、遅滞なく、一4の書面の取調べを請求しなければならないものとする。

㈡　㈠により一4の書面の取調べを請求した後に、当事者が三1㈡によりその合意から離脱する旨の告知をしたときは、検察官は、遅滞なく、三1㈡の書面の取調べを請求しなければならないものとする。

2　被告人以外の者との間の合意に関する書面等の取調べ請求の義務

㈠　検察官、被告人若しくは弁護人が取調べを請求し又は裁判所が職権で取り

である団体の性格その他の事情に照らし、被疑者の供述及びその状況が明らかにされた場合には被疑者若しくはその親族の身体若しくは財産に害を加え又はこれらの者を畏怖させ若しくは困惑させる行為がなされるおそれがあることにより、記録をしたならば被疑者が十分な供述をすることができないと認めるとき。
㈣　㈡及び㈢に掲げるもののほか、当該事件が暴力団員による不当な行為の防止等に関する法律第3条の規定により都道府県公安委員会の指定を受けた暴力団の構成員による犯罪に係るものであると認めるとき。
二　施行後一定期間経過後に基本構想及び本答申を踏まえて、録音・録画の実施状況について検討を加え、必要があると認めるときは、その結果に基づいて所要の措置を講ずる旨の見直し規定を設けるものとする。

## 2　捜査・公判協力型協議・合意制度及び刑事免責制度の導入

### ⑴　捜査・公判協力型協議・合意制度の導入

一　合意及び協議の手続
1　検察官は、特定犯罪に係る事件の被疑者又は被告人が、他人の犯罪事実（特定犯罪に係るものに限る。）についての知識を有すると認められる場合において、当該他人の犯罪事実を明らかにするために被疑者又は被告人が行うことができる行為の内容、被疑者又は被告人による犯罪及び当該他人による犯罪の軽重及び情状その他の事情を考慮して、必要と認めるときは、被疑者又は被告人との間で、被疑者又は被告人が㈠に掲げる行為の全部又は一部を行う旨及び当該行為が行われる場合には検察官が被疑事件又は被告事件について㈡に掲げる行為の全部又は一部を行う旨の合意をすることができるものとする。合意をするには、弁護人の同意がなければならないものとする。
㈠　被疑者又は被告人による次に掲げる行為
イ　刑事訴訟法第198条第1項又は第223条第1項の規定による検察官、検察事務官又は司法警察職員の取調べに際して当該他人の犯罪事実を明らかにするため真実の供述をすること。
ロ　当該他人の刑事事件の証人として尋問を受ける場合において真実の供述をすること。
ハ　当該他人の犯罪事実を明らかにするため、検察官、検察事務官又は司法警察職員に対して証拠物を提出すること。
㈡　検察官による次に掲げる行為
イ　公訴を提起しないこと。
ロ　特定の訴因及び罰条により公訴を提起し又はこれを維持すること。
ハ　公訴を取り消すこと。
ニ　特定の訴因若しくは罰条の追加若しくは撤回又は特定の訴因若しくは罰条への変更を請求すること。
ホ　即決裁判手続の申立てをすること。
ヘ　略式命令の請求をすること。
ト　刑事訴訟法第293条第1項の規定による意見の陳述において、被告人に特定の刑を科すべき旨の意見を陳述すること。
2　1に規定する「特定犯罪」とは、次に掲げる罪（死刑又は無期の懲役若しくは禁錮に当たる罪を除く。）をいうものとする。
㈠　刑法第2編第5章（公務の執行を妨害する罪）（第95条を除く。）、第17章（文書偽造の罪）、第18章（有価証券偽造の罪）、第18章の2（支払用カード電磁的記録に関する罪）、第25章（汚職の罪）（第193条から第196条までを除く。）、第37章（詐欺及び恐喝の罪）若しくは第38章（横領の罪）に規定する罪又は組織的な犯罪の処罰及び犯罪収益の規制等に関する法律第3条（同条第1項第1号から第4号まで、第13号及び第14号に係る部分に限る。）、第4条（同項第13号及び第14号に係る部分に限る。）、第10条（犯罪収益等隠匿）若しくは第11条（犯罪収益等収受）に規定す

目とはされなかったものであるが、制度の必要性については、一定の認識の共有がなされたところである。

---

## 【別添】要綱（骨子）

### 1　取調べの録音・録画制度の導入

一1　次に掲げる事件については、検察官は、刑事訴訟法第322条第1項本文に規定する書面であって被告人に不利益な事実の承認を内容とするもの（被疑者として逮捕若しくは勾留されている間に当該事件について同法第198条第1項の規定により行われた取調べ又は当該事件について同法第203条第1項、第204条第1項若しくは第205条第1項（これらの規定を同法第211条及び第216条において準用する場合を含む。）の規定により与えられた弁解の機会（以下「取調べ等」という。）に際して作成されたものに限る。）の取調べを請求した場合において、当該書面について 同法第326条の同意がされず、かつ、当該書面を同法第322条第1項 の規定により証拠とすることができることについて被告人又は弁護人が異議を述べたときは、当該承認が任意にされたものであることを証明するため、当該書面が作成された取調べ等の開始から終了に至るまでの間における被告人の供述及びその状況を5により記録した記録媒体（映像及び音声を同時に記録することができるものに限る。以下同じ。）の取調べを請求しなければならないものとする。

㈠　死刑又は無期の懲役若しくは禁錮に当たる罪に係る事件

㈡　裁判所法第26条第2項第2号に掲げる事件であって、故意の犯罪行為により被害者を死亡させた罪に係るもの（㈠に該当するものを除く。）

㈢　司法警察員が送致又は送付した事件以外の事件（㈠又は㈡に該当するものを除く。）

2　1の場合において、検察官が1の記録媒体の取調べを請求しないときは、裁判所は、決定で、1の書面の取調べの請求を却下しなければならないものとする。

3　検察官、検察事務官又は司法警察職員において5㈠から㈣までのいずれかに該当することにより1の書面が作成された取調べ等の開始から終了に至るまでの間における被告人の供述及びその状況を記録媒体に記録しなかったことその他やむを得ない事情により、1の記録媒体が存在しないときは、1及び2は、これを適用しないものとする。

4　1から3までは、被告人以外の者の公判準備又は公判期日における供述で取調べ等における被告人の供述をその内容とするものについて、これを準用するものとする。

5　検察官、検察事務官又は司法警察職員は、1㈠から㈢までに掲げる事件について、逮捕若しくは勾留されている被疑者を刑事訴訟法第198条第1項の規定により取り調べるとき又は被疑者に対し同法第203条第1項、第204条第1項若しくは第205条第1項（これらの規定を同法第211条及び第216条において準用する場合を含む。）の規定により弁解の機会を与えるときは、次のいずれかに該当する場合を除き、被疑者の供述及びその状況を記録媒体に記録しておかなければならないものとする。

㈠　記録に必要な機器の故障その他のやむを得ない事情により、記録をすることが困難であると認めるとき。

㈡　被疑者が記録を拒んだことその他の被疑者の言動により、記録をしたならば被疑者が十分な供述をすることができないと認めるとき。

㈢　㈡に掲げるもののほか、犯罪の性質、関係者の言動、被疑者がその構成員

少なくとも、当該記録媒体の取扱いに当たっての被害者等のプライバシー保護には十分な対応・配慮がなされなければならない。法務省、検察庁、警察庁、最高裁判所及び日本弁護士連合会においては、性犯罪等の被疑者の取調べを録音・録画した記録媒体の適切な取扱いを確保するため、十分な協議・検討を行い、所要の措置を講じるべきである。

2　被疑者・被告人の身柄拘束に関しては、現在の運用についての認識が大きく相違し、共通の認識を得るには至らなかったが、身柄拘束に関する判断の在り方について、現行法上確立している解釈を法文に明記することは、国民に分かりやすい制度を実現するという観点から意義を有するとの意見を踏まえ、「要綱（骨子）」の「4」に掲げる法整備を行うべきであるとしたものである。したが って、「要綱（骨子）」の「4」は、現在の運用についての特定の事実認識を前提とするものではなく、あくまで現行法上確立している解釈の確認的な規定として掲げているものであり、現在の運用を変更する必要があるとする趣旨のものではないことに留意する必要がある。

3　被疑者国選弁護制度の拡充に関しては、現在の被疑者国選弁護制度の報酬は接見回数を主な要素として算定される仕組みとされているところ、「要綱（骨子）」の「5」に掲げる法整備を行うに当たっては、併せて、被疑者国選弁護制度における公費支出の合理性・適正性をより担保するための措置が講じられることが必要である。

**第4　今後の課題**

1　新たな刑事司法制度の在り方についての当審議会における検討は、ひとまず終了する。しかし、制度とは、その運用を重ねる中で、絶えずそのあるべき姿が追究され、必要に応じて改善がなされていくことを通じて、より良いものに進化・発展していくことが求められるものである。その意味で、取調べの録音・録画制度はもとより、「要綱（骨子）」に掲げるいずれの制度についても、一定の運用の経験が蓄積された後に、その実情に関する正確な認識に基づいて、多角的な検討がなされることを期待する。

2　また、刑事司法制度を取り巻く情勢等は常に変化していくのであり、刑事司法制度が「時代に即した」ものであり続けるためには、今後、他の新たな制度の導入についても検討がなされることが必要とされよう。例えば、特別部会で相当程度具体的な検討を行ったものの、「要綱（骨子）」には掲げられていない事項のうち、犯罪事実の解明による刑の減軽制度や被告人の証人適格などについては、引き続き検討を行うことが考えられるであろうし、また、以下に掲げるものについては、今後、必要に応じて、更に検討を行うことが考えられよう。

○　会話傍受については、振り込め詐欺や暴力団犯罪の捜査、あるいは、コントロールド・デリバリーの手法による薬物銃器犯罪の捜査の際に、共謀状況や犯意に関する証拠を収集する上で必要であり、理論的にも制度化は可能であるとの意見があった一方で、通信傍受以上に個人のプライバシーを侵害する危険性が大きく、場面を限ったとしてもなお捜査手法として認めるべきでないとして制度化自体に反対する意見があったところである。

○　再審請求審における証拠開示については、公判前整理手続の中で規定されているような類型証拠開示と主張関連証拠開示の仕組みを再審請求審の手続にも導入すべきであるとの意見があった一方で、再審請求審は、当事者主義がとられている通常審とは根本的に手続の構造が異なっているため、公判前整理手続における証拠開示制度を転用するというのは、理論的・制度的整合性がなく、適切でないなどとの意見があったところである。

○　起訴状や判決書における被害者の氏名の秘匿については、被害者の保護と被告人の防御権との調整の問題として早急に解決しなければならず、制度的な措置を講じることを検討すべきであるとの意見があった一方で、起訴状や判決書については、被害者の氏名を必ず記載しなければならないとはされておらず、個別の事案ごとの柔軟な運用によって対処すべきであり、引き続き運用の状況を見守りつつ慎重な検討をすべきであるとの見解もあったところである。

○　証人保護プログラムについては、特別部会で取り扱うことが困難な民事・行政関係にわたる課題が多いことなどに鑑み、特別部会で具体的な制度設計を行うべき項

がある場合を除き、尋問・陳述等を制限することができるものとする（要綱二～四）。

8　公判廷に顕出される証拠が真正なものであることを担保するための方策等（要綱 24 頁）

○　証人不出頭等の罪の法定刑を「1 年以下の懲役又は 30 万円以下の罰金」に引き上げる（要綱一）。
○　証人が正当な理由なく召喚に応じないときのほか、そのおそれがあるときも、勾引することができるものとする（要綱二）。
○　犯人蔵匿等・証拠隠滅等の法定刑を「3年以下の懲役又は 30 万円以下の罰金」に、証人等威迫の法定刑を「2年以下の懲役又は 30 万円以下の罰金」に引き上げる（要綱三）。
○　組織的な犯罪に係る犯人蔵匿等の法定刑を「5年以下の懲役又は 50 万円以下の罰金」に引き上げる（要綱四）。

9　自白事件の簡易迅速な処理のための方策（要綱 25 頁）

○　即決裁判手続の申立てを却下する決定があった事件について、当該決定後、証拠調べが行われることなく公訴が取り消され、公訴棄却の決定が確定した場合等においては、同一事件について更に公訴を提起することができるものとする。

**第 3　附帯事項**

1　取調べの録音・録画制度は、最も時間を費やして検討が行われた事項であり、基本構想において「刑事司法における事案の解明が不可欠であるとしても、そのための供述証拠の収集が適正な手続の下で行われるべきことは言うまでもない」、「公判審理の充実化を図る観点からも、公判廷に顕出される被疑者の捜査段階での供述が、適正な取調べを通じて収集された任意性・信用性のあるものであることが明らかになるような制度とする必要がある」旨の共通認識を確認した上で、更に検討が進められた。その結果として、検察等における実務上の運用としての取組方針等をも併せ考慮した上で、制度としては、取調べの録音・録画の必要性が最も高いと考えられる類型の事件を対象とすることとして、「要綱（骨子）」の「1」に掲げる法整備を行うべきとの結論に達したものである。そのため、「要綱（骨子）」の「1」において制度の対象とされていない取調べであっても、基本構想で確認された上記共通認識を実現する観点から、実務上の運用において、可能な限り、幅広い範囲で録音・録画がなされ、かつ、その記録媒体によって供述の任意性・信用性が明らかにされていくことを強く期待する。

取調べの録音・録画制度については、施行後一定期間を経過した段階で、その施行状況について検討を加え、必要があると認めるときは、その結果に基づいて所要の措置を講ずるものとしている。その検討等は、基本構想及び本答申を踏まえて行われるべきである。また、制度自体の運用状況だけでなく、検察等における実務上の運用としての録音・録画の実施状況や公判における供述の任意性・信用性の立証状況も検討の対象として、客観的なデータに基づき、幅広い観点から分析・評価を行うことが重要である。見直し規定の条文化の際には、検討の時期を具体的に定めた上で、上記のような趣旨を適切に盛り込むよう検討すべきである。

さらに、取調べの録音・録画制度に関しては、性犯罪等の被害者等のプライバシー保護の観点から一定の例外事由を設けるべきであるとの意見があったが、その保護は、証拠開示の制限や公判廷における再生の制限等によって対処することが可能であるとの意見も多く、そのような例外事由は掲げていない。もっとも、取調べの録音・録画制度の導入等により、録音・録画の記録媒体が数多く作成されることとなることからも、

○　検察官は、証人等の氏名・住居を知る機会を与えるべき場合において、その証人等又はその親族に対し、身体・財産への加害行為又は畏怖・困惑行為がなされるおそれがあるときは、被告人の防御に実質的な不利益を生じるおそれがある場合を除き、条件付けの措置（弁護人には氏名・住居を知る機会を与えた上で、これを被告人に知らせてはならない旨の条件を付することをいう。以下同じ。）をとることができるものとし、証拠書類・証拠物を閲覧する機会を与えるべき場合においても、それらに氏名・住居が記載されている者で検察官が証人等として尋問を請求するもの若しくは供述録取書等の供述者（以下「検察官請求予定証人等」という。）について、同様の要件の下で、条件付けの措置をとることができるものとする（要綱一1㈠・2㈠）。

○　検察官は、証人等の氏名・住居を知る機会を与えるべき場合において、上記加害行為又は畏怖・困惑行為を防止するために必要があるときは、被告人の防御に実質的な不利益を生じるおそれがある場合を除き、代替開示の措置（氏名・住居を知る機会を与えず、氏名に代わる呼称、住居に代わる連絡先を知る機会を与えることをいう。以下同じ。）をとることができるものとし、証拠書類・証拠物を閲覧する機会を与えるべき場合においても、検察官請求予定証人等について、同様の要件の下で、代替開示の措置をとることができるものとする（要綱一1㈡・2㈡）。

〔裁判所の裁定〕

裁判所は、検察官がとった条件付けの措置について、要件を満たさないと認めるときは、被告人又は弁護人の請求により、当該条件を取り消さなければならないものとする（要綱二１㈠）。

○　裁判所は、検察官がとった代替開示の措置について、要件を満たさないと認めるときは、被告人又は弁護人の請求により、氏名・住居を知る機会を与えることを命じなければならないものとし、この場合において、条件付けの措置の要件を満たすと認めるときは、弁護人に対し、氏名・住居を被告人に知らせてはならない旨の条件を付することができるものとする（要綱二１㈡）。

〔裁判所における訴訟記録・証拠物の閲覧制限〕

○　裁判所における訴訟記録・証拠物の閲覧についても、条件付けの措置及び代替開示の措置をとることができるものとする（要綱四１）。

〔条件違反に対する処置請求〕

○ 裁判所・検察官は、条件付けの措置における条件に弁護人が違反したときは、弁護士会又は日本弁護士連合会に処置請求をすることができるものとする（要綱五1・2）。

⑶　公開の法廷における証人の氏名等の秘匿措置の導入（要綱23頁）

〔秘匿決定〕

○　裁判所は、次に掲げる場合において、証人等から申出があり、相当と認めるときは、証人等の氏名等を公開の法廷で明らかにしない旨の決定をすることができるものとする（要綱一1）

①　証人等の氏名等が公開の法廷で明らかにされることにより、証人等又はその親族に対し、身体・財産への加害行為又は畏怖・困惑行為がなされるおそれがあると認められる場合

②　証人等の氏名等が公開の法廷で明らかにされることにより、証人等の名誉又は社会生活の平穏が著しく害されるおそれがあると認められる場合

〔秘匿決定があった場合の公判手続の特則〕

○ 上記決定があったときは、

・　起訴状及び証拠書類の朗読は、証人等の氏名等を明らかにしない方法で行い、また、

・　証人尋問・被告人質問が証人等の氏名等にわたるときは、犯罪の証明に重大な支障を生じるおそれ又は被告人の防御に実質的な不利益を生じるおそれ

弁護人選任権を告知するに当たっては、刑事施設の長等に弁護士・弁護士法人・弁護士会を指定して選任を申し出ることができる旨を教示しなければならないものとする。

6　証拠開示制度の拡充

⑴　証拠の一覧表の交付制度の導入（要綱 15 頁）

〔証拠の一覧表の交付義務〕
○　検察官は、検察官請求証拠の開示をした後、被告人又は弁護人から請求があったときは、速やかに、検察官が保管する証拠の一覧表を交付しなければならないものとする（要綱一）。
〔証拠の一覧表の記載事項〕
○　証拠の一覧表の記載事項は、証拠物については品名・数量、供述録取書については標目・作成年月日・供述者の氏名、それ以外の証拠書類については標目・作成年月日・作成者の氏名とする（要綱二 1）。
○　検察官は、証拠の一覧表を交付することにより、次に掲げるおそれがあると認めるときは、そのおそれを生じさせる事項を記載しないことができるものとする（要綱二 2）。
①　人の身体・財産に対する加害行為又は畏怖・困惑行為がなされるおそれ
②　人の名誉又は社会生活の平穏が著しく害されるおそれ
③　犯罪の証明又は犯罪の捜査に支障が生じるおそれ

⑵　公判前整理手続の請求権の付与（要綱 16 頁）

○　検察官、被告人及び弁護人に公判前整理手続及び期日間整理手続の請求権を付与する（要綱 1・2）。
○　不服申立ては認めないものとする。

⑶　類型証拠開示の対象の拡大（要綱 17 頁）

○　類型証拠開示の対象として、以下のものを追加する（要綱一〜三）。
①　共犯者の身柄拘束中の取調べについての取調べ状況等報告書
②　検察官が証拠調請求をした証拠物に係る差押調書・領置調書
③　検察官が類型証拠として開示すべき証拠物に係る差押調書・領置調書

7　犯罪被害者等及び証人を保護するための方策の拡充

⑴　ビデオリンク方式による証人尋問の拡充（要綱 18 頁）

○　裁判所は、次に掲げる者を証人として尋問する場合において、相当と認めるときは、裁判官が尋問のために在席する場所と同一の構内以外の裁判所の規則で定める場所に当該証人を在席させて、ビデオリンク方式により尋問を行うことができるものとする。
①　同一構内に出頭すると精神の平穏を著しく害されるおそれがある者
②　同一構内に出頭すると、自己又はその親族に対し、身体・財産への加害行為又は畏怖・困惑行為がなされるおそれがある者
③　遠隔地に居住し、同一構内に出頭することが著しく困難である者

⑵　証人の氏名・住居の開示に係る措置の導入（要綱 19 頁〜 22 頁）

〔検察官の措置〕

をするものとする（要綱一2）。

〔証人尋問の開始後における免責決定〕

○　検察官は、証人が、刑事訴追又は有罪判決を受けるおそれがあることを理由として証言を拒絶した場合であって、必要と認めるときは、裁判所に対し、免責決定の請求をすることができるものとする（要綱二1）。

○　上記請求を受けたときは、裁判所は、証人が、刑事訴追又は有罪判決を受けるおそれがあることを理由として証言を拒絶していないと明らかに認められる場合を除き、免責決定をするものとする（要綱二2）。

### 3　通信傍受の合理化・効率化（要綱9頁〜12頁）

〔対象犯罪の拡大〕

○　通信傍受の対象犯罪として、①殺傷犯等関係（現住建造物等放火・殺人・傷害・傷害致死・爆発物の使用）、②逮捕・監禁、略取・誘拐関係、③窃盗・強盗関係、④詐欺・恐喝関係、⑤児童ポルノ関係の犯罪を追加する（要綱一別表第2）。

○　新たに追加する対象犯罪については、現行法が規定する傍受の実施要件に加えて、「あらかじめ定められた役割の分担に従って行動する人の結合体により行われると疑うに足りる状況がある」ことを要件とする（要綱一1〜3）。

〔特定装置を用いる傍受の導入〕

○　特定装置（傍受した通信や傍受の経過を自動的に記録し、これを即時に暗号化する機能等を有する装置）を用いることで、立会い・封印を不要とし、かつ、通信内容の聴取等をリアルタイムで行う方法による傍受とその聴取等を事後的に行う方法による傍受を可能とする（要綱二1）。

○　暗号化・復号化に必要な鍵は、裁判所の職員が作成するものとする（要綱二3）。

○　特定装置を用いて記録がされた傍受の原記録は、傍受の実施の終了後遅滞なく裁判官に提出すれば足りるものとする（要綱二4）。

〔通信事業者等の施設における通信内容の一時記録を伴う傍受の導入〕

○　通信事業者等の施設において傍受を実施する場合にも、通信内容を暗号化して一旦記録することにより、通信内容の聴取等を事後的に行うことを可能とする（要綱三1）。

○　暗号化・復号化に必要な鍵は、裁判所の職員が作成するものとする（要綱三3）。

○　傍受の原記録についての封印や裁判官への提出については、現行法の規定による傍受の場合と同様とする。

### 4　身柄拘束に関する判断の在り方についての規定の新設（要綱13頁）

○　裁量保釈の判断に当たっての考慮事情を明記する。

### 5　弁護人による援助の充実化

#### (1)　被疑者国選弁護制度の拡充（要綱14頁）

○　被疑者国選弁護制度の対象を「被疑者に対して勾留状が発せられている場合」に拡大する。

#### (2)　弁護人の選任に係る事項の教示の拡充（要綱14頁）

○　司法警察員・検察官・裁判官・裁判所は、身柄拘束中の被疑者・被告人に

## 2　捜査・公判協力型協議・合意制度及び刑事免責制度の導入

### ⑴　捜査・公判協力型協議・合意制度の導入（要綱３頁〜７頁）

〔合意・協議の手続〕
○　検察官は、必要と認めるときは、被疑者・被告人との間で、被疑者・被告人が他人の犯罪事実を明らかにするため真実の供述その他の行為をする旨及びその行為が行われる場合には検察官が被疑事件・被告事件について不起訴処分、特定の求刑その他の行為をする旨を合意することができるものとする。合意をするには、弁護人の同意がなければならないものとする（要綱一１）。
○　この制度の対象犯罪は、一定の財政経済関係犯罪及び薬物銃器犯罪とする（要綱一２）。
○　合意をするため必要な協議は、原則として、検察官と被疑者・被告人及び弁護人との間で行うものとする（要綱一５）。
○　検察官は、送致事件等の被疑者との間で協議をしようとするときは、事前に司法警察員と協議しなければならないものとする。検察官は、他人の犯罪事実についての捜査のため必要と認めるときは、協議における必要な行為を司法警察員にさせることができるものとする（要綱一７・８）。
〔合意に係る公判手続の特則〕
○　被告事件についての合意があるとき又は合意に基づいて得られた証拠が他人の刑事事件の証拠となるときは、検察官は、合意に関する書面の取調べを請求しなければならないものとし、その後に合意の当事者が合意から離脱したときは、離脱書面についても同様とする（要綱二）。
〔合意違反の場合の取扱い〕
○　合意の当事者は、相手方当事者が合意に違反したときその他一定の場合には、合意から離脱することができるものとする（要綱三１）。
○　検察官が合意に違反して公訴権を行使したときは、裁判所は、判決で当該公訴を棄却しなければならないものとする。検察官が合意に違反したときは、協議において被疑者・被告人がした他人の犯罪事実を明らかにするための供述及び合意に基づいて得られた証拠は、原則として、これらを証拠とすることができないものとする（要綱三２・３）。
〔合意が成立しなかった場合における証拠の使用制限〕
○　合意が成立しなかったときは、被疑者・被告人が協議においてした他人の犯罪事実を明らかにするための供述は、原則として、これを証拠とすることができないものとする（要綱四）。
〔合意の当事者である被疑者・被告人による虚偽供述等の処罰〕
○　合意をした者が、その合意に係る他人の犯罪事実に関し合意に係る行為をすべき場合において、捜査機関に対し、虚偽の供述をし又は偽造・変造の証拠を提出したときは、５年以下の懲役に処するものとする（要綱五）。

### ⑵ 刑事免責制度の導入（要綱８頁）

〔証人を尋問する場合における免責決定〕
○　検察官は、証人尋問の請求に当たり、必要と認めるときは、裁判所に対し、当該証人尋問を次に掲げる条件により行うことを請求することができるものとする（要綱一１）。
　①　その証人尋問によって得られた供述及びこれに由来する証拠は、原則として、当該証人に不利益な証拠とすることができないこと。
　②　その証人尋問においては、自己が刑事訴追又は有罪判決を受けるおそれのある証言を拒否することができないこと。
○　上記請求を受けたときは、裁判所は、尋問事項に、証人が刑事訴追又は有罪判決を受けるおそれのある事項が含まれないと明らかに認められる場合を除き、証人尋問を上記①及び②の条件により行う旨の決定（以下「免責決定」という。）

○　供述調書への過度の依存を改め、被害者及び事件関係者を含む国民への負担にも配慮しつつ、真正な証拠が顕出され、被告人側においても、必要かつ十分な防御活動ができる活発で充実した公判審理を実現する

という2つの理念が示された。特別部会においては、この理念に基づいて、更に調査審議が進められ、平成26年7月9日、その取りまとめが行われた。

2　結論

別添の「要綱（骨子）」に従って法整備を行うべきである。

「要綱（骨子）」に掲げる制度は多岐にわたるが、そのいずれもが、上記の2つの理念を実現するために必要な構成要素であるため、それらが一体として現行制度に組み込まれ、一つの総体としての制度を形成することによって、時代に即した新たな刑事司法制度が構築されていくものである。

個々の制度の在り方について、様々な立場からの多様な意見が存する中で、一体としての制度について一致を見るに至ったのは、上記の2つの理念の下に実現される新たな刑事司法制度を希求し、その実現に向けて歩みを進めようとの強い思いを共有したからにほかならない。

もとより、制度は、法整備を行うだけでその目的が達せられるものではなく、その趣旨を十分に踏まえた適切な運用が着実になされなければならない。そのため、法整備がなされた後も、刑事司法に関わる関係機関・関係者の真摯、かつ、不断の努力と国民各層に開かれた議論を通じて、時代に即した新たな刑事司法制度が真に実現されることを強く希望する。

## 第2　新たな刑事司法制度を構築するための法整備の概要

時代に即した新たな刑事司法制度の構築のために必要と考える法整備の内容は、別添の「要綱（骨子）」のとおりであるが、その概要を以下に示す。

1　取調べの録音・録画制度の導入（要綱1頁～2頁）

〔録音・録画した記録媒体の証拠調請求義務、録音・録画義務〕

○　検察官は、逮捕・勾留中に下記の対象事件について被疑者調書として作成された被告人の供述調書の任意性が争われたときは、当該供述調書が作成された取調べの状況を録音・録画した記録媒体の証拠調べを請求しなければならないものとする（要綱一1）。

○　下記の例外事由に該当するため録音・録画をしなかったことその他やむを得ない事情により、上記記録媒体が存在しないときは、その証拠調べを請求することを要しないものとする（要綱一3）。

○　検察官、検察事務官又は司法警察職員は、逮捕・勾留されている被疑者を下記の対象事件について取り調べるときは、下記の例外事由に該当する場合を除き、その状況を録音・録画しておかなければならないものとする（要綱一5）。

【対象事件】裁判員制度対象事件及び検察官独自捜査事件

【例外事由】

①　記録に必要な機器の故障その他のやむを得ない事情により、記録が困難であると認めるとき

②　被疑者による拒否その他の被疑者の言動により、記録をすると被疑者が十分に供述できないと認めるとき

③　被疑者の供述状況が明らかにされると、被疑者又はその親族に対し、身体・財産への加害行為又は畏怖・困惑行為がなされるおそれがあることにより、記録をすると被疑者が十分に供述できないと認めるとき

④　当該事件が指定暴力団の構成員によるものであると認めるとき

〔実施状況の検討義務〕

○　施行後一定期間経過後に基本構想及び本答申を踏まえて、録音・録画の実施状況について検討を加え、必要があると認めるときは、その結果に基づいて所要の措置を講ずる旨の見直し規定を設ける（要綱二）。

● **資料**

# 新たな刑事司法制度の構築についての調査審議の結果【案】（最終的な取りまとめ）

（法制審議会―新時代の刑事司法制度特別部会第30回会議・2014年7月9日）

＊頁数は、原文のままとした。

目　次



## 第1　はじめに

### 1　新時代の刑事司法制度特別部会における調査審議

法制審議会は、法務大臣から発せられた諮問第92号を受けて、時代に即した新たな刑事司法制度を構築するための法整備の在り方について調査審議を行うため、平成23年6月6日の第165回会議において、新時代の刑事司法制度特別部会（以下「特別部会」という。）を設置した。

以後、特別部会において調査審議が行われ、その過程で「時代に即した新たな刑事司法制度の基本構想」（以下「基本構想」という。）が策定された。基本構想においては、新たな刑事司法制度のあるべき姿として「適正手続の下での事案の解明と刑罰法令の適正かつ迅速な適用更にはそれと一体をなすものとしての誤判の防止という役割を十全に果たし、被疑者・被告人、被害者を始めとする事件関係者及び国民一般がそれぞれの立場からも納得し得る、国民の健全な社会常識に立脚したもの」、「できる限り制度の内容等が明確化され、国民に分かりやすいもの」という姿が示された。そして、基本構想においては、これを実現するための制度構築に当たっての検討指針として、

○　被疑者取調べの録音・録画制度の導入を始め、取調べへの過度の依存を改めて適正な手続の下で供述証拠及び客観的証拠をより広範囲に収集することができるようにするため、証拠収集手段を適正化・多様化する

◎編著者プロフィール

**川崎英明**（かわさき・ひであき）
関西学院大学法科大学院教授。
1951年、長崎県生まれ。1973年、大阪大学法学部卒業。島根大学法文学部教授、東北大学法学部教授を経て2004年から現職。専攻＝刑事訴訟法。
主な著作に、『現代検察官論』（日本評論社、1997年）、『刑事再審と証拠構造論』（同、2003年）などがある。

**三島　聡**（みしま・さとし）
大阪市立大学法学部教授。
1960年、北海道生まれ。1986年、一橋大学法学部卒業。2007年より現職。専攻＝刑事法。
主な著作に、『刑事法学への招待』（現代人文社、2004年）、「公判手続における被告人の地位」村井敏邦先生古稀記念論文集『人権の刑事法学』（日本評論社、2011年）、「警察車両による追跡と個人の生命・身体の保護」福井厚先生古稀祝賀論文集『改革期の刑事法理論』（法律文化社、2013年）などがある。

**刑事司法改革《けいじしほうかいかく》とは何《なに》か**
**法制審議会特別部会「要綱」の批判的検討**

2014年9月10日　第1版第1刷発行

| | |
|---|---|
| 編著者 | 川崎英明・三島　聡 |
| 発行人 | 成澤壽信 |
| 発行所 | 株式会社現代人文社<br>〒160-0004　東京都新宿区四谷2-10八ッ橋ビル7階<br>振替　00130-3-52366<br>電話　03-5379-0307(代表)　FAX　03-5379-5388<br>E-Mail　henshu@genjin.jp(代表)／hanbai@genjin.jp(販売)<br>Web　http://www.genjin.jp |
| 発売所 | 株式会社大学図書 |
| 印刷所 | 株式会社ミツワ |
| DTP編集 | かんら(木村暢恵) |
| ブックデザイン | 加藤英一郎 |

検印省略　PRINTED IN JAPAN　ISBN978-4-87798-586-8　C3032